U0454464

“十三五”国家重点出版物出版规划项目

诺贝尔经济学奖获得者丛书

Library of Nobel Laureates in Economic Sciences

不完全契约

Incomplete Contracts

奥利弗·E. 威廉姆森（Oliver E. Williamson）等 著

陈耿宣 陈姝兴 陈桓亘 编译

贾钦民 郑凌峰 译校

中国人民大学出版社

·北京·

译者序

当代经济学的一个重要分支是契约理论，而不完全契约理论则是契约理论的重要分支之一。本书收录了四位著名经济学家的代表性论文，包括 2016 年诺贝尔经济学奖得主奥利弗·哈特（Oliver Hart）与 2009 年诺贝尔经济学奖得主奥利弗·E. 威廉姆森（Oliver E. Williamson），以及史蒂文·塔德利斯（Steven Tadelis）和让·梯若尔（Jean Tirole）。他们的论文集中展现了不完全契约理论的不同方面和研究方法。

首先，奥利弗·哈特的两篇论文都是围绕不完全契约理论展开的。《敲竹杠、资产所有权与参照点》一文深入探讨了合同缺失时谁拥有资产所有权的问题。哈特指出，在契约不完全的情况下，当一方拥有敲竹杠、威胁对方的能力时，他可能会成为资产的实际所有者。《不完全契约与控制》一文则探讨了在不完全契约下，如何设计合理的激励机制以实现经济效率。

哈特认为，在现实生活中，人们并不总是能够在契约中考虑到所有可能发生的情况。因此，当出现契约漏洞时，敲竹杠和谈判将成为解决争议的主要方法。同时，哈特还探讨了资产所有权的重要性，强调了资产所有权对协调合作关系的重要作用。这两篇论文为不完全契约理论的发展提供了重要的启示，并被广泛引用和应用于各种实际情况。

奥利弗·E. 威廉姆森的三篇论文关注交易成本经济学，探讨了企业内部组织以及企业与市场的关系。《交易成本经济学》一文提出了一种新的经济学分析框架，解释了为什么企业需要进行垂直整合，以及企业与市场的边界问题。《公共官僚机构与私人官僚机构》一文探讨了公共官僚机构与私人官僚机构之间的异同，以及公共官僚机构的行为对企业决策的影响，特别是在协调困难和信息不对称的情况下。《工作组织：比较制度分析》一文重点关注内部控制和分权机制等制度的设计，从制度的角度分析了不同工作组织形式的利弊，并探讨了组织形式的演化过程。

奥利弗·E. 威廉姆森被誉为交易成本经济学的奠基人。他在《交易成本经济学》一文中详细阐述了交易成本理论的基本原理和应用。他指出，在现实生活中，交易成本（包括寻找信息、协商契约、监督执行等）对经济活动的效率和成本具有重要影响。

史蒂文·塔德利斯的论文《复杂性、灵活性和自产-外购决策》是关于企业决策制定的经典。在这篇论文中，塔德利斯探讨了企业面临的制造决策问题，即自产还是外购。

他认为，企业在制定决策时需要考虑多个因素，其中包括产品的复杂性和灵活性。对于较为复杂和灵活的产品，企业更倾向于自产，因为这样可以更好地控制整个生产过程和产品质量。而对于相对简单、固定的产品，企业更倾向于外购，因为这样可以降低生产成本。然而，塔德利斯指出，企业在制定自产-外购决策时，还需要考虑如市场不确定性、技术水平等其他因素，这些因素会对决策产生重要影响。

他的论文通过对大量案例的研究，提供了一个系统性的分析框架来帮助企业决策者更好地制定自产-外购决策。这个分析框架不仅适用于制造业，也适用于其他行业。因此，这篇论文在业界产生了广泛的影响，成为企业决策制定方面的经典之一。

让·梯若尔的《不完全契约理论：我们身处何方?》一文则对不完全契约理论进行了总结和回顾，并提出了未来研究的方向。这篇论文有助于我们深刻了解该领域的研究现状。他认为，未来的研究应该更加注重契约的演化和动态性，并探索不完全契约理论在组织理论、行为经济学、法律和公共政策等领域的应用。总的来说，梯若尔的这篇论文对不完全契约理论的研究历程和未来方向做出了较为详尽的介绍和探讨，为该领域的学术研究提供了有益的参考和启示。

本书对于学术研究者和经济学爱好者都将是一份不可多得的珍贵参考资料，这七篇论文共同构成了一个完整的、系统的不完全契约理论框架。

最后，本书译者深切地感谢读者朋友对本书的阅读，希望本书能够为广大读者提供启发，使大家能够更好地理解不完全契约理论及其在现实经济中的应用。同时，也希望广大读者能够从这些优秀的学术论文中获得更多的灵感和思想，为推动经济学领域的发展做出自己的贡献。

目　　录

敲竹杠、资产所有权与参照点*

奥利弗·哈特

我们研究在价值和成本不确定的条件下，希望建立稳定交易关系的两个当事人的行为。固定价格契约在正常时期运作良好，因为不存在可争议的事项。然而，当价值或成本异常高或异常低时，一方就会背离契约，对另一方敲竹杠，双方拒绝合作进而造成无谓损失。我们的研究表明，配置资产所有权和指标化契约可以降低敲竹杠的动机。相比于其他文献，我们模型的驱动力来自收益的不确定性，而非不可签约的投资。

1. 引　言

本文从新的理论视角——以契约作为参照点（reference

* 感谢约翰·穆尔（John Moore）对本文部分内容的讨论，也感谢鲍勃·吉本斯（Bob Gibbons）和伯格·沃纳菲尔特（Birger Wernerfelt）的有益探讨。感谢 Ronen Avraham、Mathias Dewatripont、Florian Englmaier、Rob Gertner、Victor Goldberg、Louis Kaplow、Josh Lerner、Bentley MacLeod、Jeremy Stein、Sasha Volokh、Abe Wickelgren 和 Christian Zehnder 的启示性评论，以及 Georgy Egorov 的出色研究协助。感谢四名审阅人和两位编辑（其中一位是 Larry Katz）的建设性意见。另外，由衷感谢美国国家科学基金会通过美国国家经济研究局提供的资金支持。

point）——重新审视不完全契约文献所讨论的一些主题，特别是敲竹杠（hold-up）问题和资产所有权（asset ownership）问题（Hart and Moore，2008）。在买家价值和卖家成本最初并不确定的时候，在双方建立（长期）经济关系的情况下，为保证此经济关系顺利发展，双方需要以在初始契约中无法明确规定的方式进行合作。如果双方签订固定价格的刚性契约，这种契约可以在“正常”时期运作良好，因为不存在可争议的事项（假设在没有争议的情况下各方愿意合作）。但倘若价值或成本超出正常范围，一方将有动机发出终止合作的威胁，除非可以就契约重新谈判；也就是说，这一方要敲竹杠。比如说，当价值异常高的时候，卖家将对买家敲竹杠以获得更高的价格，而当成本异常低的时候，买家将对卖家敲竹杠以获得更低的价格。我们假设，敲竹杠会导致友好关系转变为敌对关系。结果是双方停止合作：因为他们会对契约的条款锱铢必较，从而忽视大局，造成无谓损失。然而，即便是敌对关系也能创造盈余，也比不交易要好。因此，如果价值或成本远超正常范围，敲竹杠问题就会发生。

我们证明，存在一个取决于外界状态的价格区间［p_L，p_H］，如果长期契约价格 p（在外界状态确定之前已定）位于这个范围内，则敲竹杠不会发生；如果 p 落在这个范围之外，敲竹杠就会发生。大家不妨把［p_L，p_H］视为一个“自我履约”（self-enforcing）的范围（Masten，1988；Klein，1996）。在标准敲竹杠模型中，此价格区间退化为：$p_L = p_H$。在当前模型中，由于敲竹杠的无谓成本带来摩擦，此区间不退化：$p_L < p_H$。如果不存在事前的不确定性，那么很容易找到位于［p_L，p_H］的价格 p（其确切的位置并不重要，因为可以通过一次性转移支付重新分配盈

余)。然而,如果外界状态不确定,则几乎不可能找到以概率 1 落在 [p_L, p_H] 的价格 p。在这种情况下,敲竹杠就可能发生。

我们得到了两个结果。首先,指标化(即将价格与有关行业状况的可验证信号挂钩)可以改善情况。如果 σ 与外界状态相关,那么把契约价格与 σ 挂钩可以更容易确保契约价格落在 [p_L, p_H]。这可以解释乔斯科(Joskow, 1985, 1988)以及戈登伯格和埃里克森(Goldberg and Erickson, 1987)关于指标化应用的研究结果(另见 Card, 1986)。① 其次,对资产所有权的适当分配也有所助益。[更一般地说,增强一方的外部选择权(outside option)是有助益的。] 在其他条件不变的情况下,将资产分配给买家是件好事,只要此分配能够增加买家外部选择权与买家交易价值之间的相关性。问题由此可以得到改善,毕竟当价值异常高时,买家的外部选择权也会很大,从而可以降低卖家对买家敲竹杠的能力。更为规范的表述是,区间 [p_L, p_H] 对买家的价值变得不太敏感。然而,这会对卖家产生一种反向效果:从卖家手中拿走资产将导致区间 [p_L, p_H] 对卖家的成本更加敏感,使买家更容易对卖家敲竹杠。因此,如何分配资产所有权需要进行权衡。

相较于大量相关文献,我们的方法着重关注事后而不是事前的无效率。事实上,(不可签约的)关系专用性投资(relationship-specific investment)并不在我们的分析框架内。② 这样做的好处之

---

① MacLeod and Malcomson (1993) 提出另一种对指标化的解释,在他们的模型中,当事人进行不可签约的关系专用性投资。参见第 2 节。

② Lafontaine and Masten (2002) 和 Masten (2007) 指出,在卡车运输行业中,关系专用性投资相对不重要,签订长期契约是为了节省事后谈判或议价的成本。此处采用的方法与这个观点一致。

一是，我们能够避免（并有望超越）关于不完全契约模型的“马斯金-梯若尔”基本批判（Maskin and Tirole，1999）。但要做到这一点，需要引入若干行为特征。

我们的模型与若干关于实证类/应用类契约的文献相互呼应。这类文献的研究对象包括石油焦炭、卡车服务、煤炭和铝等的买卖双方的契约关系，其共同的一个主题是，倘若现有契约下的交易收益分配不均，双方的交易关系就会出现问题（Goetz and Scott，1983；Goldberg，1985；Joskow，1985；Goldberg and Erickson，1987；Masten，1988，2007；Klein，1996；Lafontaine and Masten，2002）。这将导致处在不利地位的一方采取代价高昂的投机或不合作行为，以摆脱现有契约或就现有契约重新谈判。引述克莱因（Klein，1996，p. 44）的话就是：“当市场条件发生很大变化以致交易关系超出自我履约的范围时，就会发生敲竹杠行为。”[①] 然而，现有文献并没有解释为什么当事人无法就投机行为的成本进行谈判，或者为什么不签订灵活的事前契约以涵盖可预期的市场条件变化。而我们的方法的优势在于，可以通过引入行为特征来解释这两种情形。在我们的模型中，敲竹杠令交易关系恶化，进而导致合作减少并造成无谓损失。并且，各方无法就这些损失进行协商。

要理解本文的内容，将本文与关于资产所有权和纵向一体化的文献进行比较是有益的。根据交易成本经济学（Williamson，1971；Klein，Crawford and Alchian，1978），独立当事人之间的契约是有问题的，因为在不完全契约下，各方围绕准租金的事后

① 投机行为的例子包括违反契约、咬文嚼字、含糊其词、否认事实，或者威胁要做这些事情。参见 Goetz and Scott（1983，p. 977，p. 982）和 Goldberg（2006，pp. 328－329）。另见 Klein（1996）和 Goldberg（2006，Chapter 20）对著名的美国铝业诉埃塞克斯案的讨论。

分配的讨价还价会导致无谓损失的产生。决定纵向一体化决策的关键因素之一是准租金的规模。根据产权理论（Grossman and Hart，1986；Hart and Moore，1990），各方会对由讨价还价造成的无谓损失进行协商，但事前投资会被扭曲。决定纵向一体化决策的关键因素之二是（不可签约的）事前投资的准租金的边际产出。而本文则强调第三个决定性因素：准租金相对于外界状态的可变性，即**收益不确定性**。在结论部分，我们将回过头来探讨本文对纵向一体化理论的启示。

本文的内容与关于关系型契约的文献亦有共通之处。虽然我们的理论是静态的，但包含了类似于信任或信誉的概念，敲竹杠行为会破坏这种信任或信誉。从某种意义上讲，我们的模型可以看作关系契约模型的简约形式。不过需要注意，与关系型契约和资产所有权的主流正规模型相比（Baker，Gibbons and Murphy，2002；Halonen，2002），我们强调事后的交易无效率，而不是事前的投资无效率。

尽管本文受哈特和穆尔（Hart and Moore，2008）一文（特别是该文第三部分）所启发，但还是有若干重要区别。首先，哈特和穆尔（2008）关注弹性契约（以价格区间为代表）与刚性契约（以单一价格为代表）之间的权衡。而我们侧重于研究刚性单一价格契约（不过我们在附录中证明，所有的结果都可推广到弹性契约）。其次，哈特和穆尔（2008）忽略了资产所有权，并且不考虑敲竹杠行为。当事人在自身收益为负的外界状态下选择退出，但该模型的主流版本不存在重新谈判，因此为了实现更好的交易，各方从不威胁退出。我们认为，敲竹杠情形本身耐人寻味，不过引入它是另有原因。在任何资产所有权模型中，如果关系破裂，当事人即可买卖资产，也就是说，可以重新谈判。但倘若真的发生这种事情，一方可以通过退出和重新交易对另一方敲竹杠。从这个意义上讲，我们认为本文的模型通过考虑敲竹杠和重新谈判行为，是对哈特和穆尔（2008）资产所有权模型的自然延伸。在结论部分，我们将回到这个问题，简要探讨资产无法重新交易时会出现什么情况。

本文的结构安排如下：第 2 节阐述基本模型，并在第 3 节将资产所有权引入模型，第 4 节对模型进行拓展，第 5 节做出结论。附录会给出关于更一般的契约类型的研究，并提供相关命题的证明。

2. 模 型

考虑建立长期关系的买家 B 和卖家 S。双方在日期 0 会面，并且可以在日期 1 交易某项产品。在日期 0 存在不确定性，但将在日期 1 之前（譬如日期 1^-）得到解决。整个过程都是信息对称的，双方均为风险中性，不受财富约束。如果交易未能发生，则每一方都获得自己的外部选择权。在交易顺利进行的情况下（双方在日期 1 合作），令 v、c 分别表示 B 的价值和 S 的成本；另外令 r_b、r_s 分别代表 B 和 S 的外部选择权。随机变量 v、c、r_b、r_s 在日期 0 时不确定，而且，虽然假定它们一旦实现就可以被双方观察到，但它们是无法验证的。

我们遵循哈特和穆尔（Hart and Moore，2008）的假设，为充分实现交易收益，各方必须在日期 1 采取一些“有益”或“合作”的行动。我们假设这些行动无法在日期 0 的契约中指明，因为它们太过复杂，难以事先预测或描述。当不确定性在日期 1^- 被消除时，一些行动变得能够描述，因此可以进行约定，而另一些行动则永远不可签约。[①] 所以，在日期 1^- 对契约进行一些修订或重新谈判是可能的。假设 B 和 S 在日期 1 同时选择所有有益的行动。时间线见图 1。

0	1^-	1
双方会面并签约	解决不确定性，对日期0的契约进行修订并/或重新谈判	双方选择有益行动并达成交易

图 1

我们做出以下假设：

（A1）如果在日期 1 采取所有有益行动，则产品对 B 的价值是 v，对 S 的成本是 c，其中 $v>c$。因此，这种情况下的净盈余为 $v-c$。

（A2）如果在日期 1 采取所有可签约的有益行动，但不采取不可签约的有益行动，则产品对 B 的价值为 $v-(1/2)\lambda(v-c)$，对 S 的成本为 $c+(1/2)\lambda(v-c)$，其中 $0<\lambda<1$。因此，这种情况下的净盈余为 $(1-\lambda)(v-c)$。

（A3）如果在日期 1 没有采取任何（可签约或不可签约的）有益行动，则 B 的价值非常低（趋向 $-\infty$），S 的成本非常高（趋向 $+\infty$）。在这种情况下，双方均背离契约（任何一方都没有执行契约的动机），交易无法发生；也就是说，各方获得了他们的外部选择权。

请注意，假设（A2）的含义是，拒绝采取不可签约的有益行

① 事后可签约有益行动的一个例子是，一方允许另一方修改待交易商品的特征（比如交付时间）。事后不可签约（或不易签约）有益行动的一个例子是，一方向另一方提供有用的信息，在做出决定之前与另一方协商，或者迅速回复另一方的电话或电子邮件。关于同一可签约行动可能导致不同绩效结果（取决于所有权结构）进而表明不可签约行动很重要的证据，参见 Januszewski Forbes and Lederman（2007）。

动使 v 和 c 朝着 $(1/2)(v+c)$ 的方向移动（例如，令 $\lambda=1$）。我们将假设（A3）中的“背离”价格或无交易价格标准化为 0。

什么因素决定一方是否采取有益行动？与哈特和穆尔（Hart and Moore，2008）相同，我们假设采取有益行动的成本不会比不采取有益行动的成本高很多：成本要么略高，要么略低，换言之，一方可能会乐于提供帮助。但是，有益行动对接受者具有巨大的价值。为简便起见，我们假设一方对是否采取有益行动是完全无差异的。

鉴于这种无差异性，我们认为，当（且仅当）一方获得另一方提供的“良好待遇”时，前者才会愿意采取有益行动。[①] 重要的是，正如哈特和穆尔（Hart and Moore，2008）所述，如果一方根据契约获得他认为应得的东西，他就受到了“良好待遇”。特别地，日期 0 的契约是应享权利的参照点；除此之外，它是在竞争条件下通过谈判达成的，所以它被视为是公平的。我们隐含地假定，日期 0 的竞争态势比日期 1^- 的竞争态势更激烈；这可能是因为双方在日期 0 之后进行了（未建模的、可签约的）关系专用性投资。更深入的讨论参见哈特和穆尔（Hart and Moore，2008）。

从以下情景切入问题将有助于分析：当事各方在日期 0 签订一份“简单”契约，指定一个单一交易价格 p（请记住，无交易价格被标准化为 0）。考虑不确定性一旦得到解决，在日期 1^- 会发生的事情。各方都面临一个选择：他可以遵守契约，也可以试图强迫另一方重新谈判。我们把后者称为“敲竹杠”。

---

① 有大量的经验和实验证据支持互惠行为。参见 Hart and Moore（2008）的参考文献。与我们的研究背景特别相关的文献包括 Bewley（1999）和 Kube、Maréchal and Puppe（2007）。

首先考虑第一种情况，即当事各方遵守契约的情况。在此条件下，每一方都觉得受到了对方的良好待遇，因为他得到的正是契约规定的所得。于是，双方都愿意提供帮助并采取一切合作行动。买家和卖家的收益分别为

$$U_b = v - p \tag{1}$$

$$U_s = p - c \tag{2}$$

而在第二种情况中，一方进行了敲竹杠：也就是说，他试图迫使另一方重新谈判。为此，他威胁要拒绝采取任何有益行动，除非收到一笔转移支付（side-payment）。我们假设受害者将这种行为视为敌对行为，它违反了日期 0 的契约精神，并在第一时间导致所有合作终止。（可以想见，受害者会对敲竹杠举动恶语相向，因此肇事者和受害者之间是彼此怨恨的。）结果是形成双方不合作的纳什均衡。（因为合作与否对各方来说都是无差异的，所以达到纳什均衡。）这就产生了假设（A3）描述的无交易结果，B 和 S 分别获得收益 r_b 和 r_s。

在深入分析之前，需要强调一个重要的假设。我们假设，局外人（例如法院）无法确定谁应该对敲竹杠行为负责，也无法对肇事者进行相应的惩罚。换句话说，我们不考虑“违反契约”的损害赔偿。从这个意义上讲，双方在日期 0 签订的契约不具有约束力，它更像是一种“约定”（agreement to agree）（Corbin，1993，Chapters 2 and 4）。我们会在第 4 节详细讨论这一点。

因此，敲竹杠之后的结果首先是没有发生交易。不过，可以重新谈判。[①] 哪怕关系恶化，双方也能并且将会同意在日期 1 付

① 事实上，我们假设双方无法在事前承诺绝不重新谈判。在第 4 节我们将讨论这种承诺是否可取。

诸有益的可签约行动。同时，假设任何一方都不会提供不可签约的合作（同样，这又是一种纳什均衡）。实际上，此时双方的关系冷淡但是恰当[①]。因此，重新谈判产生假设（A2）所述的盈余$(1-\lambda)(v-c)$。于是，我们可得到假设（A4）：

（A4）如果$(1-\lambda)(v-c)>r_b+r_s$，则各方将重新谈判以避免无交易的结果。

下面我们先假定假设（A4）成立，到第4节再讨论放松假设（A4）会发生什么情况。

总之，敲竹杠导致盈余减少$\lambda(v-c)$。这是关系恶化造成的无谓损失。

我们假设重新谈判后双方各自获得一半盈余，因此发生敲竹杠后，各方的收益为

$$U_b=r_b+\frac{1}{2}G \tag{3}$$

$$U_s=r_s+\frac{1}{2}G \tag{4}$$

其中，

$$G=(1-\lambda)(v-c)-r_b-r_s \tag{5}$$

很容易确定何时发生敲竹杠行为。定义p_L为使S在接受价格p和对B敲竹杠之间无差异的价格；定义p_H为使B在支付价格p和对S敲竹杠之间无差异的价格。于是从式（1）到式（4）

① 请注意，我们假设双方不能围绕这种冷淡状态进行谈判。可以想象，买方预期到卖方将要对他敲竹杠时，会向卖方支付一笔额外款项，以避免敲竹杠并维持彼此关系。我们认为，鉴于合作背景中存在可察觉的威胁，双方关系仍然会被污染。有证据支持这个观点，并表明即便是“大”玩家也会这么做，详情参见《纽约时报》，2007年8月27日，第A1页（报道称，2007年次贷危机引发了对家得宝大规模收购业务的重新谈判，并造成巨大的负面影响）。

得出：

$$p_L - c = r_s + \frac{1}{2}G \tag{6}$$

$$v - p_H = r_b + \frac{1}{2}G \tag{7}$$

因此，

$$p_L = c + r_s + \frac{1}{2}G \tag{8}$$

$$p_H = v - r_b - \frac{1}{2}G \tag{9}$$

请注意，

$$p_H - p_L = \lambda(v - c) > 0 \tag{10}$$

式（10）表明，重新谈判过程或多或少存在摩擦。如果敲竹杠没有导致关系恶化，则 λ 为零，且 $p_H = p_L$。但是，敲竹杠会造成一部分盈余耗散，因此 $p_H > p_L$：使 B 刚好能对 S 敲竹杠的价格严格大于使 S 刚好能对 B 敲竹杠的价格。

因为 S 在 $p = p_L$ 时对是否对 B 敲竹杠是无差异的，所以当 $p < p_L$ 时，S 将严格选择对 B 敲竹杠。同理，当 $p > p_H$ 时，B 会严格选择对 S 敲竹杠。因而要避免发生敲竹杠的充要条件是

$$p_L < p < p_H \tag{11}$$

注意，p_H、p_L 是随机变量，而 p 不是，因为它是事前选定的。情况如图 2 所示。区间 $[p_L, p_H]$ 可解释为“自我履约”的契约范围（Klein，1996）。马斯滕（Masten，1988）在“敲竹杠存在外生成本”的假设下，得出一个类似的“自我履约”价格区间。

为进一步阐释问题，我们赋予随机变量 r_b、r_s 更多的结构。

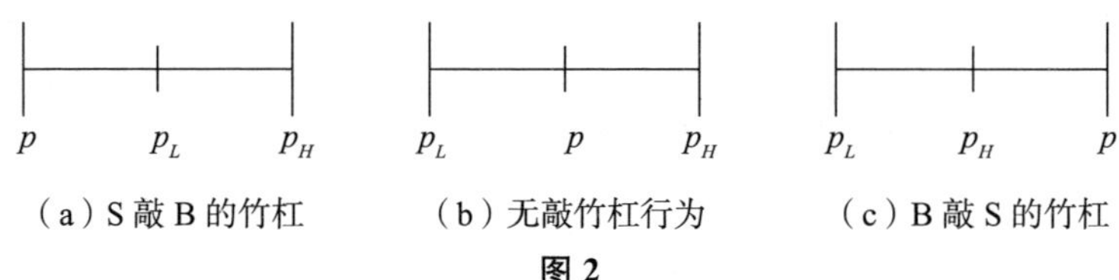

（a）S 敲 B 的竹杠　　（b）无敲竹杠行为　　（c）B 敲 S 的竹杠

图 2

假设：

$$r_b = \alpha_b + \beta_b v + \varphi + \gamma_b \varepsilon \tag{12}$$

$$r_s = \alpha_s - \beta_s c + \gamma_s \eta \tag{13}$$

其中，

$$1-\lambda > \beta_b > 0, 1-\lambda > \beta_s > 0, \gamma_b > 0, \gamma_s > 0 \tag{14}$$

此处，α_b、β_b、γ_b、α_s、β_s 和 γ_s 均为常数（在后面章节中它们将取决于当事人拥有的资产），φ、ε、η 则是均值为零的独立随机变量。式（12）至式（14）说明，B 和 S 的外部选择权分别随着 v、c 共同变化，但共变效应并不强，而且容易受外源噪声（ε，η）干扰。噪声项 φ 起平滑作用，其原理将在后续部分阐明。

给定式（12）和式（13），我们可以用五元组 $\omega=(v,c,\varphi,\varepsilon,\eta)$ 表示外界状态。双方都在日期 1^- 观察到 ω，但是无法对其进行验证。（如果 ω 可验证，则 p 可以由 ω 反映，并且可以实现最优结果——参见下文。）将 p_L、p_H 改写为 ω 的函数十分有用。从式（8）和式（9）我们得出

$$p_L(\omega) = \frac{1}{2}[(\alpha_s + \gamma_s \eta - \alpha_b - \varphi - \gamma_b \varepsilon + ((1-\lambda) - \beta_b)v + ((1-\lambda) - \beta_s)c] \tag{15}$$

$$p_H(\omega) = \frac{1}{2}[(\alpha_s + \gamma_s \eta - \alpha_b - \varphi - \gamma_b \varepsilon + ((1-\lambda) - \beta_b)v + ((1-\lambda) - \beta_s)c] \tag{16}$$

显然，p_L、p_H 是关于 v、c 单调的。因为只有当 $p_L(\omega) > p$

或 $p_H(\omega)<p$ 时，即 $p_L(\omega)$ 很高或 $p_H(\omega)$ 很低时，敲竹杠行为才会发生，所以在其他条件不变的情况下，如果 v 异常高或异常低，或者 c 异常高或异常低，则会发生敲竹杠行为。这个结论很直观：如果 v 很高，则 S 能通过重新谈判获得更好的价格，因为可供商议的盈余很多（即使考虑一小部分损失 λ），因此 S 有动机对 B 敲竹杠；同理，如果 c 很低，则 B 能通过重新谈判获得更好的价格，所以 B 有动机对 S 敲竹杠。此外，从式（15）和式（16）可以清楚看出，如果 β_b 和 β_s 很大，v、c 取异常值的影响就不会太明显，因为在这些条件下，p_L、p_H 对 v、c 的敏感性降低。

现在我们来看一个简单的最优契约。回想一下，一个简单的契约包含一个单一价格，这个价格 p 在外界状态确定之前选定。由于日期 0 的一次性转移支付可以用于分配盈余，因此最优契约能够最大化预期净盈余。这样，一个简单的最优契约即求解：

$$\max_{P}\left\{\begin{array}{ll}\displaystyle\int(v-c)dF(\omega) & +\displaystyle\int(1-\lambda)(v-c)dF(\omega)\\ p_L(\omega)\leqslant p\leqslant p_H(\omega) & p<p_L(\omega)\\ & \text{或 } p>p_H(\omega)\end{array}\right\} \tag{17}$$

其中，F 是 ω 的分布函数。

显然，在完全确定的情况下最优结果可以实现：只需在区间 $[p_L(\omega_0),p_H(\omega_0)]$ 选择任意价格 p 即可，其中 ω_0 是外界状态。然而，最优结果一般无法在不确定的情况下获得，因为通常找不到位于多个不同 $[p_L(\omega),p_H(\omega)]$ 区间交集的某个单一价格。

到目前为止，我们的分析存在一个短板。假设双方在日期 0 签订一个简单的契约。可以观察到，由于存在不确定性，p 很有可能处于某些 ω 规定的 $[p_L(\omega),p_H(\omega)]$ 区间外，因此一方会对另一方敲竹杠以便获得更好的价格。为什么双方没有预料到这一点，并在初始契约中就考虑可能重新商定的价格？譬如，初始契约可以规定正常价格为10，但在异常情况下可以升至20；或者初始契约可以赋予一方从价格菜单中选择价格的权利。

为了处理（部分）这些可能性，我们在附录中扩大分析范围，允许双方在日期0的契约中规定一系列可能的交易价格$[\underline{p},\overline{p}]$。在每一种外界状态下，当事人都会协商在这个范围内选择哪个价格。只要价格保持在该范围内，敲竹杠就能避免。因此，一个大的价格区间可以减少敲竹杠行为。但正如哈特和穆尔（Hart and Moore，2008）所说，较大的价格区间是有成本的。我们假设在日期1^-各方都认为有权获得该范围内的不同价格。如果各方得不到自己有权得到的东西，会引发怨愤并导致“遮蔽”（shading）行为，即部分拒绝合作。请注意，如果没有发生遮蔽，则可以在价格区间（$\underline{p}=-\infty$，$\overline{p}=\infty$）内实现最优。因为价格没有被限制，这相当于在日期0双方根本就没有签订契约。想想在我们的模型里并没有事前（不可签约）投资，而且信息是对称的，所以长期缔约的常见论据不适用于此。

但是，倘若存在怨愤和遮蔽，那么一个非常大的价格区间就是次优的，毕竟这将导致在外界状态下遮蔽始终会存在。因此，双方更愿意接受被敲竹杠的风险：大家会选择有限的价格区间，固定价格契约便是一个极端的例子。我们在附录中证明了本节和下一节的所有结果可以被推广到价格区间的情况。我们还表明，引入价格区间可以阐释戈登伯格和埃里克森（Goldberg and Erickson，1987）的观察结论，即当事人在不稳定的环境下会签订短期契约。

在本节的最后，我们将讨论指标化方法。假设存在一个与外界状态相关的可验证信号 σ。然后在弱假设条件下，当事人可以将价格指标化为 σ，从而改进式（17）中的最优契约。为此，假设 σ 取值 σ_1，…，σ_n，并对应地具有严格正概率 π_1，…，π_n。指标化契约由价格向量（p_1，…，p_n）组成，其中 p_i 是 $\sigma=\sigma_i$ 时规定的交易价格。与式（17）类似，将 $S_i(p)$ 定义为信号 $\sigma=\sigma_i$ 条件下的预期盈余，即

$$S_i(p)=\int_{p_L(\omega)\leqslant p\leqslant p_H(\omega)}(v-c)dF(\omega/\sigma_i)+\int_{p<p_L(\omega)\text{ 或 }p>p_H(\omega)}(1-\lambda)(v-c)dF(\omega/\sigma_i) \tag{18}$$

其中，$F(\omega/\sigma_i)$ 是 ω 在条件 σ_i 下的分布函数。于是总的预期盈余为 $\sum_{i=1}^{n}\pi_i S_i(p_i)$，且最优指标化契约是求解

$$\max_{p_1,\cdots,p_n}\sum_{i=1}^{n}\pi_i S_i(p_i) \tag{19}$$

显然，对于（p_1，…，p_n）求解式（19）的一个充要条件是：

$$p_i\text{ 满足：对所有的 }i,\ \max_{p} S_i(p)\text{ 有解} \tag{20}$$

假设式（20）的解是唯一的。

现在看一看非指标化的情况。最优非指标化契约使式（19）中的目标函数最大化，但要受 $p_1=\cdots=p_n$ 的约束；也就是说，它是求解

$$\max_{P}\sum_{i=1}^{n}\pi_i S_i(p) \tag{21}$$

设其解为 p^*。很明显，对于所有的 i，$S_i(p_i)\geqslant S_i(p^*)$，因为 p^* 是式（20）的一个可行选择。因此，

$$\sum_{i=1}^{n}\pi_i S_i(p_i) \geqslant \sum_{i=1}^{n}\pi_i S_i(p^*) \tag{22}$$

而且，式（22）能保持等号成立的唯一方式是

$$\text{对于所有的 } i, S_i(p_i) = S_i(p^*) \tag{23}$$

换言之，只要式（20）的解不完全相同，指标化就严格优于非指标化。我们已经证明：

命题 1 假设式（20）的（唯一）解随着 i 发生变化，则指标化契约严格优于非指标化契约。

命题 1 的一个特殊情形是 σ 与 ω 完全相关。通过设置 $p_i \epsilon [p_L(\omega_i), p_H(\omega_i)]$，可以在指标化条件下得到最优结果，其中 ω_i 是与 σ_i 对应的唯一状态。换句话说，指标化可以彻底避免敲竹杠。然而，一般来讲，指标化并不能达到最优结果。

我们的结果与乔斯科（Joskow，1985，1987）以及戈登伯格和埃里克森（Goldberg and Erickson，1987）的发现一致，即价格指标化是石油焦炭和煤炭供应商与采购商之间的契约的共同特征之一。这些学者认为，尽管一种可能的解释是风险厌恶，但更可能的原因是价格指标化可以减少投机行为，这与我们的模型契合。还值得提出的是，麦克劳德和马尔科姆森（MacLeod and Malcomson，1993）使用一个模型解释了这些实证结果，其中指标化增强了各方进行不可签约的关系专用性投资的动机。和我们一样，在他们的模型里，指标化使重新谈判的可能性降低；不过，他们只考虑一组有限的契约。

卡德（Card，1986）研究了工资指标化在加拿大工会劳动契约中的应用。他认为指标化的好处在于能够让工资更紧密地跟踪公司对劳动力的需求和工人的选择机会。在劳动力需求与 v、r_b 有关，且工人的选择机会与 r_s 有关的条件下，我们的模型似乎与

之相符。然而，要解释卡德的另外两个观察结果却没那么容易：工资总是与消费者价格指数挂钩，而不是其他一些衡量行业状况的指标，并且这种指标化在非工会部门较为罕见。

应该强调的是，“简单的”指标化不是避免敲竹杠行为的唯一方法。我们假定卖家的成本无法验证，但在实践中却可以使用某些方式来度量成本。一种可能的方式是将价格与该度量方式联系起来，例如“成本加成”契约。但这种安排存在众所周知的激励问题。另一种可能性是加入一项条款，允许在某一外生指数触及最小值或最大值时重新谈判。（其思想是，在这些情况下重新谈判不会被视为敌对行为。）在实践中观察到了上述可能性。就目前而言，我们的模型过于简单以致无法顾及这些可能性。不过，我们认为可以对模型进行拓展以涵盖这些情况（我们在附录中对价格范围的讨论就是第一步）。

3. 资产所有权

在本节，我们探讨资产所有权可以改善双方交易关系的观点。我们对资产所有权持一种相对简单的观点。资产所有权之所以重要，是因为它决定了当交易不能发生时各方可以各自拿走哪些资产。① 反过来，这又会影响各方的外部选择权和敲竹杠的动机。

用 A 表示 B 和 S 可支配的所有资产的集合；我们假设 A 是固定且有限的。② 设 A_b 是 B 拥有的资产集合，A_s 是 S 拥有的资产集合。我们假定：

---

① 如 Hart and Moore（1990）所述。另见 Grossman and Hart（1986）。

② 我们假设 A 中的资产已经专用化，所以不能在公开市场上买卖。

$$A_b \cap A_s = \varnothing, A_b \cup A_s \subseteq A \tag{24}$$

式（24）的第一部分说明，B 和 S 不能取得相同的资产。第二部分则反映一种可能性，即如果一项资产是共同拥有的，那么任何一方都无法拿走它：换言之，共同所有权赋予每一方使用该资产的否决权。①

现在假设系数 α_b、β_b、γ_b、α_s、β_s、γ_s 依赖于资产所有权。特别地，$\alpha_b=\alpha_b(A_b)$，$\beta_b=\beta_b(A_b)$，$\gamma_b=\gamma_b(A_b)$，$\alpha_s=\alpha_s(A_s)$，$\beta_s=\beta_s(A_s)$，$\gamma_s=\gamma_s(A_s)$。类似于产权理论文献所提出的，我们还提出了有关这些系数如何随资产所有权而变化的假设。特别是，我们假设拥有更多资产会增加 r_b、r_s 相对于 v 和 c 的边际收益。换言之，

$$\beta_b \text{ 不随 } A_b \text{ 递减} \tag{25}$$

$$\beta_s \text{ 不随 } A_s \text{ 递减} \tag{26}$$

可以说式（25）和式（26）阐述了这样一个观点：资产专用于买卖双方所从事的业务。当然，也可以假设一方的总收益随其所拥有的资产量增大而增大（α_b、α_s 随 A_b、A_s 递增），但后文无需此假设。我们令式（14）和假设（A4）对所有的所有权结构都成立。

假定资产可以在日期 0 进行交易。因此，当前的契约是一个三元组（A_b，A_s，p），规定了资产所有权分配（A_b，A_s）和日期 1 的价格 p，其中 A_b、A_s 满足式（24）。如第 2 节所述，考虑到在日期 0 可能会发生一次性转移支付，最优契约可最大化预期净盈余。于是，最优契约是求解

---

① 我们将关注点限定在所有权结构上。将分析推广到考虑拥有选择权等情况并不困难。

$$\max_{(A_b, A_s, p)} \left\{ \begin{array}{ll} \int (v-c)dF(\omega) & +\int (1-\lambda)(v-c)dF(\omega) \\ p_L(\omega;A_b,A_s) \leqslant p \leqslant p_H(\omega;A_b,A_s) & p < p_L(\omega;A_b,A_s) \\ & \text{或 } p > p_H(\omega;A_b,A_s) \end{array} \right\} \tag{27}$$

其中，p_L、p_H 由资产所有权分配（A_b，A_s）以及 ω 指标化。

在其他条件不变的情况下，我们的分析起点是，如果资产在日期 0 从 S 转移到 B 会发生什么情况。如此，在给定式（25）和式（26）的情况下，β_b 会上升，β_s 会下降。一如式（15）和式（16）所示，这使得 p_L 和 p_H 对 v 的敏感性较之前降低，因为，

$$\frac{\partial p_L}{\partial v} = \frac{1}{2}((1-\lambda)-\beta_b) \tag{28}$$

$$\frac{\partial p_H}{\partial v} = \frac{1}{2}((1+\lambda)-\beta_b) \tag{29}$$

并且以上两者都将减小。另外，$p_L(\omega)$ 和 $p_H(\omega)$ 对 c 更加敏感，因为

$$\frac{\partial p_L}{\partial c} = \frac{1}{2}((1+\lambda)-\beta_s) \tag{30}$$

$$\frac{\partial p_H}{\partial c} = \frac{1}{2}((1-\lambda)-\beta_s) \tag{31}$$

并且以上两者都将增大。

直观而言，p_L、p_H 的敏感性降低是好事，因为如果区间［p_L，p_H］的变化不大，那么对于众多的 ω，就更容易找到处于区间［p_L，p_H］的价格 p。换句话说，发生敲竹杠的可能性会变小。这表明如果只有 v 变化，则 B 拥有全部资产是最优的，因为这使得 p_L 和 p_H 对外界状态的敏感性降至最低；而当只有 c 变化时，S 拥有全部资产是最优的。命题 2 可证实这一点。

命题 2 （1）假设 $\varphi=\varepsilon=\eta\equiv0$ 且 $c\equiv c_0$，其中 c_0 是常数。那么存在一个最优契约，其中 B 拥有全部资产，即 $A_b=A$，$A_s=\varnothing$。

（2）假设 $\varphi=\varepsilon=\eta\equiv0$ 且 $v\equiv v_0$，其中 v_0 是常数。那么存在一个最优契约，其中 S 拥有全部资产，即 $A_s=A$，$A_b=\varnothing$。

在附录中，我们证明了命题 2 和本节中所有其他命题的更一般的形式。在这些更一般的形式中，日期 0 的契约允许一系列可能的交易价格。

注意，在稍强的随机假设下，确立命题 2 的唯一性并不困难。使用这些假设，还可以将命题 2 推广到 v 或 c 的不确定性很小的情形。

命题 2 让人联想起产权理论文献的结果：如果一方的投资很重要，那么他应该拥有全部资产。此处的结论是，如果一方的收益不确定，则他应该拥有全部资产。命题 2 也与西蒙（Simon，1951）和沃纳菲尔特（Wernerfelt，1997）等人得出的结果相似，表明应该由收益变化较大的一方控制局面。

当然，一般来说，v 和 c 都是变化的。命题 2 在此处作用不大，因为它只告诉我们什么时候一方应该拥有全部资产。不过如果我们引入特质资产的概念，就可以找到突破口。

倘若 B 拥有某项资产会增大 r_b 对 v 的敏感性，而 S 不拥有该资产并不影响 r_s 对 c 的敏感性，则定义这一资产为 B 的特质资产。同理可定义 S 的特质资产。

定义 （i）如果对于所有的 $A_b\subseteq A, A_b\cap\{a\}=\varnothing, \beta_b(A_b\cup\{a\})>\beta_b(A_b)$，且对于所有的 $A_s\subseteq A, \beta_s(A_s\cup\{a\})=\beta_s(A_s)$，则 a 是 B 的特质资产。

（ii）如果对于所有的 $A_s\subseteq A, A_s\cap\{a\}=\varnothing, \beta_s(A_s\cup\{a\})>$

$\beta_s(A_s)$，且对于所有的 $A_b \subseteq A$，$\beta_b(A_b \cup \{a\}) = \beta_b(A_b)$，则 a 是 S 的特质资产。

换言之，如果一项资产专用于 B 的业务而非 S 的业务，那么它就是 B 的特质资产，反之亦然。请注意，某项资产之所以对一方具有特殊性，原因之一可能是该方拥有与该资产互补的人力资本；譬如他是唯一知道如何使用该资产的人。在这种情况下，从另一方拿走该资产不太可能影响其外部选择权对外界状态的敏感性。

将资产分配给该资产对其具有特殊性的一方似乎是可取的，因为这样降低了区间 $[p_L, p_H]$ 的可变性。然而事实证明，要使这一点成立，必须对随机结构做出强有力的假设。在下一个命题中，我们假设 v、c 有很高的概率取“正常”值即 $v=v_0$，$c=c_0$；v、c 有很低的概率分别取“异常”值。因为异常值并不常见，所以我们忽略了 v 和 c 同时取异常值的可能性。我们还假设通过随机变量 φ 会产生少量外源噪声，但同时我们假设 $\varepsilon=\eta=0$。

命题 3 假设 $\varepsilon=\eta=0$，且 φ 均匀分布在 $[-k, k]$ 上。假定概率为 $0<\pi<1$ 时，发生事件 1：$v=v_0$，$c=c_0$；概率为 $(1-\pi)\alpha_v$ 时，发生事件 2：$c=c_0$，v 具有支撑集 $[v_L, v_H]$，其中 $v_L \leqslant v_0$ 且

$$v_H \geqslant \frac{-\beta_b(A)v_0 + (1+\lambda)v_0 - 2\lambda c_0}{1-\lambda-\beta_b(A)}$$

概率为 $(1-\pi)\alpha_c$ 时，发生事件 3：$v=v_0$，c 具有支撑集 $[c_L, c_H]$，其中 $c_H \geqslant c_0$ 且

$$c_L \leqslant \frac{-\beta_s(A)c_0 - 2\lambda v_0 + (1+\lambda)c_0}{1-\lambda-\beta_s(A)}$$

此处 $\alpha_v>0$，$\alpha_c>0$，$\alpha_v+\alpha_c=1$，$k>0$，并且 φ 分别独立于事件 2 和 3 中的 v 和 c。于是，对于足够小的 k，以下说法正确：

如果 π 接近 1，那么倘若 a 是 B 的特质资产，则 B 拥有 a 是唯一最优的；倘若 a 是 S 的特质资产，则 S 拥有 a 是唯一最优的。

我们有必要弄清为什么命题 3 要求对 v 和 c 的概率分布做出强有力的假设。原因如下。令 p 为一般情况下 v、c 不确定时的最优价格。假设我们将 B 的特质资产从 S 转移到 B。（在以下内容中，我们用符号表示资产。）我们知道这将降低 $p_L(\omega)$、$p_H(\omega)$ 相对于 v 的可变性。但倘若 $p\in[p_L(\omega_1), p_H(\omega_1)]$，$p\notin[p_L(\omega_2), p_H(\omega_2)]$，且$[p_L(\omega_1), p_H(\omega_1)]$靠近$[p_L(\omega_2), p_H(\omega_2)]$，则可能会降低 p 落在$[p_L(\omega), p_H(\omega)]$的概率。而命题 3 的随机结构避免了这种情况。

资产严格互补的情形是命题 3 的一个简单应用。假设资产 a_1 和 a_2 严格互补，从这个意义上讲，它们只有一起使用才有价值。且 a_2 本身对 S 并没有用处，但 a_1 和 a_2 放在一起可能对 B 十分有用。假设 B 拥有 a_1。那么我们可以定义一个新的经济，其中 a_1 是不可转让的，也就是说，B 始终拥有 a_1，有效的（可转让）资产集为 $A\setminus\{a_1\}$。对于这种经济，从定义（i）的意义来说，a_2 是 B 的特质资产。因此根据命题 3，B 最好同时拥有 a_1 和 a_2。同样的论证表明，如果 S 拥有 a_1，则 S 同时拥有 a_1 和 a_2 会更好。结论是，严格互补的资产应该归到一起（由 B 或 S 全部拥有——没有更具体的信息，我们无法确定应该属于谁）。类似的论证显示，在命题 3 的条件下，共同所有权是次优的。

诚然，这些结果与产权理论文献得出的结果非常相似（Hart and Moore，1990）。然而，驱动力截然不同：前者是不确定性，后者是事前投资。

到目前为止，我们强调了一个观点，即资产所有权对一方是好事，因为它降低了该方收益相对于其外部选择权的可变性。不过，资产所有权可能会提高外部选择权相对于内部价值的可变性。在这种情形下，从各方手中拿走资产也许更佳。下一个命题描述共同所有权最优的情况。在这一命题中，内部价值 v 和 c 是常数，外部选择权是随机的；特别地，φ 以及 ε 或 η 是可变的。

命题 4 设 γ_b、γ_s 分别是 A_b、A_s 严格增函数，φ 均匀分布在 $[-k, k]$ 上。假设概率为 $0<\pi<1$ 时，事件 1 发生：$v=v_0$，$c=c_0$，$\varepsilon=0$，$\eta=0$；概率为 $(1-\pi)\alpha_\varepsilon$ 时，事件 2 发生：$v=v_0$，$c=c_0$，$\eta=0$，ε 具有支撑集 $[\varepsilon_L, \varepsilon_H]$，其中

$$\varepsilon_L \leqslant \frac{2\lambda(c_0-v_0)}{\gamma_b(\varnothing)}$$

且 $\varepsilon_H>0$；概率为 $(1-\pi)\alpha_\eta$ 时，事件 3 发生：$v=v_0$，$c=c_0$，$\varepsilon=0$，η 具有支撑集 $[\eta_L, \eta_H]$，其中

$$\eta_L \leqslant \frac{2\lambda(c_0-v_0)}{\gamma_s(\varnothing)}$$

且 $\eta_H>0$。此处 $\alpha_\varepsilon \geqslant 0$，$\alpha_\eta \geqslant 0$，$\alpha_\varepsilon+\alpha_\eta=1$，$k>0$，并且 φ 分别独立于事件 2 和 3 中的 ε 和 η。因此，对于足够小的 k，以下说法正确：如果 π 接近 1，则所有资产由 B 和 S 共同拥有是唯一最优的。

在探讨事前投资用于“寻租”的产权理论文献中，学者同样得出了类似的结果（Rajan and Zingales，1998；Halonen，2002）。正如这类文献所指出的，与主张单一所有权的命题 2 和命题 3 的条件相比，主张共同所有权的命题 4 的条件是否更有可能成立最终是一个实证问题。

4. 讨论与拓展

在本节，我们讨论文中分析的稳健性并进行一些拓展研究。

我们提出一个重要的假设，即最初的契约根本不完整，因此一方可以通过拒绝合作来威胁要解除契约。此外，局外人（譬如法院）不可能确定谁是肇事者并对其进行相应的惩罚。当然，如果法院能够做到这一点，当事各方也能把“不合作”或“违约”的损害赔偿定得足够高，从而杜绝敲竹杠现象。

尽管我们提出的假设很强，但我们认为这些假设说得通。尽管法院通常可以了解到一方是否违约，或者更一般地是否背信弃义，这个了解过程是嘈杂的，且当事人可能并不希望阻碍行为被处以太高的惩罚，但这意味着，一方可以利用违约的威胁，触发一个不确定的（还可能是漫长的）司法程序以便重新谈判。换句话说，我们考虑了一种极端情况：局外人完全不清楚谁违约，因此，违约或不合作的结果［根据假设（A3）即无交易，得出该结果］与谁对谁敲竹杠并无干系。然而我们认为，此模型可以被推广到这样的情形：局外人掌握一定的信息，并且不合作的结果（也可能是无交易之外的其他情况）会随着谁对谁敲竹杠而变化，只是这种关联并不充分。

另外值得注意的是，除了在模型中描述的方法，还有其他途径可以触发违约。我们假设一方对于合作与否是无差异的。但可能的情况是，为了使交易有效率，双方必然以增加卖家成本的方式修改交易的商品。倘若一切顺利，双方将以合理的方式调整价格（例如买家支付增项成本）。可如果卖家对盈余分配不满意，他可以利用这个机会重新启动价格谈判。局外人一般很难控制这种行为。①

不过，这些考虑因素确实有助于描述模型适用的情况。当初

① 非常感谢伯格·沃纳菲尔特（Birger Wernerfelt）提出这个观点。

始契约极其不完整，一方可以通过微妙而隐蔽的方式摆脱契约的约束时，这一点可能更具意义。

另外还可以放松若干假设。首先，我们假设即便敲竹杠造成无谓损失，当事人宁愿在被敲竹杠后继续交易，也不愿“大路朝天，各走一边”［假设（A4）］。摒弃这一假设或将开启各种新的、有趣的可能性。有两种情况需要区分。第一种情况是，虽然交易关系在被敲竹杠后终止，但双方可以无成本地就资产所有权重新谈判［这与贝克、吉本斯和墨菲（Baker，Gibbons and Murphy，2002）的假设类似］。在这一情况下，发生敲竹杠行为后获得的盈余与在日期 0 的资产分配无关。由于这是假设（A4）的关键要点，我们的结果不太可能出现显著的变化。第二种情况是，在重新谈判的过程中出现摩擦（或许是因为关系恶化后，即使是资产交易也很难进行），在这种情况下，日期 0 的所有权结构将影响事后盈余。鉴于这些条件，资产的初始分配不仅能决定敲竹杠行为何时发生，还会影响敲竹杠行为发生后的事后盈余。这为探索更丰富的所有权理论打开了大门。[①]

其次，我们还假设当事各方不能承诺绝不重新谈判。在大多数不完全契约模型中，这一点至关重要，毕竟如果双方能够做出承诺，那瞬间就可达到最优结果。但事实并非如此。倘若没有重新谈判的机会，敲竹杠将永远不会发生，因为在这种情况下无法改变交易条款。然而，当双方的外部选择权超出他们交易关系的内在收益时，他们就会产生拒绝合作从而退出的动机。特别地，当 $v-p<r_b$ 时买家将退出，当 $p-c<r_s$ 时卖家将退出。［这与哈特和穆尔（Hart and Moore，2008）分析的案例相似。］无效率

① 关于这个方向的新兴研究，参见 Hart and Moore（2007）。

的问题仍然会存在——甚至在某些情况下将更严重。资产所有权是重要的，尽管不同所有权结构的影响各不相同。实际上，该模型可能类似于上面讨论的第二种情况，其中假设（A4）不成立，因为在这种情况下，一旦关系破裂，资产所有权就会影响事后盈余。①

最后，考虑放松我们的另一个假设，即不管原因为何，敲竹杠都会使双方的关系同等恶化。考虑两种卖家敲竹杠的情况。一种情况是，买家的价值增加，所以卖家对买家敲竹杠。另一种情况是，卖家的成本增加，所以卖家对买家敲竹杠。虽然在两种情况下价格都会上涨，但在第二种情况下卖家的行为是否算是投机值得商榷，买家或许因此不会太愤怒，因为如果价格不上涨，卖家的利润会变成负数进而导致其退出。但我们持相反的观点：买家会认为这两种情况是相同的，理由是，如果卖家希望在某些条件下提高价格，他应该将此列入初始契约（见附录中的模型）。不过，建立一个模型来区别对待这两种情况仍然是有助益的。

5. 结　论

本文研究了不确定环境中具有长期关系的买家和卖家。固定价格契约在正常时期下运作良好，因为不存在可争议的事项。但是假如价值或成本过高或过低，就会激起一方对另一方的敲竹杠动机，继而恶化双方关系并导致合作终止。我们已经证明，契约

---

① 一个有趣的可能性是，双方会试图在日期 0 的契约中限制重新谈判过程，而不是承诺绝不重新谈判。譬如，他们可以将议价权分配给一方，或者设置一个信息披露博弈，在关系破裂时启动。但是请注意，有一种观点认为，限制重新谈判过程会扩大初始契约中可接受的结果集，即“合法的”结果，从而使当事人感到应得到更多的权利。这就产生了怨愤和遮蔽成本，如附录中的模型所示。

指标化有助于使价格更有可能保持在“自我履约”的范围内。此外，资产所有权的合理分配能够提高效率，因为它增加了各方外部选择权与其关系内部价值之间的相关性，并降低了敲竹杠的可能性。

需要提出的是，在我们的模型中，资产相当于外部选择权。在实践中，除了拥有资产外，当事人还可以采取其他方法来防止被敲竹杠。例如，买家可以选择某种灵活的技术，以便在日期 0 更容易更换供应商或与多个卖家建立关系，相互抗衡。我们的分析也阐明了这些策略的有用性。

我们认为，本文的分析有助于理解实证类契约理论文献。数篇此类论文强调一个论点，即当交易收益在现有契约下分配不均时，当事人的交易关系会出现问题。不过，目前尚无成熟的理论可以解释为什么这种情况会导致无效率。我们利用行为论的观点来提供一个理论。当一方获得的价格较差时，他会对另一方敲竹杠，引起敌对情绪，导致合作结束并造成无谓损失。此外，各方无法就这些成本进行协商。

本文还有助于理解关于纵向一体化的文献。在我们的模型中，在不确定性存在的条件下，高代价的敲竹杠行为通常以正概率发生，这似乎有助于理解非一体化的成本，以及为什么纵向一体化——可解释为资产转移——能够缓解问题。此外，我们从相关文献中确定了一些不同的重要因素，包括：收益的不确定性，而不是收益的大小（如交易成本文献所述）；或收益对投资的敏感性（如产权理论文献所述）。[①] 当前不太肯定的是，我们的模型

① Lafontaine and Slade（2007）对有关纵向一体化的实证类文献进行了出色的调查，其研究也包括涉及收益不确定性的文献。

能否直接用于理解一体化的成本。例如，假设买家购买了卖家的全部资产，即卖家成为雇员。根据我们的模型，在卖家成本较低的外界状态下，由于他没有资产，他的外部选择权将比以前更少。这给了买家对卖家敲竹杠的机会。然而，如果认为雇员的努力成本——而不是卖家的生产成本——的外生变化如此之大，以致被老板敲竹杠是现实中的严重问题，那就有些言过其实了。卖家的成本随内生原因而变化的说法似乎更合理：与独立承包商相比，害怕被老板敲竹杠的雇员更不可能为降低成本进行事前投资。因此，为了理解纵向一体化的成本，或许有必要将（不可签约的）事前投资（重新）引入模型。

一个显而易见的问题是，这种模型适用于什么样的公司。一种观点是，我们强调的敌对和怨愤情绪在所有者管理的小公司中还算合理，但在大公司中则不然。我们不确定这个说法是否正确。大公司由自负的个人经营，他可能会有强烈的个人情绪。实际上，前面注释中描述的家得宝案例就涉及了大公司，其中重新谈判就导致了当事人的冷淡情绪。不过毫无疑问，在大量下放决策权的公司，效果可能会有所不同。事实上一个有趣的权衡是，让下属做出契约决策没准是好事，由于他不在乎是否发生敲竹杠（例如因为他的激励力度低），所以这将减少事后的无谓损失；但也可能是坏事，因为他事先将会通过谈判达成不利的交易协议。

当然，大公司如何下放决策权是一个更一般的问题。迄今为止，不完全契约文献中的大多数模型，包括本文的模型以及哈特和穆尔（Hart and Moore，2008）的同类模型，仅包含两个当事人。将模型推广到包含多个当事人，并着眼于公司内部结构，是未来研究的一个重要而具有挑战性的方向。

附　录

我们首先讨论一下价格区间，然后证明命题 2 至命题 4。

正如本文第 2 节所指出的，由于预期会出现敲竹杠行为，当事人可以在契约中设置某种价格弹性。继哈特和穆尔（Hart and Moore，2008）的研究之后，现在我们允许当事人在日期 0 的契约中规定一系列可能的交易价格 $[\underline{p}, \overline{p}]$；我们的想法是，只要不确定性在日期 1^- 得到解决，双方将在 $[\underline{p}, \overline{p}]$ 中商定价格。

假设双方选择了范围 $[\underline{p}, \overline{p}]$。那么一旦 ω 确定，在日期 1^- 会发生什么？存在两种情况。定义：

$$H(\omega, \underline{p}, \overline{p}; A_b, A_s) = [p_L(\omega; A_b, A_s), p_H(\omega; A_b, A_s)] \cap [\underline{p}, \overline{p}]$$

如果 $H \neq \varnothing$，双方可以在 H 中选择某个价格从而避免敲竹杠；这个价格与日期 0 的契约一致，并且任何一方都没有动机敲竹杠。但倘若 $H = \varnothing$，则敲竹杠无法避免。

我们从第一种情况开始分析。即使没有发生敲竹杠行为，对契约内的相应结果也会存在分歧。秉承哈特和穆尔（Hart and Moore，2008）的研究精髓，我们假设各方会因为没有得到自己认为有权获得的东西而感到怨愤，继而以遮蔽作为应对措施，也即减少有益的行动。现在，我们假设各方都认为有权获得契约允许的最佳结果。不过大家也意识到，自己面临一个可行性限制，即对方可以触发敲竹杠行为；换言之，B 不会期望支付低于 p_L 的价格，S 不会期望获得高于 p_H 的价格。也就是说，B 觉得有权获得 H 中的最低价格 $\max(p_L, \underline{p})$，S 觉得有权获得 H 中的最高价格 $\min(p_H, \overline{p})$。请注意，假设权利受到可行性限制可以简化分析，但并非至关重要。

为简化问题，我们假定双方各让一步，并设：

$$\hat{p}=\frac{1}{2}\{\max(p_L(\omega;A_b,A_s),\underline{p})+\min(p_H(\omega;A_b,A_s),\overline{p})\} \tag{32}$$

作为这次交易的一部分，双方同意采取可签约的有益行动。然而，每一方都会根据自己的怨愤程度减少不可签约的有益行动。B 的怨愤程度为：

$$a_b=\hat{p}-\max(p_L(\omega;A_b,A_s),\underline{p}) \tag{33}$$

并诉诸遮蔽直至 S 的收益下降 θa_b。S 的怨愤程度为：

$$a_s=\min(p_H(\omega;A_b,A_s),\overline{p})-\hat{p} \tag{34}$$

并诉诸遮蔽直至 B 的收益下降 θa_s。将参数 θ 视为外生因素，对于 B 和 S 是相同的，且 $0<\theta\leqslant 1$。

因此在情形 1 中，当 $H\neq\varnothing$ 时，净盈余为：

$$\begin{aligned}W_1(\omega,\underline{p},\overline{p};A_b,A_s)&=v-c-\theta(a_b+a_s)\\&=v-c-\theta\{\min(p_H(\omega;A_b,A_s),\overline{p})\\&\quad-\max(p_L(\omega;A_b,A_s),\underline{p})\}\end{aligned} \tag{35}$$

相反，在情形 2 中，当 $H=\varnothing$ 时，发生敲竹杠，然后重新谈判，净盈余为：

$$W_2(\omega)=(1-\lambda)(v-c) \tag{36}$$

请注意，由于敲竹杠导致所有不可签约的有益行动被取消，而遮蔽仅仅造成部分行为被取消，所以存在一个隐性约束：总遮蔽成本不能超过总敲竹杠成本，即

$$W_1(\omega,\underline{p},\overline{p};A_b,A_s)\geqslant W_2(\omega) \tag{37}$$

幸运的是，在 $0<\theta\leqslant 1$ 下，这个约束自动得到满足，因为

$$
\begin{aligned}
&\min(p_H(\omega;A_b,A_s),\overline{p})-\max(p_L(\omega;A_b,A_s),\underline{p})\\
&\quad\leqslant p_H(\omega;A_b,A_s)-p_L(\omega;A_b,A_s)\\
&\quad=\lambda(v-c)
\end{aligned}
\tag{38}
$$

其中我们使用了式（10）。换言之，无论价格区间$[\underline{p},\ \overline{p}]$有多大，净盈余在避免出现敲竹杠的情况下都会高于发生敲竹杠的情况。[①]

最优契约使预期净盈余达到最大化。因此，最优契约是求解：

$$
\max_{(A_b,A_s,\underline{p},\overline{p})}\left\{\begin{matrix}\int W_1(\omega,\underline{p},\overline{p};A_b,A_s)dF(\omega)+\int W_2(\omega)dF(\omega)\\ H(\omega,\underline{p},\overline{p};A_b,A_s)\neq\varnothing\qquad H(\omega,\underline{p},\overline{p};A_b,A_s)=\varnothing\end{matrix}\right\}
\tag{39}
$$

其中 F 是 ω 的分布函数。（我们假设 F 具有有限支撑集。[②]）有如下权衡：随着$\underline{p}$下降或$\overline{p}$上升，集合 H 变大，敲竹杠的可能性减小。这是好事，毕竟敲竹杠会减少盈余，即 $W_1\geqslant W_2$。然而，由$\theta\{\min(p_H,\overline{p})-\max(p_L,\underline{p})\}$表示的遮蔽有所增加，这意味着在不发生敲竹杠的情况下盈余会下降；即 W_1 更低，这是坏事。

在某些简单的情形下分析最优契约十分有用。大家在第 2 节已经看到，如果不存在不确定性，简单契约就可以取得最优结果。事实证明，如果只有两个状态：$\omega=\omega_1$ 或 $\omega=\omega_2$，则非简单契约也可以达到最优结果。（接下来，我们暂不考虑资产。）要理解原因，请注意存在两种可能性，$[p_L(\omega_1),p_H(\omega_1)]\cap[p_L(\omega_2),p_H(\omega_2)]$要么非空，要么为空。在第一种情况下，选择交集中的任意价格$\hat{p}$，

① 实际上，假设（A2）暗示了进一步的约束，即双方的遮蔽成本不能超过$\left(\frac{1}{2}\right)\lambda(v-c)$。给定式（32），这将自动满足。

② 很容易证明存在最优契约，因为目标函数在$[\underline{p},\ \overline{p}]$中是上半连续的。

并设$\underline{p}=\hat{p}=\overline{p}$。在第二种情况下，不失一般性地，

$$p_L(\omega_1)<p_H(\omega_1)<p_L(\omega_2)<p_H(\omega_2)$$

然后设$\underline{p}=p_H(\omega_1)$，$\overline{p}=p_L(\omega_2)$。在状态$\omega_1$下，$p=p_H(\omega_1)$；在状态$\omega_2$下，$p=p_L(\omega_2)$。由于集合$H$在这两个状态下都是单元集，因此避免了敲竹杠，也不会有任何怨愤。

万一存在三种状态，则很容易证明即便使用非简单契约，通常也无法实现最优结果。

一个明显的问题是，除了指定价格区间外，当事各方还有更好的选择吗？比如，让大家来一场揭示外界状态的信息博弈是否有所帮助？或者，是否有必要让他们基于可观察但不可验证的信息，商定一项非正式的状态或有契约？我们建议读者参考哈特和穆尔（Hart and Moore，2008）的讨论。该文认为，至少在某些假设下答案是否定的。

价格区间提供若干解释，以下是其一。假设日期1的交易并非瞬时发生，而是双方在一段时间内进行交易，譬如在日期1和日期2之间。（为简单起见，仍然假设不确定性在日期1^-得到解决。）然后，双方可以在日期0就契约期限达成一致。例如，他们可能会商定某个交易价格，该价格将在日期1和日期2之间的一段时间τ内奏效。双方认识到，当到日期1^-时，他们会在剩余时间（$1-\tau$）内重新商定价格。那么，较小的τ值对应一个弹性契约——从事前角度看，这段时间内可能存在很大的（平均）价格区间；较大的τ值则对应一个刚性契约。

这一解释可以阐明戈登伯格和埃里克森（Goldberg and Erickson，1987）的发现，即石油焦炭行业的当事人在较不稳定的环境下倾向于签订短期契约。我们的模型得出的类似结果是，

不确定性的增加导致价格区间 $[\underline{p}, \overline{p}]$ 变大。虽然沿着这个思路要得出更一般的结论就要做进一步的假设，但是该结果至少在极端情况下是正确的。如果不存在不确定性，则最优契约是一个单一价格 $p \epsilon [p_L(\omega; A_b, A_s), p_H(\omega; A_b, A_s)]$；而如果不确定性足够大，最优契约将是一个非退化的价格区间，因为单一价格落在 $[p_L(\omega; A_b, A_s), p_H(\omega; A_b, A_s)]$ 的可能性变得微乎其微。因此从广义上讲，我们的模型大致与戈登伯格和埃里克森（Goldberg and Erickson，1987）的模型一致。请注意，格雷（Gray，1978）也解释了为什么当事人会在较不稳定的环境下签订短期契约，但是她模型中的契约并不是最优的。

命题 2 的证明。我们来证明（1）。令 $(A_b, A_s, [\underline{p}, \overline{p}])$ 为最优契约。证明分两步进行。首先用另一个价格区间替换 $[\underline{p}, \overline{p}]$，并证明遮蔽成本（微弱）下降。接着，我们把所有资产分配给 B，又一次对价格区间进行更改，并证明遮蔽成本再次下降，敲竹杠的可行域（微弱）变小。因此，B 拥有所有资产的新契约也必然是最优的。

用 v 表示状态。令 $\underline{v}$ 为 v 的最小值，$\overline{v}$ 为 v 的最大值，有 F 支持，因而在契约 $(A_b, A_s, [\underline{p}, \overline{p}])$ 下不发生敲竹杠现象。那么，对于 $v=\underline{v}$ 和 $v=\overline{v}$，

$$[p_L(v), p_H(v)] \cap [\underline{p}, \overline{p}] \neq \varnothing \tag{40}$$

因为 $p_L(v)$、$p_H(v)$ 是 v 的增函数，所以对 $\underline{v} \leqslant v \leqslant \overline{v}$，式（40）也必然成立；也就是说，$v$ 的取值在中间时不会发生敲竹杠。注意，式（40）意味着 $p_H(\underline{v}) \geqslant \underline{p}$，$p_L(\overline{v}) \leqslant \overline{p}$。

现在定义一个新的价格区间 $[\underline{p}', \overline{p}']$，其中

$$\underline{p}' = p_H(\underline{v}), \overline{p}' = \max(p_L(\overline{v}), p_H(\underline{v}))$$

显然$\underline{p}'\geqslant\underline{p}$。另外，$\overline{p}'\leqslant\overline{p}$或$\overline{p}'=\underline{p}'$。在第一种情况下，新的价格区间是前一个价格区间的子集。在第二种情况下，它是单元集。无论是哪种情况，对于$\underline{v}\leqslant v\leqslant\overline{v}$，都有

$$[p_L(v),p_H(v)]\cap[\underline{p}',\overline{p}']\neq\varnothing$$

因此，新的价格区间和原来的价格区间一样，当$\underline{v}\leqslant v\leqslant\overline{v}$时避免了敲竹杠。而且，鉴于新的价格区间或是前一个价格区间的子集，或是单元集（这种情形下的遮蔽成本为零），新价格区间下的怨愤和遮蔽成本均更低。

现在将所有的资产分配给 B，即设 $A_b=A$，$A_s=\varnothing$，称之为新的所有权结构。定义新的价格区间［$\underline{p}''$，$\overline{p}''$］：

$$\underline{p}''=p_H^N(\underline{v}),\overline{p}''=\max(p_L^N(\overline{v}),p_H^N(\underline{v}))\tag{41}$$

其中 p_L^N、p_H^N 表示新所有权结构下的 p_L 值和 p_H 值。当$\underline{v}\leqslant v\leqslant\overline{v}$时，价格区间［$\underline{p}''$，$\overline{p}''$］避免了新所有权结构下的敲竹杠行为。

接下来我们证明，在新的所有权结构和价格区间［$\underline{p}''$，$\overline{p}''$］下，对于每一个$\underline{v}\leqslant v\leqslant\overline{v}$，遮蔽成本都比原来所有权结构和价格区间［$\underline{p}'$，$\overline{p}'$］下的更低（后者相较于最初的所有权结构和价格区间［$\underline{p}$，$\overline{p}$］也有更低的遮蔽成本）。也就是说，我们证明

$$\begin{aligned}\min(p_H^N(v),\overline{p}'')-\max(p_L^N(v),\underline{p}'')\leqslant{}&\min(p_H(v),\overline{p}')\\&-\max(p_L(v),\underline{p}')\end{aligned}\tag{42}$$

有几种情况需要考虑。首先请注意，如果$\underline{p}'=\overline{p}'=p_H(\underline{v})\geqslant p_L(\overline{v})$，即式（42）的右边为零，则

$$\begin{aligned}p_H^N(\underline{v})-p_L^N(\overline{v})&=-(p_H^N(\overline{v})-p_H^N(\underline{v}))+p_H^N(\overline{v})-p_L^N(\overline{v})\\&\geqslant-(p_H(\overline{v})-p_H(\underline{v}))+p_H(\overline{v})-p_L(\overline{v})\\&=p_H(\overline{v})-p_L(\overline{v})\\&\geqslant0\end{aligned}$$

此处我们遵循一个事实：$p_H^N(\overline{v})-p_H^N(\underline{v})\leqslant p_H(\overline{v})-p_H(\underline{v})$，因为 $\partial p_H/\partial v$ 越低，B 拥有的资产越多［根据式（29）］，并且 $p_H^N(\overline{v})-p_L^N(\overline{v})=p_H(\overline{v})-p_L(\overline{v})$，即 p_H-p_L 独立于所有权结构［见式（10）］，因此 $p_H^N(\underline{v})\geqslant p_L^N(\overline{v})$。从式（41）得出 $\underline{p}''=\overline{p}''=p_H^N(\underline{v})$，所以式（42）的左边为零。于是式（42）成立。

考虑下一个情况，$\underline{p}'=p_H(\underline{v})<\overline{p}'=p_L(\overline{v})$。如果 $\underline{p}''=\overline{p}''=p_H^N(\underline{v})\geqslant p_L^N(\overline{v})$，则式（42）同样成立。因此假设 $\underline{p}''=p_H^N(\underline{v})<p_L^N(\overline{v})=\overline{p}''$。我们必须证明：

$$
\begin{aligned}
&\min(p_H^N(v),p_L^N(\overline{v}))-\max(p_L^N(v),p_H^N(\underline{v}))\\
&\leqslant \min(p_H(v),p_L(\overline{v}))-\max(p_L(v),p_H(\underline{v}))
\end{aligned}
\tag{43}
$$

可以把式（43）改写成：

$$
\begin{aligned}
\min\{&p_H^N(v)-p_H^N(\underline{v}),p_L^N(\overline{v})-p_H^N(\underline{v}),p_H^N(v)\\
&-p_L^N(v),p_L^N(\overline{v})-p_L^N(v)\}\\
&\leqslant \min\{p_H(v)-p_H(\underline{v}),p_L(\overline{v})\\
&-p_H(\underline{v}),p_H(v)-p_L(v),p_L(\overline{v})\\
&-p_L(v)\}
\end{aligned}
\tag{44}
$$

要使式（44）成立，可以证明式（44）左端 min 公式中的每一个分量都不大于式（44）右端对应的分量。因为对于 B 拥有的资产，$\partial p_H/\partial v$、$\partial p_L/\partial v$ 是非递增的，并且对于给定的 v，p_H-p_L 与所有权结构无关。因此，式（43）成立，式（42）也成立。

总之，新的所有权结构（其中 B 拥有所有的资产）和价格区间［$\underline{p}''$，$\overline{p}''$］产生的遮蔽成本比原来的所有权结构和价格区间［$\underline{p}$，$\overline{p}$］（略）低。此外，敲竹杠区域不会更大（对于 $\underline{v}\leqslant v\leqslant\overline{v}$，不发生敲竹杠）。这表明，将所有资产分配给 B 是最优的。

命题 3 的证明。假设 a 是 B 的特质资产。我们来证明 B 应该

拥有 a。此处使用的是反证法。如果命题为假，那么无论 k 多小，都可以构建一个最优契约序列（A_{br}，A_{sr}，$\underline{p}_r$，$\overline{p}_r$），使得对于所有的 r 都有 $a\in A_{sr}$；即 S 拥有资产 a，并且随着 $r\rightarrow\infty$，$\pi_r\rightarrow 1$。不失一般性地，假设 $A_{br}\rightarrow A_b(k)$，$A_{sr}\rightarrow A_s(k)$，$\underline{p}_r\rightarrow\underline{p}(k)$，$\overline{p}_r\rightarrow\overline{p}(k)$。那么，$(A_b(k),A_s(k),\underline{p}(k),\overline{p}(k))$在事件 1 以概率 1 发生的情况下必须是最优的。对于很小的 k，事件 1 可以（确切地）达到最优，因为几乎不存在不确定性。一个必要条件是，在极限情况下存在一个单一的交易价格 $p(k)$，即 $\underline{p}(k)=p(k)=\overline{p}(k)$（以使遮蔽成本为零），并且对于所有的 $-k\leqslant\varphi\leqslant k$，有：

$$
\begin{aligned}
p_L(\omega;A_b(k),A_s(k)) &\leqslant \underline{p}(k) = p(k) = \overline{p}(k) \\
&\leqslant p_H(\omega;A_b(k),A_s(k))
\end{aligned}
\tag{45}
$$

其中 $\omega=(v_0,c_0,\varphi)$，另外我们假设 $\varepsilon=0$，$\eta=0$。此处，p_L、p_H 如式（15）和式（16）所示，由有限的所有权结构指标化。

考虑一个新的契约序列（A'_{br}，A'_{sr}，$\underline{p}'_r$，$\overline{p}'_r$），其中 A'_{br}、A'_{sr} 和 A_{br}、A_{sr} 的唯一区别是资产 a 转移到 B，并且：

$$
\begin{aligned}
\underline{p}'_r-\underline{p}_r &= \overline{p}'_r-\overline{p}_r \\
&= \frac{1}{2}[\alpha_s(A_{sr}\backslash\{a\})-\alpha_s(A_{sr}) \\
&\quad +\alpha_b(A_{br})-\alpha_b(A_{br}\cup\{a\}) \\
&\quad +\beta_b(A_{br})v_0-\beta_b(A_{br}\cup\{a\})v_0] \\
&= \Delta_r(k)
\end{aligned}
\tag{46}
$$

也就是说，我们对 $\underline{p}_r$、$\overline{p}_r$ 的调整量，等于所有权结构变化导致 p_L 和 p_H 发生的变化 Δp_L、Δp_H，其中 Δp_L、Δp_H 取 $v=v_0$ 时的值。注意，鉴于我们假设 a 是 B 的特质资产，所以 Δp_L、Δp_H 取决于 v 而不是 c（或 φ）。

这种变化会对预期净盈余产生什么影响？预期净盈余是三个

事件 1、2、3 的盈余的加权平均值。鉴于 $v=v_0$ 时，$\underline{p}_r$、$\overline{p}_r$、$p_{Lr}(\omega)$、$p_{Hr}(\omega)$ 的变化都为 Δr，因此事件 1 和 3 的结果对于所有的 r 都没有发生变化。换言之，对于每个状态 ω，当且仅当以前发生过敲竹杠时才会再次发生敲竹杠，而如果敲竹杠没有发生，则遮蔽成本保持恒定。所以事件 1 和 3 的净盈余不变。

由于新契约提供不了比原契约更高的预期净盈余，那么只要原契约是最优契约，事件 2 的净盈余就必然（微弱地）更低。设 $r\rightarrow\infty$。不失一般性地，$(A'_{br},A'_{sr},\underline{p}'_r,\overline{p}'_r)\rightarrow(A'_b(k),A'_s(k),\underline{p}'(k),\overline{p}'(k))$，且 $\Delta_r(k)\rightarrow\Delta(k)$。给定式（45）和式（46），对于所有的 $-k\leqslant\varphi\leqslant k$，我们必定得出

$$p_L(\omega;A'_b(k),A'_s(k))\leqslant\underline{p}'(k)=p'(k)=\overline{p}'(k)\leqslant p_H(\omega;A'_b(k),A'_s(k))\qquad(47)$$

其中 $\omega=(v_0,\ c_0,\ \varphi)$。根据以上论证，在事件 2 中，契约$(\underline{p}'(k),\overline{p}'(k),A'_b(k),A'_s(k))$带来的盈余不高于契约$(\underline{p}(k),\overline{p}(k),A_b(k),A_s(k))$。

我们证明上述结论是错误的。由于预备契约和非预备契约都具有一个单一的交易价格［分别为 $p'(k)$ 和 $p(k)$］，所以这两个契约的遮蔽成本均为零。我们可以阐明在预备契约下较少出现敲竹杠。原因是：在事件 2 中，我们用（v，φ）表示状态，那么从式（46）可以得出，对于所有的 φ，

$$\begin{aligned}p'(k)-p(k)&=p_L((v_0,\varphi),A'_b(k),A'_s(k))\\&\quad-p_L((v_0,\varphi),A_b(k),A_s(k))\\&=p_H((v_0,\varphi),A'_b(k),A'_s(k))\\&\quad-p_H((v_0,\varphi),A_b(k),A_s(k))\\&=\Delta(k)\end{aligned}\qquad(48)$$

现在，当且仅当 $p'(k)<p_L((v,\varphi),A'_b(k),A'_s(k))$ 或 $p'(k)>p_H((v,\varphi),A'_b(k),A'_s(k))$ 时，预备契约在状态（v，φ）下会发生敲竹杠。考虑第一种情况。给定式（47），且 p_L 是 v 的增函数，只有当 $v>v_0$，才会有 $p'(k)<p_L((v,\varphi),A'_b(k),A'_s(k))$。但是如果 $v>v_0$，则

$$
\begin{aligned}
& p_L((v_0,\varphi),A'_b(k),A'_s(k))-p_L((v_0,\varphi),A'_b(k),A'_s(k)) \\
& =\frac{1}{2}[(1-\lambda)-\beta_b(A_b\cup\{a\})](v-v_0) \\
& <\frac{1}{2}[(1-\lambda)-\beta_b(A_b)](v-v_0) \\
& =p_L((v,\varphi),A_b(k),A_s(k)) \\
& -p_L((v_0,\varphi),A_b(k),A_s(k))
\end{aligned} \tag{49}
$$

因为 a 是 B 的特质资产。我们可以从式（48）和式（49）推出结论：$p'(k)<p_L((v,\varphi),A'_b(k),A'_s(k))\Rightarrow p(k)<p_L((v,\varphi),A_b(k),A_s(k))$，也就是说，如果在预备契约下出现敲竹杠，那么在非预备契约下也会出现敲竹杠。类似的论证表明 $p'(k)>p_H((v,\varphi),A'_b(k),A'_s(k))\Rightarrow p(k)>p_H((v,\varphi),A_b(k),A_s(k))$。综合考虑这两个论证我们可以得出结论，即预备契约产生的敲竹杠成本稍低于非预备契约（实际上是严格低于）：这与命题 3 中关于 v 的支撑集的假设相一致，该假设确保对于较大的 v 和接近零的 φ（表明有时确实会发生敲竹杠），$p_L((v,\varphi),A_b(k),A_s(k))>p_H((v_0,\varphi),A_b(k),A_s(k))$；但对于 v 趋近于 v_0（并非总是发生敲竹杠）则不然，推出矛盾。

命题 4 的证明。我们只需概述一下证明，因为此证明与命题 3 的证明非常相似。假设共同所有权并非最优。对于较小的 k，选择一个最优契约序列为 $\pi\rightarrow 1$。对于事件 1，有限契约是最优

的。因此，式（45）得以满足。考虑一个新的契约序列，其中所有资产都是共同拥有的，并且调整$\underline{p}_r$、$\overline{p}_r$ 以反映新的所有权结构，即，

$$\begin{aligned}\underline{p}'_r-\underline{p}_r&=\overline{p}'_r-\overline{p}_r\\&=\frac{1}{2}[\alpha_s(\varnothing)-\alpha_s(A_{sr})-\alpha_b(\varnothing)+\alpha_b(A_{br})\\&\quad-\beta_s(\varnothing)c_0+\beta_s(A_{sr})c_0-\beta_b(\varnothing)v_0\\&\quad+\beta_b(A_{br})v_0]\end{aligned}$$

那么事件 1 的盈余不会发生变化。因为初始契约是最优的，所以事件 2 或 3 中的盈余必然微弱下降。不失一般性地，假设事件 2 中的盈余下降，取极限 $r\to\infty$，有限共同所有权契约的性质是，p_L、p_H 随ε 的变化小于初始契约下的变化，但这导致发生敲竹杠的可能性变小。因此，共同所有权契约能创造更高的净盈余，推出矛盾。

参考文献

Baker, George, Robert Gibbons, and Kevin Murphy. 2002. "Relational Contracts and the Theory of the Firm." *Quarterly Journal of Economics* 117: 39 - 84.

Bewley, Truman F. 1999. *Why Wages Don't Fall during a Recession*. Cambridge, MA: Harvard University Press.

Card, David. 1986. "An Empirical Model of Wage Indexation Provisions in Union Contracts." *Journal of Political Economy* 94: S144 - S175.

Corbin, Arthur L. 1993. *Corbin on Contracts*. St. Paul, MN: West Publishing Co.

Goetz, Charles J. , and Robert E. Scott. 1983. "The Mitigation Principle: Toward a General Theory of Contractual Obligation." *Virginia Law Review* 69: 967 – 1024.

Goldberg, Victor. 1985. "Price Adjustment in Long-Term Contracts." *Wisconsin Law Review* 3: 527 – 543.

——. 2006. *Framing Contract Law*. Cambridge, MA: Harvard University Press.

Goldberg, Victor, and John R. Erickson. 1987. "Quantity and Price Adjustment in Long-Term Contracts: A Case Study of Petroleum Coke." *Journal of Law and Economics* 30: 369 – 398.

Gray, Jo Anna. 1978. "On Indexation and Contract Length." *Journal of Political Economy* 86: 1 – 18.

Grossman, Sanford, and Oliver Hart. 1986. "The Costs and Benefits of Ownership: A Theory of Vertical and Lateral Integration." *Journal of Political Economy* 94: 691 – 719.

Halonen, Maija. 2002. "Reputation and the Allocation of Ownership." *The Economic Journal* 112: 539 – 558.

Hart, Oliver, and John Moore. 1990. "Property Rights and the Nature of the Firm." *Journal of Political Economy* 98: 1119 – 1158.

——. 2007. "Incomplete Contracts and Ownership: Some New Thoughts." *American Economic Review* 97: 182 – 186.

——. 2008. "Contracts as Reference Points." *Quarterly Journal of Economics* 123: 1 – 48.

Januszewski Forbes, Silke, and Mara Lederman. 2007. Does Vertical Integration Affect Firm Performance? Evidence from the Airline Industry, unpublished, UCSD.

Joskow, Paul L. 1985. "Vertical Integration and Long-Term Contracts: The Case of Coal-Burning Electric Generating Plants." *Journal of Law, Economics, & Organization* 1: 33–80.

——. 1988. "Price Adjustment in Long Term Contracts: The Case of Coal." *Journal of Law and Economics* 31: 47–83.

Klein, Benjamin. 1996. "Why Hold-Ups Occur: The Self-Enforcing Range of Contractual Relationships." *Economic Inquiry* 34: 444–463.

Klein, Benjamin, R. Crawford, and A. Alchian. 1978. "Vertical Integration, Appropriable Rents, and the Competitive Contracting Process." *Journal of Law and Economics* 21: 297–326.

Kube, Sebastian, Michel André Maréchal, and Clemens Puppe. 2007. Do Wage Cuts Damage Work Morale? Evidence from a Natural Field Experiment, unpublished, University of Karlsruhe, Germany.

Lafontaine, Francine, and Scott Masten. 2002. "Contracting in the Absence of Specific Investments and Moral Hazard: Understanding Carrier-Driver Relations in U. S. Trucking." NBER Working Paper No. W8859.

Lafontaine, Francine, and Margaret Slade. 2007. "Vertical Integration and Firm Boundaries: The Evidence." *Journal of Economic Literature* 45: 629–685.

MacLeod, Bentley, and James Malcolmson. 1993. "Investments, Holdup and the Form of Market Contracts." *American Economic Review* 83: 811–837.

Maskin, Eric, and Jean Tirole. 1999. "Unforeseen Contingencies and Incomplete Contracts." *Review of Economic Studies* 66: 83–114.

Masten, Scott E. 1988. "Equity, Opportunism and the Design of Contractual Relations." *Journal of Institutional and Theoretical Economics* 144: 180 - 195.

——. 2007. Long-Term Contracts and Short-Term Commitment: Price Determination for Heterogeneous Freight Transactions, unpublished, University of Michigan.

Rajan, Raghuram G., and Luigi Zingales. 1998. "Power in a Theory of the Firm." *Quarterly Journal of Economics* 113: 361 - 386.

Simon, H. 1951. "A Formal Theory of the Employment Relationship." *Econometrica* 19: 293 - 305.

Wernerfelt, Birger. 1997. "On the Nature and Scope of the Firm: An Adjustment-Cost Theory." *Journal of Business* 70: 489 - 514.

Williamson, Oliver. 1971. "The Vertical Integration of Production: Market Failure Considerations." *American Economic Review* 61: 112 - 123. *

---

* Hart, Oliver. 2009. "Hold-up, Asset Ownership, and Reference Points." *The Quarterly Journal of Economics* 124 (1): 267 - 300. https://doi.org/10.1162/qjec.2009.124.1.267.

不完全契约与控制*

奥利弗·哈特

按照诺贝尔奖委员会的说法，关于不完全契约的研究始于1983年的夏天，稍微谈谈我是如何走到这一步或许有点意义。作为一名研究生，我早前就读于华威大学，然后到普林斯顿大学学习并获得数学学位。我被一般均衡理论深深吸引，所以博士学位论文是关于不完全市场的一般均衡理论。[①] 虽然我现在关注的是可能出现在交换经济中的最优性和存在性问题，但我的主要兴趣之一是生产理论。在一个完全市场中，阿罗-德布鲁（Arrow-Debreu）经济具有完全的竞争性，因此公司实现利润或净市场价值最大化是说得通的。但在不完全市场中，一般化的公司的最大化目标是什么？更重要的是，如果股东对公司目标的意见不一，会发生什么情况？[②]

---

* 本文是2016年12月8日奥利弗·哈特获得诺贝尔经济学奖时在瑞典斯德哥尔摩发表的演讲的修订版。

① 见 Hart（1975）。

② 例如参见 Drèze（1974）。

完成毕业论文之后，我开始研究这个主题，另外，因为一个偶然的机会，我在 1976 年夏天与桑福德·格罗斯曼（Sanford Grossman）就这个主题展开了合作。[①] 而后某一刻，我们认为股东之间的分歧固然具有研究意义，但在经验上更为重要的是管理者（经理）和股东之间的冲突。[②] 这首先引导我们着手研究作为管理层约束机制的公司收购，然后又写了一篇关于债务作为保证机制的论文。[③] 在某个阶段我们意识到，既然我们正在研究激励管理层的方法，我们或许应该直接分析所有者与管理者之间的最优激励方案。这催生了格罗斯曼和哈特（Grossman and Hart，1983）这篇完全遵循委托代理问题研究传统的论文。

上述的曲折经历有助于解释我的思想是如何从以市场为研究单位演变到以契约为研究单位的，并为 1983 年夏天的发展埋下伏笔。坐在格罗斯曼在芝加哥大学的办公室里，我们思考接下来要做的事情。经过讨论，我们定下了一个成熟的分析问题：为什么一家公司会收购另一家公司，而不是通过签订契约与那家公司开展业务？换言之，契约的限制是什么？为什么人们要开办公司？

当然，这算不上是新问题：关于公司边界的文献可以追溯到科斯（Coase，1937），包括奥利弗·E. 威廉姆森的诸多论著（Williamson，1975）和克莱因、克劳福德和阿尔钦的文章（Klein，Crawford and Alchian，1978）。说实话，我们当时知道有这些文献，但并不熟悉它们。（后来熟悉了。）我们可以肯定的

---

① 合作的成果见 Grossman and Hart（1979）；另见 Hart（1979）。

② 该问题已经有积极活跃的研究。例如 Mirrlees（1999）和 Holmström（1979）关于委托代理理论的探索，以及 Jensen and Meckling（1976）对公司融资的论述。

③ 参见 Grossman and Hart（1980，1982）。

是，这些文献中的讨论都是非正式的（或者借用诺贝尔奖委员会的话来说是“没有形式化”）。作为受过正规训练的经济理论学者，我们认为我们能够补充一些东西。

在非常紧张的十天时间里，我们研究了公司与契约的差异。没有对约翰·里德（John Reed）不敬（套用他的书名——译者注）：这十天震撼了我的世界。[①] 我记得，最初我们以为这种差异与权力有关。雇主可以给雇员选择任务。[②] 但是，这与两家公司之间的需求契约有什么概念上的区别呢？比如，买家可以选择从卖家购买多少产品 q，付款由预先商定的计划决定：$p=p(q)$。在这种情况下，有人说买家对 q 拥有权力。更重要的也许是，一旦我们身处这样一个世界，买家获得关于需求冲击的私人信息，卖家获得关于供给冲击的私人信息，那么根据机制设计理论，数量 q 应取决于双方各自的冲击：任何一方都不应对 q 拥有权力。

在某一刻我们意识到自己思考问题的方向错了。我们是在以完全契约的形式看待问题。然而，倘若买卖双方之间的契约并不完全呢？

1. 不完全契约

相关的正式文献都是关于完全契约。这类契约写入所有可能发生的事项。道德风险或信息不对称可能会引起某些激励约束，但是不会突发意料之外的事件。

正如律师早就意识到的，实际的契约并非这个样子。它们往往措辞不严、含糊不清，而且遗漏重要的东西。它们是不完全

① 此处我指的是 1920 年去世的美国记者，而不是花旗集团的前首席执行官。

② 这与科斯（Coase，1937）和西蒙（Simon，1951）的观点非常一致。

的。在某个阶段，格罗斯曼和我认识到，不完全契约带来的关键问题是，谁有权力决定契约中缺失的东西？我们将之称为剩余控制权或决策权（residual control/decision right）。问题是，谁拥有这一权力？

进一步的思考引导我们想到这就是所有权（ownership）的概念。只要没有在契约中详细规定某项资产的使用范围，资产的所有者就有权决定如何使用资产。这自然引出了关于契约与公司的差异的理论。将公司视为由资产构成。如果公司 A 和公司 B 签订公平（不完全）契约，那么公司 A 的所有者对资产 A 拥有剩余控制权，公司 B 的所有者对资产 B 拥有剩余控制权。相较而言，倘若公司 A 收购公司 B，则公司 A 的所有者对资产 A 和 B 拥有剩余控制权。

谁拥有剩余控制权为什么重要？剩余控制权和其他任何商品一样：存在最优配置方案。有时由一个所有者拥有全部剩余控制权更具有效率，有时将剩余控制权分配给多个所有者更具有效率，这就决定了公司 A 和 B 是合并还是作为单独的实体存在。

格罗斯曼和我沿着这些思路构建了一个正式模型（Grossman and Hart，1986），我又在与约翰·穆尔（John Moore）的合作中进一步拓展了这些想法和模型（Hart and Moore，1990）。这些论文统称产权理论（property rights theory，PRT）。

用现实例子来说明这个模型更有助益。考虑一个位于煤矿附近的电厂，它主要靠燃烧煤炭发电。[1] 监管交易的方法之一是让电厂与煤矿签订公平的长期契约。这份契约将规定未来多年煤炭

---

① 保罗·L. 乔斯科（Paul L. Joskow）研究过这类情况，这种关系可以持续数十年（见 Joskow，1987）。

的数量、质量和价格。但任何这类契约都是不完全的，未来将会发生双方无法预见的情况。

譬如，假设电厂要求煤炭是纯的，但却很难事先确定纯度的范围，因为存在很多可能的杂质。试想，假如契约关系为10年，灰分是关键杂质，并且和低灰分煤相比，高灰分煤对电厂来说燃烧成本更高，但对煤矿来说生产成本更低。鉴于契约是不完全的，煤矿在契约规定的权力范围内就可能会供应高灰分煤。

当然，电厂和煤矿可以就契约重新谈判。不过，煤矿在谈判中处于有利地位。它可以索要高价才肯转换为低灰分煤。原因是电厂没有好的替代选择：由于电厂位于该煤矿附近，电厂从其他煤矿运输煤炭的成本可能非常高。

经济学家把这种情况称为“敲竹杠”问题。煤矿之所以能敲电厂的竹杠，是因为电厂位于煤矿附近，对煤矿有所依赖。另一点需要注意的是，虽然不太可能签一份足够完全的契约以避免敲竹杠问题，但这并不意味着双方无法预见敲竹杠问题。事实上该理论的假设是，电厂**确实**预期到自己会受制于煤矿，而且未来利润的很大一部分可能将被煤矿侵占。因为害怕被侵占，电厂也许从一开始就选择不那么依赖该煤矿。例如，它可以在多个煤矿之间的相等距离处选址，而不是紧挨着这个煤矿，即使这样可能会增加运输煤炭的成本。

尽管我可能在这点上做了过多讨论，但是弄清煤矿敲竹杠能力的来源是值得的。它源自煤矿所有者对煤矿拥有剩余控制权。在这一案例中，关键的剩余控制权是决定开采哪种煤：高灰分煤还是低灰分煤。

电厂应该怎样做来避免这种情况呢？鉴于无法制定出更好的契约，它可以做的一件事就是预先买下煤矿。这样，作为煤矿所有者的电厂将拥有关键的剩余控制权。煤矿则没法再以生产高灰分煤作为威胁来索取高价：电厂可以命令煤矿经理开采低灰分煤。在极端情况下，如果煤矿经理威胁要违抗命令，电厂可以解雇经理并让其他人取而代之。

一个结果是，电厂现在可能愿意依赖煤矿。由于不必担心被敲竹杠，它可能就建在煤矿附近。因此，该理论确认了一体化的一个好处，此案例的一体化即指电厂购买煤矿。一体化的价值在于，电厂可以进行提高效率的关系专用性投资——本例是在煤矿附近建厂——而倘若只受到不完全契约的保护，电厂可能就不会进行这种投资。

至此，我们只讨论了一体化的优势。但是随着剩余控制权从煤矿转移到电厂，使电厂所有者获得权力，使煤矿所有者失去权力，这可能给煤矿进行关系专用性投资的动机制造成本。假设煤矿之前是由所有者自己管理的。被电厂收购后，煤矿经理留任，但现在他成了电厂的雇员。假定煤矿经理对更有效地管理煤矿有一套想法。煤矿单独经营时，煤矿经理有权（剩余控制权）实施他的理念并从中获益。如今，这位经理只是员工，必须征得老板的同意才能落实自己的想法：（因为）电厂所有者拥有否决权。电厂所有者可以使用否决权从煤矿经理的经营理念中为自己谋取好处。煤矿经理知道自身面临被侵占的风险，因此创新动机降低。

如此看来，一体化既有好处也有成本。电厂购买煤矿是否有意义，取决于电厂投资的扭曲是否比煤矿经理投资的扭曲更重要。值得注意的是，也有可能是煤矿购买电厂。这与电厂购买煤矿不同，此时剩余控制权集中在煤矿经理而非电厂经理手中。最后，这个理论可以推广到两名经理和两种资产的情况之外，涵盖更多的资产和员工，以及更一般的所有权结构，比如共同和共享所有权；具体参阅哈特和穆尔的文章（Hart and Moore，1990）。该文还表明，协同性资产应共同拥有，并且资产应归不可或缺的人力资本所有。

在此我们先谈谈几点看法。第一，学者（Grossman and Hart，1986；Hart and Moore，1990）提出的正式模型认为，不完全契约的事后重新谈判发生在信息对称条件下——双方都能看到契约遗漏了什么；而且由于没有财富约束，所以谈判过程是有效的——一如科斯的阐述（Coase，1960）。所以无效率完全来自事前关系专用性投资的扭曲。

第二，如果事前投资可签约，则这些投资的扭曲能被消除。在这种情况下，双方可以签订契约，电厂建在煤矿附近，同时电厂提前获得一项支付：实际上是煤矿提前对未来可能的敲竹杠行为对电厂进行补偿。为使理论成立，我们必须假设投资的某些方面是不可签约的（或签约成本高昂）：例如，即便选址决策可以签约，电厂是否针对该煤矿的煤炭安装燃烧效率高的锅炉也可能无法签约。同理，还必须假设煤矿厂经理对创新的投资无法签约（这是高度合理的假设）。

第三，聚焦于对不可签约投资的扭曲的研究方法，与威廉姆森和克莱因等人的方法有所区别。威廉姆森的大部分研究主要聚焦于事后谈判的无效率，以及一体化如何减少无效率问题。克莱因等人虽然的确讨论了事前的无效率，但是没有区分可签约投资和不可签约投资。①

第四，科斯和威廉姆森早前的研究强调对人力资本的权威是公司的决定性特征：雇主可以告诉雇员该做什么。相反，产权理论突出对物理（通常是非人力）资产的控制。电厂收购煤矿时，它取得煤矿的剩余控制权。请注意，要观察其中的差别，根据产权理论，如果煤矿经理不可或缺，则收购煤矿就没有多大价值。在这种情况下，就算经理是雇员，他也会保留自己敲竹杠的能力。如果电厂希望从生产高灰分煤转向生产低灰分煤，煤矿经理可能会要求大幅提高工资。正是因为煤矿经理通常可以替换，所以电厂收购煤矿后会较之从前处于更有利的谈判地位。

2. 应用于金融缔约

产权理论除了能帮助我们了解资产所有权和公司边界外，还有很多应用。其一是应用于金融缔约。②

莫迪利亚尼和米勒（Modigliani and Miller，1958）的研究表明，在一些合理假设下，公司的财务结构对其总价值没有影响；自那以后，理解公司的财务结构一直充满挑战。其中一部分文献［尤其是Jensen and Meckling（1976）］认为，如果管理者不能代表股东行事，莫迪利亚尼和米勒的不相关结果就不再成立。然而这种方法的一个问题是，它假设财务结构被用于解决激励问题。

---

① Baker and Hubbard（2003，2004）和 Woodruff（2002）为所有权影响不可签约投资的观点提供了实证支持。产权理论的一个有趣应用是解释跨国公司的外包决策。见 Antras（2003）和 Antras and Helpman（2004）。

② 控制权方法只是过去 30 年左右发展起来的关于金融契约理论的一系列活跃文献的一部分。有关信息不对称的重要研究，参见 Townsend（1979）和 Gale and Hellwig（1985）；有关道德风险的研究，参见 Innes（1990）和 Holmström and Tirole（1998）。控制权方法是对这些论著的补充。

一旦使用专门的激励机制，不相关结果就会恢复。

产权理论提供了一种独特的视角来从控制权角度思考财务结构。[①] 为了理解这种方法，不妨以金融投资者替换电厂。具体而言，假设煤矿需要资金实行扩张/现代化，于是接触某位财力雄厚的投资者。它要如何说服这位投资者前来投资？

一种可能性是让他从煤矿的未来利润中分得一杯羹。但这也许不够吸引人。原因是投资者与煤矿之间的金融契约可能并不完全。在这段关系中，会发生很多契约不会（不能）规定的行动或决定。

例如，投资者可能会担心煤矿经理转移收益：经理可以给自己支付一大笔薪酬或进行利润再投资，而不是分发股息。另一种可能性是，煤矿经理采取投资者不赞成的经营策略。或者经理坚持担任首席执行官，哪怕换一个首席执行官或许更好。

投机行为和前面分析的敲竹杠行为很相似。使投资者免受这类行为影响的方法之一是赋予他剩余控制权或投票权。例如，投资者可以成为煤矿的所有者，而不是与煤矿签订公平交易契约。这将允许他进行干预以阻止机会主义行为：譬如，他可以控制经理的工资或撤换经理。

但是正如我们所见，剥夺经理的控制权也可能有不利的一面。根据之前的分析，其中一个代价是经理产生好的经营想法的动机会降低。因此，投资者和经理之间存在某种最优的控制平衡。

阿吉翁和博尔顿（Aghion and Bolton，1992）在一篇重要论

---

① 在后文我们考虑需要资金的一方与拥有资金的一方之间的关系。有关公司治理和控制的更一般讨论，见 Shleifer and Vishny（1997）。

文中分析了这种最优控制平衡。他们摒弃经理的不可签约投资（产生想法的动机），转而专注于研究他的私人利益。[①] 这些私人利益包括：追求公司愿景的精神满足感，担任首席执行官的工作满意度，以及与权力、地位相关的回报。私人利益只有经理才享有，无法转移给投资者。相比之下，货币收益是可核查的，可以向投资者转移。

在阿吉翁-博尔顿模型中，将控制权分配给投资者的代价是，投资者可能会采取冷酷的利润最大化策略，进而破坏经理的私人利益。经理可以尝试向投资者提供单边的转移支付，以劝说投资者放弃这种策略，但奈何经理的财富有限，因而他与投资者重新谈判的能力也有限。由于一方受到财富约束，科斯定理失灵。所以出现一个基本的权衡。一方面，把所有的控制权分配给经理意味着经理可能会牺牲利润以谋取私利，因此投资者可能得不到足够的回报，也就不会为项目提供资金；另一方面，将所有的控制权分配给投资者意味着事后决策可能不是最有效的。

阿吉翁和博尔顿表明，在某些假设下，这种权衡的解决方案是使控制权相机转移。具体来说，在私人利益相对于利润更重要的状态，经理拥有控制权；在利润相对于私人利益更重要的状态，投资者拥有控制权。如果私人利益并不随着状态发生太大变化，但利润的变化很大，则这意味着当外界状态很糟糕时投资者应该掌握控制权。在糟糕状态下，经理可能想让公司保持运营以保住其私人利益，即便将资产用于其他地方或许更有价值。

卡普兰和斯特罗姆博格（Kaplan and Strömberg，2003）关

---

① 他们还假设金融投资是可签约的。这不再是一个分析性问题，因为经理受财富限制，无法对投资者做出补偿。

于风险投资契约的研究，为阿吉翁-博尔顿模型提供了有力的支持。他们研究了信息技术、软件和电信行业的初创公司的投资案例，发现投票权和控制权的分配往往取决于可核查的财务绩效指标。例如，倘若公司的息税前利润低于预定水平或者公司的净资产低于阈值，则风险资本家可以获得投票权或董事会控制权。如果公司表现欠佳，风险资本家就会取得完全控制权。随着公司业绩的提高，企业家保留/获得更多的控制权，而如果公司业绩很好，风险资本家将会让出大部分控制权。

阿吉翁-博尔顿模型和卡普兰-斯特罗姆博格研究都有一个有趣的特征：控制权不会因为经理无法兑现支付承诺而被转移给投资者。相反，控制权会因为经济的特定状态而发生转移。换言之，融资契约与传统的债务契约并不相符。一个原因可能是，在考虑风险投资的情景下，初创公司暂时无法产生大量的现金流。不过，债务契约在其他环境下普遍存在，所以有必要加以解释。

哈特和穆尔（Hart and Moore，1994，1998）曾做出尝试。[①] 我们放弃“货币收益既可证实又可转移”的假设（Hart and Moore，1998），转而设想经理可以拿钱走人。能说服经理将一部分现金支付给投资者的是投资者握有一个威胁：他可以扣押项目背后的资产并将其清算。此处，清算是指以次优的方式使用资产，譬如用于其他活动或交予不同的经理（也可以指资产出售）。

① Hart and Moore（1998）论文的第一个版本发表于 1989 年，而且在发表之前流传了数年。Hart（1995，Chapter 5）对此做出了简单的阐述。相关配套论文见 Bolton and Scharfstein（1990，1996）。

哈特和穆尔（Hart and Moore，1998）阐明，在这种情形下，债务契约的效果良好。根据债务契约，煤矿经理承诺向投资者支付固定款项。只要支付了这些款项，经理就能留任，换句话说，他将保留对煤矿的（剩余）控制权。如果不付款，控制权会被转移给投资者，投资者可以决定是否清算煤矿厂。这一阶段可能重新谈判。

经理偿还债务的动机非常简单：希望保留对资产的控制权。为什么控制权有价值？因为经理可以利用这些资产来创造未来的货币收益并将其装进自己的口袋。也就是说，经理拖欠债务可能出于两个原因。一个原因是他没法支付款项：比如负面冲击导致收入太少。这相当于非自愿违约。另一个原因是经理不想付款。对此有两种解释。第一种解释是，经理可以装进口袋的未来收入少于他被要求做出的支付。例如，假设资产将存续一段时间并产生 100 美元，可当前的债务支付是 120 美元（忽略折现）。经理不值得为将来能挣到 100 的美元而支付 120 美元；眼下最好的选择是违约然后将 120 美元收入囊中。第二种解释是，即使债务支付低于未来收入（假设债务支付为 80 美元），经理也可以违约并就支付额重新谈判，以期接近资产的清算价值（比如 60 美元）。

在最后这种情况下，经理能够支付但不愿支付，相当于自愿或策略性违约。

这个模型有如下有趣的特点。首先，它表明抵押品的重要性。如果资产的清算价值很高，投资者大可不必担心策略性违约，因为经理无法就低于该水平的债务重新谈判。所以在这种情况下，经理可以借到更多的钱，继续实施更多的好项目。同理，如果资产是长期的——它们的清算价值长期保持高水平——则债务的期限可能更长：在项目后期，投资者不会轻易受到债务的策略性重新谈判的影响。有学者（Benmelech，2009；Benmelech and Bergman，2008）为这两种推测提供了实证支持。[①]

其次，模型的另一个特点是无效率的清算事件可能发生。回到上个例子，资产在下一期产生 100 美元收益，当前的债务支付为 80 美元，清算价值为 60 美元。假设目前的收入是 40 美元。经理显然会违约，因为这 40 美元不足以偿还债务。投资者可以按 60 美元的价格进行清算，但如果保留资产，其价值将超过 100 美元。在理想的情况下，科斯式的重新谈判确保资产得以保留。在这一重新谈判过程中，经理可以承诺用下一期 100 美元的一部分来补偿投资者放弃的 60 美元清算价值。然而，当事各方并非在理想情况下运作。承诺支付下一期 100 美元的一部分不足为信。由于这是项目的最终阶段，资产不再拥有未来价值，投资者知道届时他将失去优势：经理可以把 100 美元全部拿走而不受惩罚。因此，投资者获得回报的唯一途径就是立即清算。

在哈特和穆尔（Hart and Moore，1994）的论述中，经理可以获取货币收益的假设被替换为经理可以撤走他的人力资本。假设项目在时期 0 成本为 100 美元，在时期 2 产生 120 美元。经理借了 100 美元，承诺在时期 2 偿还款项。在时期 1，如果不减少债务，经理可能会威胁撤走他的人力资本。如果双方具有相等的议价能力，并且项目价值为 0（如果没有经理来运营），则债务可

① 应该注意的是，当项目收益完全确定时，债务契约达到最优；但在不确定的情况下，以更精细的方式转移控制权的契约可能表现更佳。债务契约的最优条件，参见 Hart and Moore（1998）。

以重新谈判到 60 美元，预测到这一点的投资者将不会出借资金。这时抵押品再次派上用场。如果资产在时期 1 有其他用途，那么投资者至少可在一定程度上免于遭受策略性违约。

此外，哈特-穆尔（1994）模型提醒大家关注人力资产和非人力资产的区别。主要由人力资产构成的项目很难融资，因为投资者受到人力资本的钳制。相反，拥有大量非人力资产的项目可以获得融资而不必担心被敲竹杠。①

在最近一些有趣的研究中，有学者（Kaplan，Sensoy and Strömberg，2009）考察了初创公司人力资产与非人力资产的重要性。他们的论文从颇具暗示性的标题《投资者应该押注骑手还是马?》切入，找到证据表明商业计划形式的非人力资产是一种重要而持久的价值来源。然而，另有学者（Bernstein，Korteweg and Laws，2017）发现，在创业的早期阶段，人力资产也很重要。事实上正如拉詹（Rajan，2012）所指出的，平衡可能随着时间的推移而改变：从初创公司转变为成功、成熟的公司，有一部分是一个标准化的过程，旨在确保个人的人力资产不再特别重要。

这项最新研究之所以引人关注，是因为它与格罗斯曼和哈特（Grossman and Hart，1986）以及哈特和穆尔（Hart and Moore，1990）最初的研究目的相关。两篇论文都从一个问题开始：什么是公司？答案是，非人力资产是任何公司的重要组成部分；它是使公司形成的黏合剂（Hart，1995）。上述学者的研究有助于说

① 实际上，人力资产和非人力资产的区别并不像我们讨论的那样明显。可以通过签订竞争禁止契约等方式降低人们敲竹杠的能力。相对于非人力资产，人力资产的控制力更加有限。

明这一点。[①]

3. 应用于公有产权和私有产权

经济学家普遍认为，有些商品和服务无法通过私人市场达到合适的供应水平，因此需要由政府融资。国防、警察、外交政策和监狱是明显的例子。医疗保健和学校则是存在较大争议的例子。

政府融资不一定表示政府供应。政府可以选择是提供商品和服务，还是与私人供应商签订相关契约。不完全契约方法论有助于阐释这一权衡。哈特、施莱弗和维什尼（Hart，Shleifer and Vishny，1997）探究了公和私的选择，特别是研究了监狱的案例。[②] 假设政府代表社会，需要监禁囚犯。政府可能有若干目标：防止囚犯逃跑，人道地对待他们，最大限度地提高他们作为正常公民回归社会的机会。政府可以拥有监狱，并使用政府雇员来管理监狱，或者它可以和私人公司签订契约来管理监狱。哪种方式更好？

第一点要注意的是，在理想的世界中，一切事情都可以预见并写入契约，所以选择不重要，因为在两种方式下都能制定出完全的契约。对于契约完全的世界，所有权和剩余控制权是无关紧要的，契约规定了所有的决策。信息不对称和道德风险的存在并没有改变这个结论：这些因素只会导致在最优契约解决方案中增

---

① 我参与过两起法律案件，其中“什么是公司?”的问题非常重要。在百得公司诉美国案中，百得公司声明，它创建一个新实体来管理员工和退休人员的医疗福利，目的是提高效率而不是税收。我为美国政府辩称，由于百得保留了控制权，新实体相当于百得的一个部门。案件得以解决。在富国银行诉美国案中，前者认为其将房地产租赁业务转移到单独的子公司乃出于商业目的。我再次代表美国政府辩称，鉴于富国银行拥有完全控制权，该子公司等同于富国银行的一个部门。案件进入审判阶段，美国政府胜诉。有关这些案例的讨论，见 Borek、Frattarelli and Hart（2014）。

② Schmidt（1996）发展了相关想法。

加各种激励相容约束。

当契约不完全时，剩余控制权变得重要。实际上，联邦或州政府与私人公司签订的契约相当详尽，涵盖囚犯待遇的诸多方面，包括食品、卫生、医疗保健、工作、教育、娱乐等。但是哈特、施莱弗和维什尼（Hart，Shleifer and Vishny，1997）认为，这些契约在两个重要因素上明显不完全：狱警对武力的使用和人员素质。由于这种不完全性，私人公司可以利用其剩余控制权，雇用廉价的不合格狱警，从而节省资金。这些狱警可能没有能力有效应对暴力情形。

私人公司雇用廉价的不熟练狱警，类似于煤矿选择开采高灰分煤而不是低灰分煤。无论是哪种情况，供应商都在选择契约允许的、以牺牲质量为代价的省钱行为：在前一例中质量效应由电厂承担，在后一例中则由政府或社会承担。当然，倘若质量降低的价值大于节省的成本，则应启动契约的事后重新谈判。事实上，哈特、施莱弗和维什尼（Hart，Shleifer and Vishny，1997）的模型确实做出了如此假设。然而，仍旧存在一种扭曲：私人供应商会有极大的动机去节约成本、降低质量。

如果政府拥有监狱，就不会出现同样的问题。正如电厂如果拥有煤矿则可以要求提供低灰分煤一样，政府可以禁止雇用廉价的不熟练狱警。

哈特、施莱弗和维什尼列举了一些证据（Hart，Shleifer and Vishny，1997），来证明私人监狱的暴力程度确实更高。[①]

① 更多证据参见美国司法部最近的报告（2016）。另一种阻止选择节约成本、降低质量行为的方法，是将私人监狱设立为非营利机构。不过，如果非营利机构可以利用成本节约来提高工资，则不太可能完全解决问题。

当然，由私人供应也会带来一些好处。在煤矿的案例中，我们认为，当煤矿独立经营时，经理的创新动力更大。监狱的情况也是如此。私人监狱将有更大动力去寻找有社会效率的省钱方式，或者发展有社会价值的社会回归计划。[①] 在创新很重要且暴力问题相对较小的情境中（譬如教习所或青少年管教机构），这可能会使天平偏向于由私人供应。但是在高度设防的监狱，防止囚犯对狱警和其他囚犯使用暴力至关重要；哈特、施莱弗和维什尼（Hart，Shleifer and Vishny，1997）的结论是，由私人供应的效果是微弱的。

哈特、施莱弗和维什尼（Hart，Shleifer and Vishny，1997）运用相同的逻辑说明，由私人供应对垃圾回收行业来说是合理的，对军队、警察或外交政策的供应来说则是不合理的，对学校和医疗保健的供应来说是否合理视情况而定。竞争提高了私有化的合理性，因为降低质量的行动会引发负面市场反应。竞争对学校和医院的运作可能相当有效，但对监狱的运作是无法想象的。

上述分析中最宝贵的见解也许是，公私选择应被视为效率问题而非意识形态问题。

4. 基础理论

第 1 节描述的产权理论基于这样的观点：当契约不完全时，非人力资产的所有权是谈判能力的一个来源。正式模型（见 Grossman and Hart，1986；Hart and Moore，1990）证实了契约的不完全性，即可能很难在事前描述买家想从卖家那里得到什么

① 监狱管理者可以从事社会需要的降低成本的活动，也可以从事社会不欢迎的降低质量的活动，这一观点契合 Holmström and Milgrom（1991）多任务模型的精神。

商品；这或许取决于经济的未来状态，并且这些状态可能多种多样。反之，一旦状态确定，就很容易描述商品，也就可以制定出完全的即期契约。不幸的是，在事后进行谈判时，事前投资已经沉没，敲竹杠行为就可能发生；另外，由于预料到这一点，各方选择事前投资就会造成无效率。

挑战在于如何把这种不正式的故事转变为正式的描述。

事实证明这绝非易事。首先考虑谈判能力的问题。回到电厂/煤矿的例子。假设能让电厂在事后占据强势的谈判地位是理想的，这样可以激励其事前选择在煤矿附近建厂。为什么不直接对谈判能力进行分配而要借助资产所有权呢？例如，初始契约可以规定，每次重新谈判时都由电厂向煤矿提出煤矿只能接受或拒绝的报价。煤矿做出任何还价的尝试都将受到严厉的惩罚。

事实上，可以想见这些就是契约的全部内容；它根本不会规定煤炭的数量、质量或价格！

考虑电厂希望煤矿生产低灰分煤的情况。电厂会向煤矿提出低灰分煤的报价，作为回报，支付的费用略高于开采低灰分煤的成本 c，譬如价格 $p=c+\varepsilon$。假设交易必须在截止日期前完成。煤矿可以随时威胁要拒绝这个较低的报价，但电厂可以忽略其威胁，相信在最后时刻煤矿会接受报价，因为 ε 很小。这就是子博弈完美均衡的体现。因此，电厂从交易中获得所有事后盈余，并将选址定为煤矿附近。

实际上，正如哈特和穆尔（Hart and Moore，1988）所表明的，契约甚至没必要规定煤矿会因为还价而受到惩罚。契约倒是可以规定双方都可以提出报价，而且任何一方都不需要在交易发生之前接受报价；相反，他们可以先交易，然后再签署一份接受书。假设没有签署任何文件，交易被认为是煤矿对电厂的赠与。现在，设想电厂提出上述报价，而煤矿则要求更高的价格，比如 p'。交易将以价格 p 进行。为什么？一方面，煤矿可以通过先交易再签署文件，并且在发生争议时披露电厂的报价来确保自己的 p。另一方面，如果发生争议，电厂永远不会接受和披露煤矿的报价，因为它更愿意什么都不披露而声称煤炭是白送的。

诚然，将所有谈判能力分配给电厂可以激励它在煤矿附近建厂，但是没法激励煤矿经理进行创新。假设经理找到方法把煤炭成本从 c 降到 c'；然后电厂将其报价从 $c+\varepsilon$ 改为 $c'+\varepsilon$。那么，煤矿的创新收益将被电厂完全侵占。这说明，资产所有权或许终究是有用的。通过契约向电厂分配议价能力，而将煤矿所有权转移给煤矿经理。煤矿所有权能够为煤矿经理提供一个良好的外部选择权（outside option）——往其他地方出售煤炭——并且如果经理变得更具效率，外部选择权就会增加，那么效率提高的部分收益将归经理所有。

麻烦的是，事情没有到此结束。继续假设经理的外部选择权为 $\overline{p}-\lambda c$（如果他拥有煤矿），其中 c 是向电厂供应煤炭的成本且 $0<\lambda<1$ 反映一个事实：向电厂供应煤炭的效率的提高，会部分地（不是全部）转化为向其他电厂供应煤炭带来的收益。显然，如果经理可以直接得到 $\overline{p}+(1-\lambda)c$ 形式的激励，资产所有权将无关紧要。（由于经理承担了供应煤炭的成本，所以他的净支付为 $\overline{p}-\lambda c$。）如果 c 可验证，则这确实是可能的；但如果 c 仅仅可观察，那似乎就不成立。

但正如马斯金和梯若尔（Maskin and Tirole，1999）所指出的，借鉴马斯金（Maskin，1999）以及穆尔和瑞普罗（Moore and

Repullo，1988）的研究，有一种方法可以做到这一点。接下来要进行的事后博弈被当事人写入契约。煤矿经理宣布向电厂供应（低灰分）煤的成本为 c^* 。电厂接受报价并向经理支付$\bar{p}+(1-\lambda)c^*$，或者它可以质疑，声称成本应为 c^{**}（可能低于 c^*，这样经理的报酬就变少了）。如果电厂发出质疑声，煤矿经理就要准备向第三方支付大额罚款 F。此时对质疑进行验证：煤矿经理被问及是否肯以 $(1/2)c^*+(1/2)c^{**}$的价格供应煤炭。如果愿意，则证明煤矿经理撒谎，因为如果他的真实成本是 c^*，那么按照这个价格供应煤炭就会赔钱。在这种情况下，电厂从第三方收取 F。如果煤矿经理不愿供煤，即证明质疑并不正确，则电厂向第三方支付 F。

这一机制的独特子博弈完美均衡是，煤矿经理真实描述他的成本，并获得$\bar{p}-\lambda c$ 的净支付。此均衡无须考虑资产所有权。

有没有方法使得马斯金-梯若尔机制失效？一个反例是买家或卖家可能与第三方合谋。① 但是，目前尚不清楚如何实施这种合谋，因为当事人可以在契约中明确指出禁止这种行为。此外，马斯金和梯若尔也表明，如果至少有一方厌恶风险，那么一种设计合理的抽签法就可以替代第三方。然而，如果假定（i）买家和卖家都为风险中性，（ii）不能使用第三方，（iii）当事人在程序完备的情况下总是可以重新谈判，例如因为契约没有明确期限，那么不完全契约以及资产所有权理论就可以发挥作用。谢加尔（Segal，1999）以及哈特和穆尔（Hart and Moore，1999）对此做出了阐释。

但上述假设很强，我并不能轻松地接受它们。如果模型能准确描绘现实，应该有人尝试使用马斯金-梯若尔机制，以及按照

① 另一个反例是，马斯金-梯若尔机制对共同知识的小偏差并不可靠。见 Aghion et al.（2012）。

契约形式分配议价能力。然而据我所知，第一种情况没有发生，第二种情况十分少见。而且，该模型无法解释事后无效率的问题（除非各方受到财富制约）。这应该是一个重大的限制，毕竟科斯和威廉姆森的早期研究令人信服地指出，至少减少事后的无效率是公司存在的理由之一。

当然，我们可以假设当事人之间的信息不对称，从而尝试将事后无效率纳入分析。① 但是，只要在签约时信息对称，就可以使用另一套机制（在实践中没有观察到）来克服这个问题。② 由于这些原因，我近期的研究转向了另一种方法。

5. 放弃理性假设

如果当事各方完全理性，那么我就搞不懂为什么他们不把马斯金和梯若尔建议的机制纳入契约了。前面说过，据我所知，现实中没有这样的案例。当然，人们总是可以把责任推卸给法官：是法官不理解和/或不愿执行这种机制。③ 但这样只会把问题往后推：许多法官都很明智，倘若机制设计是解决不完全契约问题的方法，那么可以预见法官最终能够理解、接受并执行根据机制方法设计的契约。尽管自从马斯金和梯若尔的论文发表已过去 18 年，但是我没有看到任何朝这个方向发展的迹象。

我的观点是，之所以看不到这些机制，是因为当事各方并非完全理性。这从很多方面来讲都是一个遗憾的结论，因为虽然有一种方法可以对理性建模，却有很多（也许是无限多）种方法可

---

① 例如参见 Matouschek（2004）。

② 例如参见 d'Aspremont and Gérard-Varet（1979）。

③ 关于这些方面的最新研究，参见 Baliga and Sjöström（2016）。

以对非理性建模。没有此约束会令许多经济学家感到不适，他们情愿不惜一切代价坚持理性假设。但我认为除了放弃这种方法，别无选择。

我和约翰·穆尔在一篇论文（Hart and Moore，2008）中开始摒弃理性因素。回想起来，可以说我们有三重动机，其重要性不分先后：首先，我们想发展一种不受马斯金-梯若尔批判影响的理论；其次，我们想解释为什么当事人不以通过契约分配议价能力的方式解决敲竹杠问题；最后，我们想建立一个考虑事后无效率的模型。这种多重动机或许能够解释为何我们不打算引入当事人的认知限制，而是关注公平和合理行为。在这一点上，我们深受大量相关行为理论文献的影响。①

要理解我们的方法，考虑买家 B 和卖家 S 在时期 0 会面的简单情况。那个时候买家和卖家之间存在竞争市场，但在时期 0 之后，B 和 S 配对并与该市场分离。在时期 1，交易产生收益。S 可以按成本 c 提供产品，B 从中获得价值 $v>c$。所有的收益都以货币衡量（但这些收益无法核实）。

为简单起见，假设卖家在时期 0 的市场上为买卖双方确定的保留支付为零。B 可以向 S 提供一份契约，使 B 获得所有的交易收益，如下所示：契约规定，在时期 1，B 将向 S 提出 S 可以接受或拒绝的报价，而 S 不能向 B 提出任何报价。正如我们所见，在标准理性假设下，B 会在时期 1 向 S 提供略高于 c 的报价，S 会提供产品，B 将得到全部盈余 $v-c$。

现在，著名的最后通牒博弈实验证据显示，实际情况可能并非如此。这些实验发现，在类似情境下，B 的报价最后将远远高

① 例如参见 Camerer（2003）和 Fehr and Schmidt（2003）。

于 c，并且如果 B 不这样做，S 将拒绝该报价。[1] 然而请注意，最后通牒博弈和我们的案例并不完全相同，因为在最后通牒博弈中不存在事先契约。

我和穆尔原本可以直接基于 S 会拒绝吝啬报价的观点来建立模型。我们不这样做的原因有二。首先，我们担心有人会批评最后通牒博弈证据涉及的收益相对较小。[2] 其次，我们希望模型适用于更一般的情形，而不仅仅是讨论卖家可以选择不交易的情形。例如，如果博弈参与者按照马斯金-梯若尔机制进行最后通牒博弈的话，博弈的结果会怎样？

因此，接下来我们这样展开。我们假设，根本制定不出哪怕是事后完全的契约，因此，买卖双方都有可能在遵守契约条款的同时做出不理想的表现：我们把不理想表现称为“遮蔽”（shading）。在买家-卖家示例中，卖家可能通过提供质量欠佳的产品实施遮蔽，买家则可能通过不提供信息来实施遮蔽，以使卖家的任务更难完成。一个关键假设是，一方只有在觉得自己受到不佳待遇的时候才会实施遮蔽。因此，如果卖家接到低报价但仍然觉得有利可图，他会接受报价，然后实施遮蔽来惩罚买家。

我们还做出了另一个重要假设：最初的契约约定了各方认为公平的内容。买家和卖家之间的在时期 0 的竞争市场在此处是个重要因素。该观点是，双方都认为契约的宽泛条款很合理，因为条款是在公平谈判中达成的，任何一方都不会因为均衡交易条款而指责对方。所以，B 和 S 认为谁都无权获得契约之外的结果。相反，当竞争市场不再提供客观基准，一方在时期 1 做出的酌情

---

① 参见 Guth、Schmittberger and Schwarze（1982）。

② 参见 Andersen et al.（2011）。

决定可能会被另一方视为不合理，进而可能引发遮蔽。为使事情尽可能简单明了，哈特和穆尔（Hart and Moore，2008）假设每一方都受到极端的利己偏见的影响，因而认为一个合理的做法是，在契约允许的、对另一方而言属于个人理性的所有结果内，选择能最大限度地提高己方收益的结果。

回到提供产品的例子，契约规定B将向S提出“全部或全不”（take-it-or-leave-it）的报价。假定B提出的价格略高于c。鉴于B本来可以更慷慨，所以S觉得该报价不合理。事实上根据契约，S的最佳结果应是B提出报价v（任何超过v的报价都将导致B亏损，因此不会是个人理性的）。给定实际报价c，S会实施多少遮蔽？哈特和穆尔（Hart and Moore，2008）假设遮蔽是S少得的收益或受侵害程度的一小部分，受侵害程度是指S认为有权得到的收益（此处为$v-c$）和他当前所得（为0）之间的差额。具体来说，S将B的收益削减了$\theta(v-c)$，其中$0<\theta<1$。遮蔽行为不会影响遮蔽执行方的收益。

总之，根据契约，给予B向S提出“全部或全不”报价的权利，将造成大小为$\theta(v-c)$的额外损失。请注意，这个问题是没办法谈判的。由于遮蔽不可签约，因此科斯式的谈判无效。当然，B可以提出超过c的报价以减轻S的怨愤，但这样做不符合他的利益：报价高出1美元会使B的成本增加1美元，但只能使S的遮蔽降低θ。

然而，在这个简单的例子中，有一种方法可以解决上述问题。B和S可以提前确定价格：大家在时期0签订一份契约，指定产品在时期1的价格为c。在这种情况下，任何一方在时期1都没有自行决定权。B和S都认为价格c公平，因为它是在时期0双方在竞争市场上公平谈判达成的结果。在时期1不存在遮蔽或无谓损失，并且产生全部盈余 $v-c$，实现最优结果。

这个简单框架从另一个角度诠释了契约存在的意义。双方陷入僵局之前达成的契约能让双方达成共识，避免日后产生不良情绪。这与传统观点不同（但是互补），传统观点认为契约有助于鼓励不可签约的投资。（上面的例子不存在不可签约的投资。）

一旦我们脱离确定性的情况，通常就无法达到最优结果。为说明这一点，考虑简化版的哈特-穆尔模型，其中进一步假设 S 的财富为零；这个版本还有助于描述一些实验工作。假设 $v=20$（确定值），$c=16$ 的概率为 π，$c=10$ 的概率为 $1-\pi$。c 的不确定性会在时期 1 之前解决，随后双方都能观察到 c 的实现情况。然而 c 是无法验证的。c 的概率分布是事前共同知识。进一步假设事后交易出于自愿：任何一方都可以拒绝交易而不被惩罚，原因可能是第三方无法核查谁该对交易失败负责。B 和 S 均属风险中性。在时期 0 的市场，买家比卖家多，所以 S 的保留支付为零。最后，暂时忽略重新谈判。

在上述设置下，B 提供的最优契约是什么？只有两种可能。B 要么确保两种状态的交易，要么只保证低成本状态的交易。在第一种情形中，最优契约将指定一个价格范围 [10，16]，并允许 B 在时期 1 从该范围中做出选择。这样 B 无论 c 是高还是低都可以保证交易，因为交易是自愿的。此外，这是达成的最小价格范围，可以最大限度地减少受损和遮蔽。

通过这样的契约，在 $c=10$ 时 B 选择 $p=10$，在 $c=16$ 时 B 选择 $p=16$。在低成本状态下，S 将有所损失，因为 B 本来可以更慷慨并为 S 选择最佳结果：$p=16$。S 的损失程度为 6。S 对 B 罚以 6θ 的遮蔽，于是 B 的净收益为 $10-6\theta$。在高成本状态下，S

不受损害，因为他得到了契约允许的最高价格；而 B 的净收益为 4。

双方的预期收益分别为：

$$U_B=(10-6\theta)(1-\pi)+4\pi \tag{1}$$

$$U_S=0 \tag{2}$$

我们称之为弹性契约（契约 1）。

对于第二种情况，B 可以选择只允许在低成本状态进行交易的契约。这时最优契约将价格定为 10。双方的预期收益分别为：

$$U_B=10(1-\pi) \tag{3}$$

$$U_S=0 \tag{4}$$

我们称之为刚性契约（契约 2）。

显然，契约 2 优于契约 1 当且仅当

$$10(1-\pi)>(10-6\theta)(1-\pi)+4\pi \tag{5}$$

如果 π 很小，式（5）成立。

换言之，如果不太可能出现高成本状态，则 B 将向 S 提供固定价格契约，以排除高成本状态下的交易。这一思路简单直观：在高成本状态出现的概率较低的情况下，为了确保高成本状态下的交易就将价格范围从 10 扩大到［10，16］是不值得的，因为这会导致以较高概率出现的低成本状态下的遮蔽行为从而造成巨大的无谓损失。

另外，还应注意 S 的财富约束很重要。在没有这种约束的情况下，B 可以提供一份规定 $p=16$ 的契约，促成两个状态下的交易。B 可以提前向 S 索取大小为 $6(1-\pi)$ 的契约费用，从而占有 S 的全部预期利润。

这个模型实现了上述主要目标。首先，它不受马斯金-梯若尔批判的影响。马斯金-梯若尔机制或者“全部或全不”报价都达不到最优结果。实际上，契约 1 就包含此机制并最终导致遮蔽发生。其次，可能存在事后无效率问题。如果式（5）成立，B 将故意选择有可能令交易无法发生的契约。[①]

哈特-穆尔模型依赖很多非标准假设。虽然其中一些和已验证的行为假设相似，但还是存在某些显著差异。因此有理由直接测试模型，恩斯特·费尔（Ernst Fehr）、克里斯蒂安·森德（Christian Zehnder）和我进行了这个实验。[②] 下面粗略描述一下我们的实验室实验（Fehr，Hart and Zehnder，2011），另可参见 Fehr、Hart and Zehnder（2009）。（描述这个实验时我自行做了些简化处理。）我们把学生参与者分为买家和卖家；他们在实验中的角色始终不变。每个买家与两个卖家会面，后者可以就买家的契约竞标。（这样做的目的是实现事前竞争。）买家可以选择两种契约：一种是［p，16］形式的弹性契约，另一种是固定价格契约（价格为 p）。一旦选定契约类型，卖家就会通过时钟拍卖争夺契约。拍卖行决定 p 的水平：p 从 10 开始，每秒上升一小部分，直到其中一位卖家接受。由于在许多这个类型的实验中得到的 p 都接近于 10，我们下面的讨论就将它视为 10。

那么在拍卖结束时，如果 B 在早期选择弹性契约，则卖家同意接受［10，16］的契约，如果 B 选择刚性契约，则卖家接受固定价格 $p=10$。随后买家和中标卖家进入下一阶段——时期 1。c

---

① Herweg and Schmidt（2015）提出了一种替代和互补的无效率结果理论。在他们的模型里，当事人签订一份契约，要求在外界状态确定后必须重新谈判。双方以初始契约为参照点，比较重新谈判交易的收益和损失。由于厌恶损失，一些有效的重新谈判将不会发生。

② 与“契约是参照点”观点一致的某些非实验室证据，请参阅最近对创新型公司如何管理其关系的研究（Hadfield and Bozovic，2016）。

由一个随机化装置确定，并且双方都能看到结果。根据弹性契约，B从范围［10，16］中选择 p；p 至少等于 c。然后大家交易。此时S可以选择是否实施遮蔽。在实验中，遮蔽是个别行为，它给卖家造成的成本很小，给买家造成的成本很大。

相较而言，在刚性契约下，交易只在 $c=10$ 时进行。同样地，交易之后卖家可以选择是否实施遮蔽。

高成本状态的概率 π 被设定得相对较小。把这个实验重复若干次，买家和卖家每次都是随机重新匹配。

如果买卖双方完全理性，我们可预见一个非常简单的结果。从结尾反推，鉴于遮蔽成本高昂，理性的卖家永远不会这么做。（请注意，这就是我们修改理论模型中“遮蔽无成本”假设的原因。）所以，买家可以放心地忽略遮蔽并选择弹性契约，因为这保证了两种状态下的交易。当 $c=10$ 时，B将选择 $p=10$；当 $c=16$ 时，B选择 $p=16$。最优结果水到渠成。

可在实验中没有发生这种情况。买家多数时间都选择刚性契约，而且这些契约比弹性契约更有利可图。随着弹性契约的买家的报价超过10，在低成本状态下出现明显的遮蔽行为。而在刚性契约下遮蔽行为很少发生。

这些结果与哈特-穆尔模型基本一致。特别需要注意的是，在刚性契约下几乎没有遮蔽行为，尽管这类契约将所有盈余分配给买家，卖家似乎接受并且不会对自己的低（零）收益感到愤怒，因为这是由竞争决定的结果。①

费尔、哈特和森德（Fehr，Hart and Zehnder，2015）将实

① 有证据表明，即便没有竞争，契约中隐含的条款也被认为是公平的。见Bartling and Schmidt（2015）。

验扩展到允许沟通和重新谈判的情况。允许买家在制定契约阶段向卖家发送信息，解释自己在每种状态下打算如何选择价格，这可以提高弹性契约的效率，但刚性契约和弹性契约之间的权衡依然存在。[①] 允许重新谈判可以提高刚性契约相对于弹性契约的效率。在刚性契约下，如果 $c=10$，则交易发生。如果 $c=16$，买家可以提供（重新谈判后的）新契约。在这种情况下会出现一些遮蔽，因为卖家不满自己收到的竟然不是 20。如此，在两种状态下仍都发生交易。有趣的是，我们发现卖家并不希望在 $c=10$ 时重新谈判，而且未能重新谈判时不会感到怨愤，也不会诉诸遮蔽。

哈特-穆尔模型可以用来重新检验产权理论所探讨的一些问题。首先，鉴于可能存在一些事后的无效率状况，资产所有权将举足轻重，但原因和之前不同。由于会发生低效分配（如在未经重新谈判的刚性契约中），各方仍可能行使由资产所有权决定的外部选择权，即使这样是低效的最优。因此，事前的资产分配将影响事后的盈余。另外，资产所有权将决定交易收益的规模，从而决定权利和遮蔽。这样，就算最终结果不依赖资产所有权，遮蔽造成的无谓损失通常也取决于资产分配。哈特（Hart，2009）运用这些想法，建立了基于收益不确定性而非关系专用性投资的资产所有权理论。

其次，模型可以解释雇佣关系。假设并非卖家的成本不确定，而是买家想从卖家获得什么商品不确定。将商品的类型定义为卖家的任务。从哈特和穆尔（Hart and Moore，2008）的研究可以看到，在某些假设下，最优契约将采取以下形式：支付给卖

① Brandts、Ellman and Charness（2016）稍微改变设定，发现在自由形式的（事后）沟通下，弹性契约占优于刚性契约。

家的价格是固定的，并且其中一方有选择任务的权利。权利分配给买家，则可将其理解为雇佣契约。权利分配给卖家，则可将其理解为独立承包。规定价格的原因是，如果事后对权利的分歧仅限于对任务的选择，而不是对价格和任务两者的选择，引发的遮蔽就会较少。

模型的这个版本涉及早期关于雇佣关系的想法（Coase，1937；Simon，1951；Alchian and Demsetz，1972）。但在科斯和西蒙的早期研究中，人们认为价格或工资是固定的。此处算是一个解释。

哈特和霍姆斯特龙（Hart and Holmström，2010）将这一雇佣模型用于发展公司边界理论。考虑两家公司希望就某个技术平台进行协调。它们可以作为独立的公司参与该项工作并签订契约，或者可以合并。在第一种情况下很难指定协调的所有细节，所以会出现事后无效率的问题，或是重新谈判失败导致的，或是遮蔽行为导致的。而在第二种情况下，合并后的公司老板可能需要进行协调（由老板选择任务），但这样做无法把员工转用新技术的成本完全内化。哈特和霍姆斯特龙（Hart and Holmström，2010）阐明，这些影响的相对重要性将决定哪一种组织形式更佳。

最后，近来在与迈娅（Maija Halonen-Akatwijuka）的一些合作研究中，我探讨了契约作为参照点时产生的动态问题。如果当事人签订一系列契约，那么第一个契约将成为第二个契约的参照点，依次类推。如果随着时间的推移没有发生太大变化，这种相互依赖性可以让双方更容易签订新契约，因为大家都会同意契约条款应与以前大致相同。但是，如果外部条件出现变化，那么早期契约关于公平与诚信的理念可能会使各方无法适应新环境，从而无法达成交易，即使这样是有效率的。详细讨论参阅 Halonen-Akatwijuka and Hart（2016）。

6. 展望未来

1983 年的夏天，桑福德·格罗斯曼和我坐在他的办公室里，目标是建立一个有关契约限度和公司边界的正式模型。我报告的只是这项工作的部分成功内容。到目前为止，还没有可以被广泛接受的、可操作的不完全契约理论。实际上，正如我所讲述的，从某种程度来讲，一个人必须脱离理性假设才能取得进步，但这种情况可能永远不会发生。

同时，我相信不完全契约方法论能产生一些有价值的见解。在本文中我尝试描述了其中的一些观点，但它还有许多其他应用，包括在法律和政治科学领域中的应用。

经济学家会被吸引到可用简单、优雅和无争议模型的领域。但不完全契约领域却并非如此，它仍是一团混乱。现实中的契约是不完全的，契约的不完全性是诸多重要现象的基础，其中一些现象具有重要的政策意义。我希望经济学家，特别是年轻的经济学家，能够不畏当前的混乱局面，继续研究这个具有挑战性的课题。

参考文献

Aghion, Philippe, and Patrick Bolton. 1992. "An Incomplete Contracts Approach to Financial Contracting." *Review of Economic Studies* 59 (3): 473–494.

Aghion, Philippe, Drew Fudenberg, Richard Holden, Takashi

Kunimoto, and Olivier Tercieux. 2012. "Subgame-Perfect Implementation under Information Perturbations." *Quarterly Journal of Economics* 127 (4): 1843 – 1881.

Alchian, Armen A., and Harold Demsetz. 1972. "Production, Information Costs, and Economic Organization." *American Economic Review* 62 (5): 777 – 795.

Andersen, Steffen, Seda Ertaç, Uri Gneezy, Moshe Hoffman, and John A. List. 2011. "Stakes Matter in Ultimatum Games." *American Economic Review* 101 (7): 3427 – 3439.

Antràs, Pol. 2003. "Firms, Contracts, and Trade Structure." *Quarterly Journal of Economics* 118 (4): 1375 – 1418.

Antràs, Pol, and Elhanan Helpman. 2004. "Global Sourcing." *Journal of Political Economy* 112 (3): 552 – 580.

Baker, George P., and Thomas N. Hubbard. 2003. "Make versus Buy in Trucking: Asset Ownership, Job Design, and Information." *American Economic Review* 93 (3): 551 – 572.

Baker, George P., and Thomas N. Hubbard. 2004. "Contractibility and Asset Ownership: On-Board Computers and Governance in US Trucking." *Quarterly Journal of Economics* 119 (4): 1443 – 1479.

Baliga, Sandeep, and Tomas Sjöström. 2016. "A Theory of the Firm Based on Haggling, Coordination and Rent-Seeking." Unpublished.

Bartling, Björn, and Klaus M. Schmidt. 2015. "Reference Points, Social Norms, and Fairness in Contract Renegotiations." *Journal of the European Economic Association* 13 (1): 98 – 129.

Benmelech, Efraim. 2009. "Asset Salability and Debt Maturity: Evidence from Nineteenth-Century Railroads." *Review of Financial Studies* 22 (4): 1545 – 1584.

Benmelech, Efraim, and Nittai K. Bergman. 2008. "Liquidation Values and the Credibility of Financial Contract Renegotiation: Evidence from U. S. Airlines." *Quarterly Journal of Economics* 123 (4): 1635 – 1677.

Bernstein, Shai, Arthur Korteweg, and Kevin Laws. 2017. "Attracting Early-Stage Investors: Evidence from a Randomized Field Experiment." *Journal of Finance* 72 (2): 509 – 538.

Bolton, Patrick, and David S. Scharfstein. 1990. "A Theory of Predation Based on Agency Problems in Financial Contracting." *American Economic Review* 80 (1): 93 – 106.

Bolton, Patrick, and David S. Scharfstein. 1996. "Optimal Debt Structure and the Number of Creditors." *Journal of Political Economy* 104 (1): 1 – 25.

Borek, T. Christopher, Angelo Frattarelli, and Oliver Hart. 2014. "Tax Shelters or Efficient Tax Planning? A Theory of the Firm Perspective on the Economic Substance Doctrine." *Journal of Law and Economics* 57 (4): 975 – 1000.

Brandts, Jordi, Matthew Ellman, and Gary Charness. 2016. "Let's Talk: How Communication Affects Contract Design." *Journal of the European Economic Association* 14 (4): 943 – 974.

Camerer, Colin F. 2003. *Behavioral Game Theory: Experiments in Strategic Interaction*. Princeton, NJ: Princeton University

Press.

Coase, R. H. 1937. "The Nature of the Firm." *Economica* 4 (16): 386 – 405.

Coase, R. H. 1960. "The Problem of Social Cost." *Journal of Law and Economics* 3: 1 – 44.

d'Aspremont, Claude, and Louis-André Gérard-Varet. 1979. "Incentives and Incomplete Information." *Journal of Public Economics* 11 (1): 25 – 45.

Drèze, Jacques H. 1974. "Investment Under Private Ownership: Optimality, Equilibrium and Stability." In *Allocation under Uncertainty: Equilibrium and Optimality*, edited by Jacques H. Drèze, 129 – 166. London: Macmillan.

Fehr, Ernst, Oliver Hart, and Christian Zehnder. 2009. "Contracts, Reference Points, and Competition: Behavioral Effects of the Fundamental Transformation." *Journal of the European Economic Association* 7 (3): 561 – 572.

Fehr, Ernst, Oliver Hart, and Christian Zehnder. 2011. "Contracts as Reference Points: Experimental Evidence." *American Economic Review* 101 (2): 493 – 525.

Fehr, Ernst, Oliver Hart, and Christian Zehnder. 2015. "How Do Informal Agreements and Revision Shape Contractual Reference Points?" *Journal of the European Economic Association* 13 (1): 1 – 28.

Fehr, Ernst, and Klaus M. Schmidt. 2003. "Theories of Fairness and Reciprocity: Evidence and Economic Applications." In *Ad-*

vances in Economics and Econometrics, Theory and Applications, Eighth World Congress, Vol. 1, edited by Mathias Dewatripont, Lars Peter Hansen, and Stephen J. Turnovsky, 208–257. Cambridge, UK: Cambridge University Press.

Gale, Douglas, and Martin Hellwig. 1985. "Incentive-Compatible Debt Contracts: The One-Period Problem." *Review of Economic Studies* 52 (4): 647–663.

Grossman, Sanford J., and Oliver D. Hart. 1979. "A Theory of Competitive Equilibrium in Stock Market Economies." *Econometrica* 47 (2): 293–330.

Grossman, Sanford J., and Oliver D. Hart. 1980. "Takeover Bids, the Free-Rider Problem, and the Theory of the Corporation." *Bell Journal of Economics* 11 (1): 42–64.

Grossman, Sanford J., and Oliver D. Hart. 1982. "Corporate Financial Structure and Managerial Incentives." In *The Economics of Information and Uncertainty*, edited by John J. McCall, 107–141. Chicago: University of Chicago Press.

Grossman, Sanford J., and Oliver D. Hart. 1983. "An Analysis of the Principal-Agent Problem." *Econometrica* 51 (1): 7–45.

Grossman, Sanford J., and Oliver D. Hart. 1986. "The Costs and Benefits of Ownership: A Theory of Vertical and Lateral Integration." *Journal of Political Economy* 94 (4): 691–719.

Güth, Werner, Rolf Schmittberger, and Bernd Schwarze. 1982. "An Experimental Analysis of Ultimatum Bargaining." *Journal of Economic Behavior & Organization* 3 (4): 367–388.

Hadfield, Gillian K. , and Iva Bozovic. 2016. "Scaffolding: Using Formal Contracts to Support Informal Relations in Support of Innovation." *Wisconsin Law Review* 5: 981 – 1032.

Halonen-Akatwijuka, Maija, and Oliver Hart. 2016. "Continuing Contracts." Unpublished.

Hart, Oliver D. 1975. "On the Optimality of Equilibrium When the Market Structure Is Incomplete." *Journal of Economic Theory* 11 (3): 418 – 443.

Hart, Oliver D. 1979. "On Shareholder Unanimity in Large Stock Market Economies." *Econometrica* 47 (5): 1057 – 1084.

Hart, Oliver. 1995. *Firms, Contracts, and Financial Structure*. Oxford, UK: Clarendon Press.

Hart, Oliver. 2009. "Hold-Up, Asset Ownership, and Reference Points." *Quarterly Journal of Economics* 124 (1): 267 – 300.

Hart, Oliver, and Bengt Holmström. 2010. "A Theory of Firm Scope." *Quarterly Journal of Economics* 125 (2): 483 – 513.

Hart, Oliver, and John Moore. 1988. "Incomplete Contracts and Renegotiation." *Econometrica* 56 (4): 755 – 785.

Hart, Oliver, and John Moore. 1990. "Property Rights and the Nature of the Firm." *Journal of Political Economy* 98 (6): 1119 – 1158.

Hart, Oliver, and John Moore. 1994. "A Theory of Debt Based on the Inalienability of Human Capital." *Quarterly Journal of Economics* 109 (4): 841 – 879.

Hart, Oliver, and John Moore. 1998. "Default and Renegotiation:

A Dynamic Model of Debt." *Quarterly Journal of Economics* 113 (1): 1-41.

Hart, Oliver, and John Moore. 1999. "Foundations of Incomplete Contracts." *Review of Economic Studies* 66 (1): 115-138.

Hart, Oliver, and John Moore. 2008. "Contracts as Reference Points." *Quarterly Journal of Economics* 123 (1): 1-48.

Hart, Oliver, Andrei Shleifer, and Robert W. Vishny. 1997. "The Proper Scope of Government: Theory and an Application to Prisons." *Quarterly Journal of Economics* 112 (4): 1127-1161.

Herweg, Fabian, and Klaus M. Schmidt. 2015. "Loss Aversion and Inefficient Renegotiation." *Review of Economic Studies* 82 (1): 297-332.

Holmström, Bengt. 1979. "Moral Hazard and Observability." *Bell Journal of Economics* 10 (1): 74-91.

Holmström, Bengt, and Paul Milgrom. 1991. "Multi-Task Principal-Agent Analyses: Incentive Contracts, Asset Ownership, and Job Design." *Journal of Law, Economics, & Organization* 7 (S): 24-52.

Holmström, Bengt, and Jean Tirole. 1998. "Private and Public Supply of Liquidity." *Journal of Political Economy* 106 (1): 1-40.

Innes, Robert D. 1990. "Limited Liability and Incentive Contracting with Ex Ante Action Choices." *Journal of Economic Theory* 52 (1): 45-67.

Jensen, Michael C., and William H. Meckling. 1976. "Theory of the Firm: Managerial Behavior, Agency Costs, and Ownership Structure." *Journal of Financial Economics* 3 (4): 305–360.

Joskow, Paul L. 1987. "Contract Duration and Relationship-Specific Investments: Empirical Evidence from Coal Markets." *American Economic Review* 77 (1): 168–185.

Kaplan, Steven N., Berk A. Sensoy, and Per Stromberg. 2009. "Should Investors Bet on the Jockey or the Horse? Evidence from the Evolution of Firms from Early Business Plans to Public Companies." *Journal of Finance* 64 (1): 75–115.

Kaplan, Steven N., and Per Stromberg. 2003. "Financial Contracting Theory Meets the Real World: An Empirical Analysis of Venture Capital Contracts." *Review of Economic Studies* 70 (2): 281–315.

Klein, Benjamin, Robert G. Crawford, and Armen A. Alchian. 1978. "Vertical Integration, Appropriable Rents, and the Competitive Contracting Process." *Journal of Law and Economics* 21 (2): 297–326.

Maskin, Eric. 1999. "Nash Equilibrium and Welfare Optimality." *Review of Economic Studies* 66 (1): 23–38.

Maskin, Eric, and Jean Tirole. 1999. "Unforeseen Contingencies and Incomplete Contracts." *Review of Economic Studies* 66 (1): 83–114.

Matouschek, Niko. 2004. "Ex Post Inefficiencies in a Property Rights Theory of the Firm." *Journal of Law, Economics, & Organization* 20 (1): 125–147.

Mirrlees, J. A. 1999. "The Theory of Moral Hazard and Unobservable Behaviour: Part I." *Review of Economic Studies* 66 (1): 3 - 21.

Modigliani, Franco, and Merton H. Miller. 1958. "The Cost of Capital, Corporation Finance and the Theory of Investment." *American Economic Review* 48 (3): 261 - 297.

Moore, John, and Rafael Repullo. 1988. "Subgame Perfect Implementation." *Econometrica* 56 (6): 1191 - 1220.

Rajan, Raghuram G. 2012. "Presidential Address: The Corporation in Finance." *Journal of Finance* 67 (4): 1173 - 1217.

Schmidt, Klaus M. 1996. "The Costs and Benefits of Privatization: An Incomplete Contracts Approach." *Journal of Law, Economics, & Organization* 12 (1): 1 - 24.

Segal, Ilya. 1999. "Complexity and Renegotiation: A Foundation for Incomplete Contracts." *Review of Economic Studies* 66 (1): 57 - 82.

Shleifer, Andrei, and Robert W. Vishny. 1997. "A Survey of Corporate Governance." *Journal of Finance* 52 (2): 737 - 783.

Simon, Herbert A. 1951. "A Formal Theory of the Employment Relationship." *Econometrica* 19 (3): 293 - 305.

Townsend, Robert M. 1979. "Optimal Contracts and Competitive Markets with Costly State Verification." *Journal of Economic Theory* 21 (2): 265 - 293.

US Department of Justice. 2016. *Review of the Federal Bureau of Prisons' Monitoring of Contract Prisons*. Evaluation and Inspections

Division 16-06. https://oig.justice.gov/reports/2016/e1606.pdf#page=1.

Williamson, Oliver E. 1975. *Markets and Hierarchies: Analysis and Antitrust Implications*. New York: The Free Press.

Woodruff, Christopher. 2002. "Non-Contractible Investments and Vertical Integration in the Mexican Footwear Industry." *International Journal of Industrial Organization* 20 (8): 1197 - 1224. *

* Hart, Oliver. 2017. "Incomplete Contracts and Control." *American Economic Review* 107 (7): 1731 - 1752. Translated and reprinted by permission of Bengt Holmström.

交易成本经济学*

奥利弗·E. 威廉姆森

1. 引　言

交易成本经济学认为，虽有不少进展，但我们对资本主义经济制度——公司、市场、混合模式——的理解仍然非常原始。交易成本经济学认同下面这个不大不小的研究目标："整理我们对经济必然不完整的认知，看清外行人看不到的联系，讲述看似合理的……借助于若干中心原则的因果故事，并对经济政策和其他外生事件的后果做出粗略的量化判断"（Solow，1985，p. 329）。

交易成本经济学采用契约方法对经济组织进行研究。相关问题如下：为什么会有这么多的组织形式？经济组织的备选模式的主要目的有哪些？对这些问题的研究最好的启示是什么？尽管劳

* 本文受益于斯隆基金会向耶鲁大学提供的资助，以支持组织经济学的研究。感谢 Erin Anderson、Henry Hansmann、Bengt Holmström、Roberta Romano 和 Robert Willig 对本文初稿的有益评论。

动力市场、资本市场、中间产品市场、公司治理、监管和家族组织之间存在着显著的差异，但这是否意味着有一个共同的契约理论可应用于以上所有领域？这样一个通用的契约理论——在人、技术和程序方面——有哪些核心特征？这些问题触及了交易成本经济学研究的核心。

与研究经济组织的其他方法相比，交易成本经济学有以下特点：(1) 更倾向于微观分析；(2) 更注重行为假设；(3) 引入并发展了资产专用性作为经济分析的重要性；(4) 更依赖于比较制度分析法；(5) 将商业公司视为一种治理结构而非生产函数；(6) 更加重视事后契约制度，(相比于法院秩序) 更强调私人秩序；(7) 从法学、经济学和组织学的综合视角出发。交易成本经济学提出可验证的含义的方法是：以区别对待（主要是交易成本节约）的方式，将交易（其属性不同）分配给治理结构（其适应能力和相关成本不同）。

第 2 节概述了交易成本经济学产生的背景。第 3 节讨论了交易成本经济学的实操。第 4 节以纵向一体化为主题，对纵向一体化的理解可以作为一种范式，帮助更一般地解开复杂经济组织的谜题。第 5 节研究了交易成本方法的其他应用。第 6 节简要总结了一些交易成本假设的实证检验。第 7 节阐述了公共政策的影响。第 8 节是结论。

2. 背　景

交易成本经济学的起源可以追溯到 20 世纪 30 年代，那时法学、经济学和组织学等领域都取得了开创性成果。康芒斯（Commons，1934）和科斯（Coase，1937）在经济学领域做出了重要贡献。卢埃林（Llewellyn，1931）补充了关键的法律见解，而巴纳德（Barnard，1938）提供了关于组织理论的观点。

康芒斯主张交易是而且应该是分析的基本单位。他采纳了契约理论的观点，并特别关注了建立协调制度的重要性，这类制度可以促成原本利益冲突中当事人之间的交易。科斯同样采用了微观分析的观点，认为应对公司和市场进行比较研究，强调交易成本的节约。卢埃林则认为，对契约的研究不应侧重于法律规则本身，而应侧重于法律规则的目的。学者们给予了私人秩序更多的关注（当事人努力调整自身事务并设计解决分歧的机制），而相应地对法律中心主义（根据法院制定并由国家通过的法律规则解决争议）的重视较小。此外，巴纳德主张将内部组织的权力和限制更自觉地凸显出来。

2.1　主要情形

经济组织服务于许多目的，经济学家认为，垄断和有效承担风险是其中两个目的。权力和相关收益有时被认为是经济组织的主要目的，非经济学家尤其如此认为。而有些人则认为“社会制度和组织……是法律、历史或政治力量带来的偶然结果”（Granovetter，1985，p. 488）。

将核心目的与辅助目的区分开来有助于研究复杂系统。交易成本经济学认同“节约是经济组织的核心问题”这一观点，并对其进行了发展。富兰克·奈特对此的评论十分恰当（Knight，1941，p. 252；重点由笔者标明）：

> ……一般而言，人们都希望在一定限度内节俭行事，使他们的活动**和组织**变得“高效”，而非浪费。这一点的确需要特别强调；以及对经济学科学的适当定义……不妨明确指

出，讨论的主要意义在于其与社会政策的关系，假定社会政策的最终目的是提高经济效率、减少浪费。

主要情形框架并不打算详尽赘述，而旨在厘清基本问题。[①]要去芜存菁，就必须坚持得出可验证的含义，尤其是在那些观点层出不穷的领域，而组织经济学就是其中之一。这就是乔治斯库-罗根（Georgescu-Roegan）所说的检验标准。因此，尽管“科学的目的一般不是预测，而是为了知识本身”（Georgescu-Roegan，1971，p. 37），预测仍然是“科学知识的试金石”。

2.2 行为假设

许多经济学家认为行为假设无关紧要。这反映出一种普遍的观点，即假设的真实性是不重要的，一个理论的成果取决于它的研究启示（Friedman，1953）。尽管交易成本经济学可以通过独有的研究方法得出可验证的含义而得到认可，但它也认为行为假设是重要的，尤其是因为行为假设将契约研究限定在了可行的子集上。

奈特坚持认为，对经济组织的研究需要基于对“我们所知道的人性”的理解（1965，p. 270），并特别提到会出现“道德风险”的情况（1965，p. 260）。布里奇曼还提醒社会科学家“理解人类行为，首先要理解他们是如何思考的，即他们的思维是怎样的”（Bridgeman，1955，p. 450）。科斯评论道，“现代制度经济学应该从真正的制度开始。让我们也从人的本性开始”（Coase，1984，p. 231）。在此，科斯认为应该摈弃将人视为“理性效用最大化者”的观点（1984，p. 231），但“人的本性”这一重要属性却并

① 同意主要情形并不意味着不能对主要情形进行扩展，例如考虑垄断的目的（在适当的前提条件成立的情况下）。但是，这与把垄断作为主要情形是完全不同的——对其来说节约只是一个额外的小问题。

未详述。

契约人与正统观念的最大化效用人有两方面的不同。首先是有限理性的条件。其次，与之前的理性经济人相比，契约人是更深层和更复杂的利己主义者。

尽管人们有时认为赫伯特·西蒙（Herbert Simon）提出的有限理性与经济学中的理性传统完全是两个不同的概念，但西蒙实际上扩大而非缩小了理性分析的范围。因此，西蒙所说的经济行为人是“**有意图**却又**有限**理性的”（Simon，1961，p. 24）。这一定义的两个部分都值得关注。其中“有意图的理性”部分引出了节约的目的，而“认知能力是有限的”这一认识则是制度研究的支持论证：“正是因为个人的认知、预见、技能以及时间都是有限的，组织对于实现个人目的来说才是有用的投资”（Simon，1957，p. 199）。

交易成本经济学将有限理性的假设与考虑到欺诈的自利性假设相配对。具体而言，允许经济主体以选择性和扭曲的方式披露信息。因此，故意误导、伪装、迷惑和混淆视听的行为也就会得到承认。这种自私自利的属性有多种描述方式，如机会主义、道德风险和代理等。

值得注意的是，尼科洛·马基雅维里（Niccolo Machiavelli）对待“人的本性”（Gauss，1925，p. 14）的主张是机会主义的有力佐证。在观察到人们的投机倾向后，马基雅维里对王子如此建议道：“当遵守信用会对自己不利的时候，或者原来使自己做出承诺的条件现在已不复存在的时候……作为一位君主他总会有足够的理由对其背信弃义行为进行掩饰”（Gauss，1952，pp. 92 - 93）。但是互惠的或者先发制人的机会主义并不是能从“人类行为者不完全可信”这一认知中汲取到的唯一教训。事实上，这只是一个非常初级的推断。正如下面所讨论的，一位明智的君主既能给出也能得到“可信的承诺”。①

有限理性和机会主义都有助于重新集中注意力，并区分可行和不可行的契约模式。极复杂和极简单的模式都被排除在可行方案之外。因此：

（1）不完全契约。尽管假设代理人有能力进行全面的事前订约（有或没有私人信息）是有益的，也是分析上的极大便利，但有限理性的条件排除了这一点。可行集内的所有契约都是不完全的。因此，契约的事后交易具有特殊的经济意义。研究能促进填补空缺、解决争端、适应变化等问题的契约结构因此成为经济组织问题的一部分。虽然此类制度在交易成本经济学的框架中发挥着核心作用，但它们还是被“全面事前契约”假想所忽视（实际上是被消除）。②

---

① 交易成本经济学的批评者有时将其描述为“新霍布斯主义”，因为它假定经济行为人（在不同程度上）服从机会主义。例如参见鲍尔斯和金蒂斯（Bowles and Gintis，1986，p. 201）。然而，请注意，关于可信承诺的双边设计（以及其他形式的私人秩序）是典型非霍布斯式的回应。

② 此外，请注意，不可能通过援引经济自然选择论点来拯救过度复杂的订约过程。自然选择只适用于一套可行的做法，而不能用来扩展这个领域。阿尔钦（Alchian，1950，p. 218）声称，“经济学家利用目前在确定性假设下的公司分析中开发出的分析工具，可以预测由环境变化引起的更可采用、更可行的经济相互关系类型，即使是经济个体自己也无法确定这些关系”的论点既有先见之明，又有启发性。但是这个论点需要谨慎引用（Nelson and Winter，1982）。因此，在由竞争决定组织结构的行业中，虽然援引自然选择来支持验证一个有效要素比例的效果是合理的（Becker，1962），因为由某些子集内的公司通过偶然的、洞悉的或别的方式做出的对有效比例的选择是完全可行的，但援引自然选择来支持无法精确描述的、据称管理者获得个人边际产出（Fama，1980）的“事后结算”过程，则是非常有问题的。除非描述了**可行的过程机制**，否则事后结算（至少就其较强形式来说）不管看起来还是执行起来都像是一个解围之神（deus ex machina）。

然而，这并不是说自然选择在契约研究中没有作用。相反，交易成本经济学认为，有助于节约有限理性以及使交易免受机会主义危害的组织形式将受到青睐，并可能取代在这些方面处于劣势的组织形式。但是交易成本经济学只研究可行的模式，并且在这个子集内只专注于分析具有节约成本和交易保护作用的组织属性。

（2）契约即承诺。另一个关于契约的便利概念是假设经济行为人将可信地履行他们的承诺。然而，如果经济行为人服从于机会主义，这种自我管理行为将不会实现。在确定机会主义的危害后，以可信度为标准来筛选经济行为人的事前努力，以及遏制机会主义的事后防范措施，就具有了不同的经济意义。因此，迄今为止被认为问题重重的制度实践，如果从交易成本经济学的角度来评价，常在成本节约方面发挥重要作用。

由于具有不同行为假设的契约理论支持不同的可行集定义，原则上，可以借由数据确定隐含的可行集中哪一个可证实来评估相互对立的契约理论。

2.3 法律中心主义与私人秩序

人们常常假定，有时甚至是默认财产权的界定是明确的，而法院能够无成本地伸张正义。机制设计相关文献明确强调法院秩序的效力（Baiman，1982，p.168）。许多法律文献也同样假定，适当的法律规则已经到位，法院是向其提交和解决契约纠纷的平台。

尽管法律中心主义存在可取之处，这种倾向却遭到了卢埃林的质疑。他反对现行的强调法律规则的契约法理论，并认为应更加注重法律规则的目的。也就是说，实质应该重于形式——尤其是当墨守成规会阻碍目标达成的时候。于是卢埃林提出了“契约框架”这样一个相反的概念。他将契约描述为“一个高度灵活的框架，它虽然不能准确展现出实际关系，但大致表现出了这种关系的变化；这个框架是出现疑问时的一份指南，也是契约关系实际终止时的最终上诉规范”（Llewellyn，1931，p.737）。

如果，正如格兰特（Galanter，1981，p.4）后来所论述的，缔约者往往能够“针对纠纷制订出更令人满意的解决方案，这一点是对具体纠纷的了解有限而只懂得使用一般规则的法律人士所不能比的”，那么最好将法院秩序视作争端解决的背景因素，而非中心枢纽。尽管法律中心主义（法院秩序）对解决最终上诉很有用，但仍须让位于私人秩序。这与上面提到的不完全契约/事后管理办法密切相关。

3. 交易成本经济学的实操

正如上文所提到的以及威廉姆森（Williamson，1985，pp. 2 - 7）所论述的，20 世纪 30 年代，法学、经济学和组织学领域提出了各种令人瞩目的观点，在此基础上，交易成本经济学随之诞生。然而，35 年过去了，在此期间，经济组织的交易成本研究方法萎靡不振，产业组织的应用价格理论方法占据统治地位（Coase，1972，pp. 63 - 64）。尽管将公司视为生产函数的传统分析方法取得了重大进展，但这种方法既忽略了公司的内部组织结构，也忽略了契约作为私人秩序的目的。因此，“我们对在市场上进行交易的成本或交易所需的东西所知甚少；关于公司内部不同活动的组合对成本的影响也几乎一无所知”（Coase，1972，p. 64）。

尽管交易成本经济学的研究没有取得进展，但人们普遍持有这样一种直觉，即经济组织的主要机构都存在交易成本。正如阿罗（Arrow，1969，p. 48）所说，“市场失灵不是绝对的，最好着眼于一个更广泛的领域，即交易成本，它在一般情况下会阻碍市场的形成，在极个别情况下甚至会导致市场无法形成”。然而，如何将这个深刻的观点用于实操却不甚了然。交易成本理论缺乏准确的定义，因而得到了“罪有应得的坏名声”（Fisher，1977，

p. 322，n. 5）。

3.1 交易技术

在采纳康芒斯“将交易作为分析的基本单位”的观点后，我们着重研究如何节省用于组织交易的工作——当商品或服务通过技术上可分离的接口（interface）进行转移时，就发生了交易。活动的一个阶段终止，另一个阶段开始。一个好的运转良好的接口就像一台运转良好的机器，使这些转移可以顺利进行。在机械系统中，我们会寻找摩擦点：齿轮是否啮合，零件是否润滑，是否有不必要的滑动或其他能量损失？相应地，经济上的摩擦就是交易成本：对促成合作[①]重要的部分交易，交易各方是否协调工作，或者是否存在频繁的误解和冲突而导致延误、故障和其他运作失灵的情况？交易成本分析需要对备选治理结构下规划、改变和监测任务完成的成本进行比较和考察。

将交易作为分析的基本单位有助于评估交易技术。于是，核心问题就变成了：导致交易不同的主要方面是什么？假设属性不同的交易以有区别的方式——主要是以节约交易成本的方式——分配给成本和权限不同的治理结构，从中可以得出可验证的含义。

交易成本经济学目前描述的主要交易维度是：(1) 交易重复发生的频率；(2) 交易的不确定性程度和类型；(3) 资产专用性条件。尽管所有上述维度都很重要，但交易成本经济学的许多可验证的含义都取决于最后一点。

---

① 新古典经济学的精妙之处在于，在大量交易中，交易者之间不需要有意识地合作。如果每一方都能各行其是，“看不见的手”就能很好地发挥作用——买方可以轻松地从其他来源获得产品；供应商可以在不损失生产价值的情况下调配资产，且另一方的成本很低。交易成本经济学关注的是当引入双边依存关系时产生的摩擦。这类活动不可忽视。

3.1.1 资产专用性

资产专用性是指资产在不牺牲生产价值的情况下，可被调配到替代用途以及被替代用户使用的程度。这与沉没成本的概念有关。但是，资产专用性的全部后果只有在不完全契约的情况下才变得明显，并且在前交易成本时代没有得到承认（Williamson，1975，1979a；Klein，Crawford and Alchian，1978）。

有趣的是，马歇尔（Marshall，1948，p. 626）认识到了特质人力资本有时会在就业过程中累积。此外，贝克尔（Becker，1962）在研究劳动力市场激励计划时，对人力资本做了明确规定。马尔沙克明确反对经济学家随时接受和使用可替代性假设的做法。正如他所说的（Marschak，1968，p. 14），“存在着几乎独特的、不可替代的研究人员、教师、行政人员；就像存在着独特的工厂和港口选址一样。独特的或不完全标准化的商品的问题……在教科书中确实被忽视了”。波兰尼（Polanyi，1962）对“个人知识”的卓越论述进一步说明了特质知识和有效关系的重要性。

交易成本经济学接受了上述所有观点，并进一步从三个方面进行了推广：（1）资产专用性可以采取多种形式，其中人力资产专用性只是其中之一；（2）资产专用性不仅会导致复杂的事前激励回应，更重要的是会导致复杂的事后治理结构回应；（3）各种形式的经济组织——产业、劳动、国际贸易、经济发展、家庭、比较系统甚至金融组织——成为交易成本经济学研究的重点。

不求详尽无遗，我们对资产专用性进行了五种区分：（1）地点专用性，即连续站点彼此紧密相连，以节省库存和运输费用；（2）实物资产专用性，如生产部件所需的专用模具；（3）人力资产专用性，产生于干中学的模式；（4）专用资产，指应特定客户的要求而对通用厂房进行的独立投资；（5）品牌资本。如第 4 节和第 5 节所述，每种类型的资产专用性在组织上的影响是不同的。在此基础上我们进行了额外的预测和讨论。

3.1.2 不确定性

库普曼斯（Koopmans，1957，p. 147）将社会经济组织的核心问题描述为面对和处理不确定性。在这方面，他区分了主要不确定性和次要不确定性。区别在于：主要不确定性是由外界状态决定的，次要不确定性产生于“缺乏沟通，即一个决策者无法了解其他决策者同时做出的决定和计划”。他认为次要不确定性与“在数量上至少与自然的随机行为和消费者偏好的不可预测变化引起的主要不确定性同等重要”（pp. 162 - 163）。

但要注意的是，库普曼斯所指的第二种不确定性是无恶意的，或者说是非策略性的。虽然各方缺乏及时的沟通，但这并不涉及对信息的策略性保密、隐瞒或曲解。然而，当各方在相互依赖的条件下对接时，这种策略性特征则会不可避免地呈现出来。因此，第三类不确定性——行为（或二元）不确定性——得以确认。[①]

统计上的风险（度）和**特质交易风险（源）**之间的区别与此相关。这类似于奈特（Knight，1965）对风险和不确定性的区分，但又有所不同。风险源自不完全契约和资产专用性相结合时产生的行为不确定性。对组织经济学而言特别重要的是，减轻风险可以提高各方的收益，管理知识比统计决策理论更加有用。

① Helfat and Teece（1987）研究了这种情况下的纵向一体化。

3.1.3 根本性转变

各行各业的经济学家都认识到，初始交易的条款取决于是否可以从多个合格供应商那里获得非合谋的报价。如果只有一个高度合格的供应商，就会产生垄断性条款，而如果有许多供应商，就会产生竞争性条款。交易成本经济学完全接受这种对事前投标竞争的描述，但坚持认为对契约的研究应扩大到包括事后特点。因此，初始投标仅仅启动了缔约过程。进行全面评估需要对契约的执行以及续约间隔期的事后竞争进行审查。

与先前的实践相反，交易成本经济学认为，在交易开始时的大量竞标条件不意味着此后也是同样的条件。事后竞争是否充分、有效取决于所涉及的商品或服务是否得到交易专用人力或实物资产的持久投资的支持。在缺少专门投资的情况下，初始中标者相对于非中标者并无优势。尽管中标者可能会在很长一段时间内继续供应，但实际上是因为中标者在不断地面对来自合格对手的竞争性报价。然而，一旦对交易专用资产进行大量投资，就不能假设竞争对手都处于平等地位。在这种情况下，赢家相对于输家享有优势，也就是说，续约间隔期中的平等性被打破了。相应地，一开始的大量竞标条件在此之后实际上转变为双边供应条件。对交易专用的耐用资产的重大依赖性投资在中标者和非中标者之间引起契约不对称的原因是，终止现有的供应关系将牺牲经济价值。

因此，匿名缔约模式被强调双方身份的缔约模式所取代。一方面，如果将专门资产调配到其他用途，则供应商无法获取同等价值；另一方面，如果要从外部寻求成本最低的供应，则买家必须引导潜在供应商进行类似的专门投资。因此，各方解决问题而不是终止协议的动机也就显而易见。这对经济活动的组织有着普遍的影响。

3.2 一个简单的契约计划图

3.2.1 一般方法

假设一种商品或服务可以由两种可相互替代技术中的任何一种提供。一种是通用技术，另一种是专用技术。专用技术要求对交易专用的耐用资产进行更大的投资，在满足稳态需求方面效率更高。

用 k 表示交易专用资产的量，使用通用技术的交易则是 $k=0$ 类型的交易。相比之下，当交易使用专用技术时，则 $k>0$。此处的资产专门用于满足各方的特殊需要。因此，如果这类交易过早终止，就会牺牲生产价值。上文和下文所述的双边垄断条件适用于此类交易。

然而，经典的市场契约——“以明晰的约定切入，以明确的执行切出”（Macneil，1974，p. 738）——足以满足 $k=0$ 类型的交易，当重要的交易专用资产处于风险中时，独立的市场治理会带来危害。各方都有动机制定保障措施，以保护对后一类交易的投资。用 s 代表此类保障措施的规模。$s=0$ 表示当事人不提供任何保障措施；$s>0$ 表示当事人决定提供保障措施。

图 1 展示了与以上描述相对应的三个缔约结果，每个节点有一个对应的价格：

为了便于对节点进行比较，假设供应商：（1）是风险中性的；（2）可以使用任何一种技术进行供应；（3）只要预期能达到收支平衡，就会接受任何保障条件。因此，节点 A 是通用技术（$k=0$）的供应关系，p_1 是预期的保本价格。节点 B 由交易专用

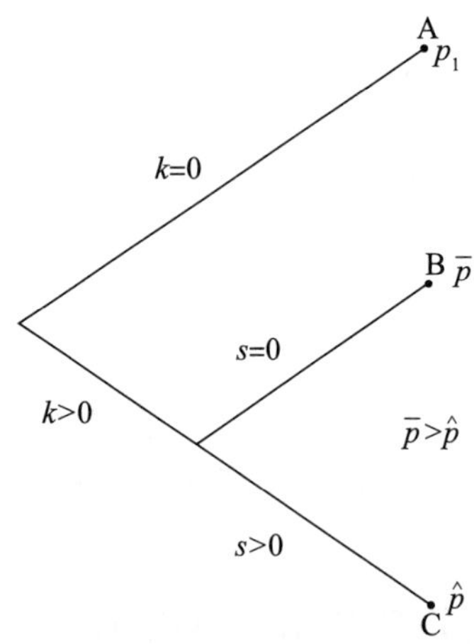

图 1　一个简单的契约计划图

资产（$k>0$）支持，没有任何保障措施（$s=0$），预期的保本价格是$\bar{p}$。节点C也采用专用技术。但由于此节点处的买家为供应商提供了保障措施（$s>0$），因此节点C的保本价格$\hat{p}$小于$\bar{p}$。①

我所指的保护性保障措施通常是以下三种形式中的一种或多种。第一，重新调整激励措施，通常包括某种形式的遣散费或提前终止契约的罚款。尽管这一点很重要，也是大多数正式契约文献的焦点，但其局限性较大。第二，用私人秩序取代法院秩序，明确认可契约的不完全性，并且通常提供不同的争议解决方案（例如仲裁）。② 第三，交易还会嵌入到更复杂的交易网络中。此时的目标是更好地确保交易的连续性并推动契约适时而变。将交易关系从单边扩大到双边——例如通过互惠——从而实现交易风险的平衡就是一个例证。在某种形式的联合所有权下诉诸集体决

① 与通用生产技术相比，专用生产技术通常可以节省稳态成本。但是，由于前者的可调配性不如后者，随机干扰可能会逆转成本优势（无论 p_1 是大于还是小于$\hat{p}$，都需要考虑随机因素）。见 Williamson（1985，pp. 169－175）。

② 见 Williamson（1985，pp. 164－166）和 Joskow（1985，1987）。

策则是另一个例子。

这个简单的契约模式适用于各种各样的契约问题。通过强调技术（k）、契约治理/保障措施（s）和价格（p）是完全交互且同步的，该模式促进了比较制度分析。此外，令人欣慰的是，该模式的许多应用都是一个主题的变体。正如哈耶克（Hayek，1967，p. 50）所观察到的那样："每当在一个领域获得了识别这些属性的排列所遵循的抽象规则的能力时，当这些抽象属性的符号被完全不同的元素唤起时，同样的能力也将适用。"

总之，图 1 列出的契约模式中的节点 A、B 和 C 具有以下属性：

（1）由通用资产（$k=0$）有效支持的交易位于节点 A，不需要保护性治理结构，分散的市场契约就已足够。此时是竞争性环境。

（2）涉及交易专用的大额投资（$k>0$）的交易是指双方有效参与双边贸易的交易。

（3）位于节点 B 的交易不享受任何保障措施（$s=0$），因此，预计保本的供应价格很高（$\bar{p}>\hat{p}$）。此交易很容易不稳定，从而回到节点 A（在这种情况下，专用技术将被通用技术代替），或迁移至节点 C（通过引入保障措施而鼓励使用专用技术的契约）。

（4）位于节点 C 的交易包含保障措施（$s>0$），因此可免受资产被侵占的风险。

（5）尽管价格和管理是相互联系的，契约的当事人不应该期望既能得到低价，又没有保障措施。更一般地说，**从整体上研究契约**是很重要的。事前条款及之后执行契约的方式均因投资特征及交易嵌入的相关管理架构而异。

3.2.2 例 证

克莱因和莱夫勒（Klein and Leffler，1981）认为，加盟商可能被要求对交易专用的资产进行投资，以此来保护特许经营系统不受质量遮蔽的影响。正如克莱因（Klein，1980，p. 359）所述，特许人能：

> ……通过要求加盟商对专用资产……进行投资来更好地保证质量，这意味着在契约终止时，加盟商的资本损失会大于其通过欺诈获得的金额。例如，特许人可要求加盟商向自己短期租用（而不是拥有）店铺所在的土地。该租赁安排可能导致加盟商在契约终止时被迫搬迁，从而对其造成资本损失，最多不超过其初始不可回收的投资金额。因此，一种防止加盟商欺诈的抵押品形式就产生了。

这种安排无异于制造抵押品，以保障交易的诚信。

尽管该逻辑成立，但利用抵押品来阻止加盟商利用品牌资本固有的需求外部性，往往被视为一种强加的（自上而下的）措施。加盟商是“无能为力的”；加盟商接受抵押条款，因为没有其他条款可选。这种权力之争往往基于事后的推理。使用抵押品来促进交换可以并且通常是一种有效的系统性解决方案，因此与交易的发起人无关，可以从以下情形中看出。

假设一个创业者提出了一个独特的、可以申请专利的想法，他将这个想法直接卖给地理位置分散的多个独立加盟商，每个加盟商都被分配了一个独家经营区域。每个加盟商都希望只向本地区的普通消费者销售产品，但都意外地（最初高兴地）发现，这些产品也能卖给流动人群。流动人群的购买不是基于个别加盟商的声誉，而是基于客户对系统声誉的感知。因此，需求外部性也就此产生了。

因此，如果销售仅面向当地人口，各加盟商将充分享受其产品推广及质量提升所带来的收益。但人口的流动打破了这一局面：由本地产品质量降低带来的成本节约归本地加盟商所有，而负面需求影响则分摊给整个特许经营系统，因此加盟商就有利用系统声誉“搭便车”的动机。创业者在出售完地区销售权后，就对这些意料之外的需求发展漠不关心。因此，独立加盟商需自行设计相应的纠正措施，以免系统的价值被蚀薄到对他们个人和集体不利。

在这种情况下，加盟商因此创建了一个代理机构来监督产品质量，或以其他惩罚措施来阻止质量降低。一个可能性是求助于创业者。创业者可以实施质量检查计划（引入某些采购限制要求加盟商仅从产品质量合格的供应商购买，并定期检查）。通过要求每个加盟商提供抵押品，并引入特许经营权终止条款，从而进一步抑制利用需求外部性的动机。

上述情形主要是为了表明**系统**才能从控制外部性中获益。但这仅证实在正常情况下特许人控制契约条款并非任意行使权力。事实上，如果加盟商从一开始就认识到需求外部性的存在，如果特许人拒绝在原始契约中就外部性做出规定，如果初始契约一旦设定，改革特许经营系统的成本就非常高，加盟商对地区销售权的出价相比其他情况就会更低。因此，不能这样下结论：事先认识到需求外部性的特许人，将令人反感的事前条款强加给不情愿的加盟商。其实特许人只是在采取措施以实现特许经营权的全部价值。此处和别处一样，必须对契约进行全面的审查。

3.3 度量支系

前面章节和本节的大部分内容都涉及与资产专用性相关的治

理问题。然而，还有另一个支系关注的是度量问题。阿尔钦和德姆塞茨（Alchian and Demsetz，1972）在技术不可分的条件下对团队组织的讨论就是一个例子。巴泽尔（Barzel，1982）对产品质量的关注则是另一个。

所有的度量问题都可以追溯到信息的影响力这一条件——也就是说，要么（1）信息在买家和卖家之间不对称分布，只有付出巨大的代价才能实现信息对等；要么（2）当纠纷在双方都是机会主义者且对基本情况有相同认知的条件下产生时，向仲裁者通报真实信息的代价是巨大的（Williamson，1975，pp. 31－37）。有趣的是，不同来源的度量问题会引起不同的组织回应。因此，虽然团队组织问题会引发监管，但经典的代理问题会引发激励调整的回应。声誉效应机制是应对质量不确定性的措施，共同所有权则往往是减轻资产耗散的手段。显然，对治理和度量问题进行综合讨论是有必要的。[①] 这种努力才刚刚开始（Williamson，1986b；Milgrom and Roberts，1987）。

4. 范式问题：纵向一体化

在 1937 年以及随后的 35 年间，对公司和市场组织的主要研究通常认为，公司的“自然”或有效边界是由技术定义的，可以被视为既定边界。因此，公司边界扩展的原因被认为是源自垄断。[②]

---

① 阿尔钦（Alchian，1984，p. 39）将这两个概念结合在一起：“人们可以……根据两个特征来定义公司：投入绩效的可检测性和（交易专用）资源准租金的可征收性。”

② 垄断观点的重点是利用边界扩展来施展经济实力（Stigler，1951，1955；Bain，1968）。然而，麦肯齐（McKenzie，1951）和其他人指出，纵向一体化也可用于纠正垄断引起的要素扭曲。这两种论点都遵循将公司作为生产函数的传统。

科斯（Coase，1937）在他的经典文章《企业的本质》（The Nature of the Firm）中反对这种观点。他不仅提出了一个根本性的问题——公司什么时候选择在市场上采购所需，什么时候自己生产所需，而且主张用比较交易成本差异来解释这一结果。然而，这些交易成本差异存在于哪里呢？

资产专用性对纵向一体化有重大影响的主张最早于1971年提出，其采用一种比较性的制度经济学方法来评估何时以及出于何种原因市场采购行为让位于内部组织行为。鉴于全面订约不可能（由于有限理性）以及随着时间的推移调整供应关系的需要（以应对干扰），需要评估的主要可选对比制度是不完全短期契约和纵向一体化。短期契约预计会出现问题，“如果（1）实现有效的供应需要对专用、耐用的设备进行投资，或（2）原始契约的赢家获得成本优势，比如由于先发优势（例如独特的地位或知识，包括未披露的或专有的技术、管理程序以及特定任务的劳动技能）”（Williamson，1971，p. 116）。

4.1 启发式模型

市场与内部组织的主要区别在于：（1）市场相比于内部组织能更有效地促进高能激励机制并抑制官僚主义带来的扭曲；（2）市场有时可以将需求聚集起来，从而实现规模经济和范围经济的优势；（3）内部组织可以使用特有的治理工具。

考虑一家公司是自产还是外购特定商品。假设该商品是一个要连接到主体的组件，并假设它以固定比例使用。此外，假设规模经济和范围经济可以忽略不计。因此，决定自产还是外购的关键因素是生产成本控制以及跨期适应的难易程度。

尽管市场的高能激励有利于更严格的生产成本控制，但随着双方关系的相互依赖性不断增强，它会导致适应难度增大。这是随着资产专用性条件的深化而发生根本性转变的结果。对于固定水平的产出（比如 $X=\overline{X}$），令 $B(k)$ 为内部治理的官僚成本，$M(k)$ 为市场的对应治理成本，其中 k 是资产专用性指数。由于上述激励和官僚效应，假设 $B(0)>M(0)$。但进一步假设 $M'>B'$ 对 k 的每个取值都成立。此处第二个条件是市场在适应性方面相对失效的结果。令 $\Delta G=B(k)-M(k)$，则得到图 2 所示的关系。

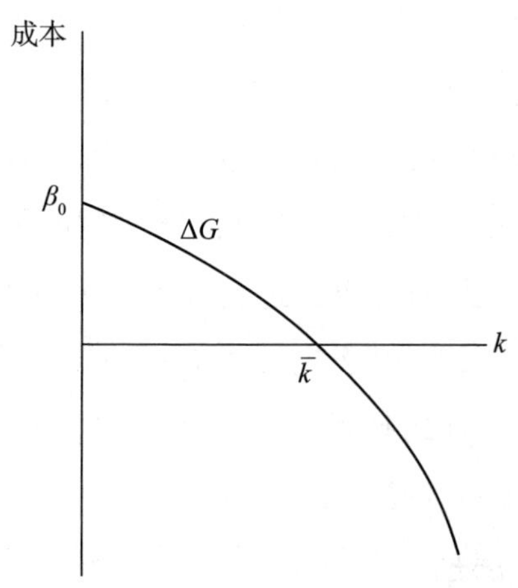

图 2　比较治理成本

因此，当资产专用性很小时，市场采购是首选的供应模式——因为在这种情况下 $\Delta G>0$。但在资产专用性很大的情况下，内部组织更受青睐，因为市场的高能激励削弱了对干扰的自适应连续调整能力。如图 2 所示，当在公司和市场之间选择无差异时，切换选择的阈值为$\overline{k}$。

上文假设规模经济和范围经济可以忽略不计，因此在公司和市场之间的选择完全取决于治理成本差异。这显然过于简化了，市场往往能够聚集各种不同的需求，从而实现规模经济和范围经济。因此，也需要考虑生产成本差异。[①]

同样，保持产出不变是很方便的。令 ΔC 为自产自用与市场采购两者的稳态生产成本的差异。（稳态避免了改变适应的需要。）将 ΔC 表示为资产专用性的函数，可以合理地假设 ΔC 将始终为正，但将是 k 的减函数。

对于市场聚集经济很大的标准化交易，使用内部组织的生产成本惩罚很大，所以当 k 很小时，ΔC 就很大。对于中等水平的资产专用性，成本劣势有所下降，但仍为正。因此，尽管订单之间开始出现差异，但与自产自用的公司相比，外部供应商仍然能够聚集许多买家的不同需求，以更低的成本进行生产。然而，随着商品变得非常接近独有的（k 很高），外部供应的聚集经济不再能够实现，由此 ΔC 渐近地接近于零。在这种情况下，外包既不会带来规模经济，也不会带来范围经济。此时该公司可以自产自用而不会受到惩罚。

ΔC 的关系如图 3 所示。当然，目标并不是单独最小化 ΔC 或 ΔG，而是在给定资产专用性的最优或指定水平的情况下，最小化

---

① 该论点假设该公司只为自己的需求生产。因此，如果规模或范围的不经济很大，除非常大的公司外，技术特征将阻止所有公司生产自身所需。

虽然这种说法似乎很有道理，但规模经济和范围经济本身都不能决定是自产还是外购。因此，假设规模经济相对于公司自身的需求而言很大。如果没有潜在的契约问题，该公司可以建造一座规模足以耗尽规模经济的工厂，并将多余的产品出售给竞争对手和其他感兴趣的买家。或者假设范围经济是通过销售最终产品和各种相关物品来实现的。该公司可以将其整合到市场营销中，并提出在一视同仁的基础上销售产品和相关物品——竞争和互补的物品被展示、销售，而不涉及战略目的。

其他公司，尤其是竞争对手，是否愿意在此基础上继续经营，显然值得怀疑。有些人不会屈服于战略风险，而是会拒绝参与（Williamson，1975，pp. 16 - 19；Williamson，1979b，pp. 979 - 980）。结果就是，内部采购和市场采购之间的所有成本差异最终取决于对交易成本的考虑。然而，更好地进行对经济组织的实证研究需要这样一个假设，即对于内部采购只用于满足自身需求的企业，其中技术的规模经济和范围经济被分别赋予了重要性，我在此处采用了这个假设。

生产和治理成本差异的总和。纵向总和 $\Delta G+\Delta C$ 也如图所示。令总和（$\Delta G+\Delta C$）变为负值的 k 的交叉值由 $\hat{k}$ 表示，该值超过 $\bar{k}$。因此，相比于稳态生产成本经济缺位时的情况，规模经济和范围经济更有利于市场组织，而非资产专用性值的更大区间。

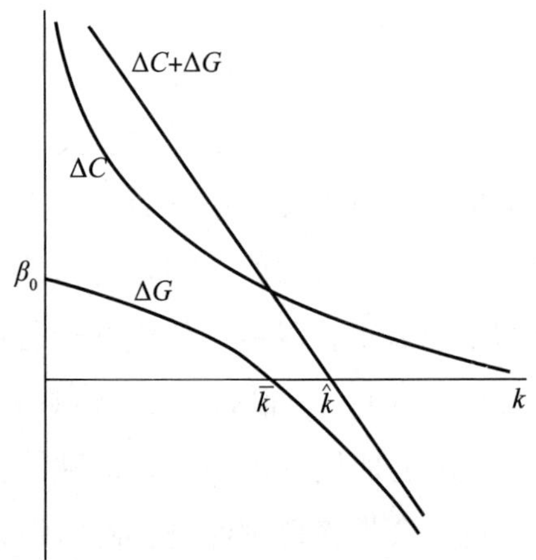

图 3　比较生产和治理成本

更一般而言，如果 k^* 是资产专用性的最优水平[①]，图 3 表明：

(1) 当最优资产专用性很小时（$k^* \ll \hat{k}$），市场采购在规模经济和治理方面均具有优势。

(2) 当最优资产专用性很大时（$k^* \gg \hat{k}$），内部组织更具优势。因为此时市场不仅没有实现多少聚集经济效益，而且由于资产高度专用化时会出现“锁定”(lock-in) 问题，市场治理的风险较大。

(3) 对于中等水平的最优资产专用性，仅有较小的成本差异。当 $\hat{k}$ 在 k^* 附近时容易出现混合治理模式，此时部分公司采用市场采购模式，部分公司则采用自产自用模式，但所有公司都对

① 使用 k 的单一“最优”水平是为了便于解释：最优水平实际上随组织形式而变化。4.2 小节将进一步对此做出阐释。

自己的方案表示“不满”。历史上的一些偶然事件可能会成为决定性因素。上文简要讨论过的并将在 4.2 小节更充分阐释的非标准契约可能有助于分析这类问题。

(4) 更一般而言，值得注意的是，由于公司相比于市场在生产成本方面始终处于劣势（始终有 $\Delta C<0$），公司将永远不会仅仅出于生产成本原因而进行整合。只有当缔约困难产生时，公司和市场的比较才支持纵向一体化——而且只有当 k^* 的值显著超过$\hat{k}$时才如此。

通过引入数量（或公司规模）和组织形式效应，可以得到额外的启示。因此，需要考虑公司规模（产出）。此处的基本命题是，随着需要供应的部件数量的增加，自己生产的不经济性将处处降低。当公司自身的需求相对于市场规模变得更大时，公司就能更好地实现规模经济。因此，随着数量的增加，曲线 ΔC 处处下降。那么问题是：曲线 ΔG 会发生什么样的变化？如果它围绕$\bar{k}$旋转，这是个合理的理解①，则纵向总和 $\Delta G+\Delta C$ 将在 k 值处与坐标轴相交，k 随着供应量的增加逐渐向左移动。因此：

(5) 在保持其他条件不变的情况下，与规模较小的公司相比，规模较大的公司将更加一体化。

最后，由于其他学者提出的原因（Williamson，1970），内部组织所遭受的官僚主义危害随公司的内部结构而变化。假设多部门化（M 型模式）是可行的，多部门化可以作为一种手段来遏制在公司单一模式（U 型模式）下出现的官僚主义扭曲。用图 3 表

---

① 假设 $I(k,X)=I(k)X$，其中 $I(0)>0$ 并且 $I(k)$ 是每单位内部适应的治理成本。此外假设 $M(k,X)=M(k)X$，其中 $M(0)=0$，并且 $M(k)$ 是每单位市场适应的治理成本，那么 $\Delta G=[I(k)-M(k)]X$，并且 ΔG 为零时的值与 X 无关。增加 X 的效果是使 ΔG 围绕 k 值顺时针旋转，在 k 值处，ΔG 变为零。

示，与单一形式的组织相比，曲线 ΔG 属于多部门形式。因此，假设 ΔC 不变：

（6）在保持其他条件不变的情况下，M 型公司将比 U 型公司更加一体化。

4.2 新古典主义与交易成本的结合

本节采用了一个统一的框架，以正式提出上述论点。[①] 正是本着阿罗的精神，新的经济组织理论如果建立在“更直接的新古典主义路线的基础上，就会具有更大的分析作用”（Arrow，1985，p. 303）。这种分析的精神与经济学的精神大体是一致的：使用更一般的分析模式来检验那些更特殊的推论的限制条件。

启发式模型假设公司和市场两种供应模式有相同水平的产出，并且在每种模式下资产专用性的最优水平是相同的。然而，这些都是任意的限制。当两者都放松时会发生什么？下文将结合生产和交易成本组合模型对这一点进行探讨，该模型本身已高度简化，因为它（1）仅处理头部公司或市场备选方案；（2）一次仅考察一项交易；（3）采用简化形式的分析，因为它赋予了而不是得出了公司和市场的基本生产和治理成本能力。

这将有助于论证公司和市场采用相同的生产成本技术的最初假设。这一假设随后将被放松。

4.2.1 共同生产技术

收入由 $R=R(X)$ 表示，假设市场采购和内部采购的生产成本由以下关系式表示：

$$C=C(X,k;\alpha);C_X>0;C_k<0;C_{Xk}<0$$

① 该论点基于里奥丹和威廉姆森（Riordan and Williamson，1985）。另见马斯滕（Masten，1982）。

其中参数 α 是移位参数，α 的值越高，对资产专用性的成本减少效应越大：

$$C_{k\alpha} < 0; C_{X\alpha} < 0$$

假设资产专用性在不变单位成本 γ 情况下有效。与上述收入和生产成本相对应的新古典利润表达式如下所示：

$$\pi^{*}(X, k; \alpha) = R(X) - C(X, k; \alpha) - \gamma k$$

治理成本在这个利润关系式中显然被忽略了，在新古典问题陈述中这种成本没有被考虑。

假设这个函数是全局凹的。在取内部最大值时，决策变量 X^{*} 和 k^{*} 由零边际利润条件确定：

$$\pi_X^{*}(X, k; \alpha) = 0; \pi_k^{*}(X, k; \alpha) = 0$$

现在考虑内部组织和市场组织的治理成本。上标 i 代表内部组织，m 代表市场组织。治理成本表达式与上述成本差异一致，如下：

$$G^{i} = \beta + V(k); \beta > 0; V_k \geqslant 0$$

$$G^{m} = W(k); W_k > 0$$

其中 $W_k > V_k$，在共同的 k 处取值。

对于正的治理成本，内部采购和市场采购的利润表达式为

$$\pi^{i} = R(X) - C(X, k; \alpha) - \gamma k - (\beta + V(k))$$

$$\pi^{m} = R(X) - C(X, k; \alpha) - \gamma k - W(k)$$

内部采购的零边际利润条件为

$$\pi_X^{i} = R_X - C_X = 0$$

$$\pi_k^{i} = -C_k - \gamma - V_k = 0$$

市场采购的零边际利润条件为

$$\pi_k^{m} = R_X - C_X = 0$$

$$\pi_k^m = -C_k - \gamma - W_k = 0$$

因此，在每种情况下，给定资产专用性，通过使边际收入等于边际生产成本来获得最优产出；给定产出，选择最优资产专用性以最小化生产和治理成本的总和。

给定 $\pi_{Xk}^* = -C_{Xk} > 0$，给定资产专用性时的最优产出的新古典轨迹和给定产出时的最优资产专用性的相应轨迹将具有图 4 中 $\pi_X^* = 0$ 和 $\pi_k^* = 0$ 所示的关系。图中还展示了内部组织和市场组织的相应轨迹。由于所有三种最大化表述下的产出的零边际利润表达式是完全相同的，轨迹 $\pi_X^i = 0$ 和 $\pi_X^m = 0$ 与 $\pi_X^* = 0$ 的轨迹完全一致。然而，资产专用性的零边际利润表达式则不同。给定 $W_k > V_k > 0$，轨迹 $\pi_k^m = 0$ 在每处都低于 $\pi_k^i = 0$，$\pi_k^i = 0$ 又在每处都低于 $\pi_k^* = 0$。因此，利润最大化问题的这三个表述的最优值 X 和 k 具有以下关系：$X^* > X^i > X^m$ 和 $k^* > k^i > k^m$。产出效应是间接效应或诱导效应，可归因于资产专用性的零边际利润轨迹的移动。

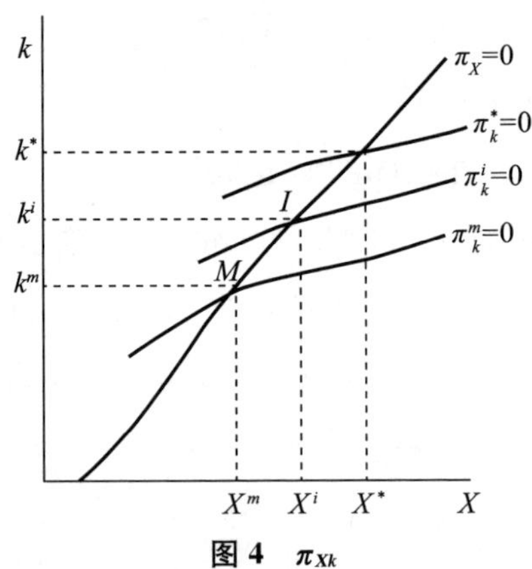

图 4　π_{Xk}

当然，X^* 和 k^* 的选择纯粹是假设性的，因为实际上零交易成本条件不在可行集内。因此，相关选择简化为使用内部采购下

的投入组合 I 或市场采购下的投入组合 M。直接的影响是，如果一家公司在两个完全相同的市场运营，并且被迫在一个市场从外部购买，而在另一个市场自己生产，这家公司就会在自己生产的地区销售更多更有特色的产品。

不过，一般来说，公司不会受到这样的限制，而是会根据在每个地区哪种模式能提供最大的利润而选择自产还是外购。图 5 揭示了利润作为资产专用性的函数，假设对于 k 的每个取值，产出的选择都是最优的。虽然有一族 π^i 曲线，每一条对应官僚成本参数 β 的每个取值，但只有一条 π^m 曲线。哪种模式最有利取决于哪条曲线具有最高峰。$\beta=\beta_0$ 时为内部模式，而 $\beta=\beta_1$ 时为市场模式，其中 $\beta_1>\beta_0$。其中 k 和 X 的最优值仅取决于所选模式而非 β，因为 β 不影响边际条件。

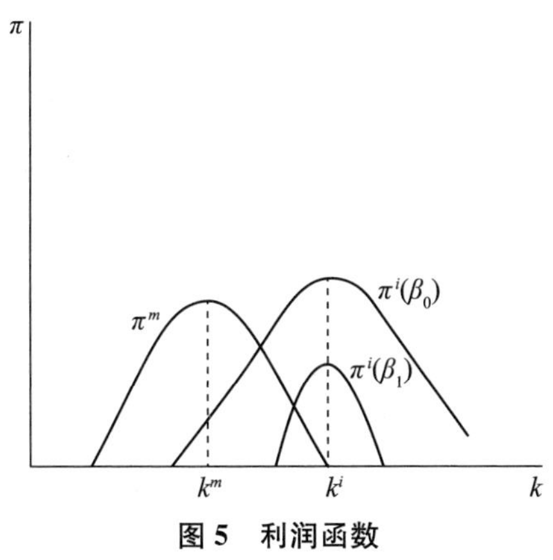

图 5　利润函数

生产成本参数 α 的比较静态分析结果更为核心。使用包络定理得出

$$\pi_{\alpha}^{m}=-C_{\alpha}(X^{m},k^{m};\alpha)$$

$$\pi_{\alpha}^{i}=-C_{\alpha}(X^{i},k^{i};\alpha)$$

由于 $X^i > X^m$ 且 $k^i > k^m$，因此从我们之前的生产成本假设可以得出 $\pi_\alpha^i > \pi_\alpha^m$。换句话说，随着资产专用性的成本降低效应逐渐增大，内部组织将逐渐受到青睐。

4.2.2　生产成本差异

现在考虑一种前文提及的情形，其毫无争议地更具有现实性。在这种情形下，一家公司无法聚集需求并销售超过自身需求的产品而又不会受到惩罚。令 $H(X, k)$ 表示与内部组织相关的单位产出的生产成本劣势。两种模式的生产成本分别为：

$$C^m = C(X, k; \alpha)$$

$$C^i = C(X, k; \alpha) + H(X, k)X$$

假设 $H_X < 0$ 且 $H_k < 0$，但当 X 和 k 趋近于无穷大时，$H(X,k)X$ 为正且渐近地趋近于零。用 $M(X,k) = H_X(X,k)X + H(X,k)$ 表示边际生产成本劣势。

该分析取决于内部组织在相关范围内的产出所经历的总生产成本劣势的变化方式。在低产出水平上，单位成本劣势的下降通常伴随着总成本的上升，由此 $M(X,k) > 0$。然而，当产出超过某一阈值时，内部组织的总生产成本劣势将开始下降。实际上，随着公司规模相对于市场逐渐增大，总生产成本劣势可能接近于零——因为随着垄断条件的演变，公司和市场可以获得相同的规模经济。因此，一旦越过该阈值，$M(X,k) < 0$。

在 $M(X,k) < 0$：$X^m < X^i$；$k^m < k^i$；$\pi_\alpha^i > \pi_\alpha^m$ 的（大产出）范围内，主要结果能得到更有力的支持。然而在小产出范围内，即当 $M_X > 0$ 时，内部组织的边际生产成本劣势和市场采购的边际治理成本劣势的作用方向相反。在这种情况下，根据上述问题的定性特征，无法对最优产出和资产专用性进行明确的排序。因此，在上述启发式模型中尚不明显的异常在此处出现了。

5. 其他应用

节约交易成本这个基本主题几乎在无休止地重复，而且在不断变化。此处简述三种应用：非标准商业契约、职业婚姻和公司金融。[①] 制度对组织创新的影响也值得注意。参考在“完全功能主义”的基础上进行的研究（Elster，1983）。

5.1 非标准商业契约

许多非标准契约现象都是借助以下两种模式之一来解释的：抵押品模型和过度搜索模型。

5.1.1 抵押品模型

下文所述的抵押品模型属于涉及可信承诺的模型之一（Telser，1981；Klein and Leffler，1981；Williamson，1983）。尽管细节有所不同，但所有这些模型都具有跨期契约、不确定性和对交易专用资产进行投资的特点。本文的讨论遵循威廉姆森（Willliamson，1983）。

假设可以使用两种生产技术中的任何一种。第一种技术使用一般用途投入，属于可变成本密集型。第二种技术使用更耐用的特殊用途投入。假设工厂采用上述生产技术来设计产能，第二种技术下的生产成本低于第一种技术。然而，闲置的工厂无法经济地转变其用途，如果买家违反第二种技术下的协议，生产者将持有非生产性资产。如果买家可以在任何符合其目的的时候援引技术性细节，从而轻易违反协议，那么生产者要么要求对方提供一

① 威廉姆森（Williamson，1985，Chapters 9 and 10）阐述了劳动力市场组织和比较经济系统的应用。

些防范违约风险的保证，要么在第二种技术下加收违约溢价。提供抵押品可以为契约提供保证。有趣的是，抵押品既可用作事前筛选工具，也可用于阻止“不负责任的”事后违约。

事前筛选论是罗斯柴尔德和斯蒂格利茨（Rothschild and Stiglitz，1976）提出的论点的变体，其观点是可以提供具有差异性的保险条款，使好的风险和坏的风险在不同的保单中得到适当区分。同样，使用抵押品可以阻止前景较差但无法与前景较好的买家区分开来的买家自行选择退出市场。

事后执行的讨论更为复杂。假设买家希望从使用低成本（专用资产）技术的生产者处采购产品，并且支付预付款以覆盖生产者为满足买家的预期需求而进行的专用资产投资是不可行的（或者可能太过冒险）。那么问题就是如何设计一个契约，使得（1）有效的技术被选择，（2）在所有需求价格（扣除营销费用后的）超过生产的边际成本的外界状态下，产品得以交换。

假设有两个时期。在第一个时期投入专用资产。需求是随机的，需求的实现发生在第二个时期。生产，如果有的话，也发生在第二个时期。假设存在许多潜在的风险中性的供应商，它们将按照任何预期能达到盈亏平衡的契约生产。考虑两种备选的缔约方案：

(a) 生产者自己进行专用资产的投资，如果买家仅是下单而没有其他情况，则在第二个时期接收$\bar{p}$的支付。

(b) 生产者自己进行专用资产的投资，并且如果买家下单，则接收$\hat{p}$的支付；如果买家没有下单，则接收 αh 的支付，其中 $0<\alpha<1$。买家在下单时支付$\hat{p}$，在不下单时其财富减少 h。

第二种情况可以认为是：买家给出一项自估价为 h 的抵押

品，如果买家没有下单，该抵押品被交付给生产者，生产者对该抵押品的估价为 αh。

只有当$\overline{p}>\hat{p}$时，这两种契约对生产者才是无差异的（例如，两种契约都是保本的）。此外，还可以表明，如果 h 被设置为等于对专用资产的投资金额（比如 k），且 α 等于 1，则产品将在边际成本条件下进行交换。事实上，假设不存在估价和转移抵押品的问题，契约（b）可以精确再现纵向一体化供应关系。

买家可以通过提供（或拒绝提供）抵押品来影响供应条款和技术的论点，对《罗宾逊-帕特曼法案》（The Robinson-Patman Act）的执行、对特许经营以及对理解互惠贸易都有影响。特许经营已在 4.2.2 小节阐述。因此，让我们来看看《罗宾逊-帕特曼法案》和互惠贸易。

《罗宾逊-帕特曼法案》的目标被认为是“剥夺了大买家获得的［折扣］，除非是由于卖家因**大量**生产、交付或销售而降低了成本，或由于卖家出于善意而根据竞争者的低价同等降价”[①]。显而易见，抵押品模型中的$\hat{p}$小于$\overline{p}$既不是由于大量采购，也不是由于竞争。这也不违背公众利益。事实上，如果一个生产者（1）需要对专用资产进行投资以支持相关交易，或者（2）由于拒绝做出可信的承诺而采用通用（但成本较高）技术进行第二种交易，于是向两个订购相同数量产品的客户收取相同的价格，但其中只有一个客户提供了抵押品，这将是低效和不合理的。

显然，缺失的部分是差异性的购买承诺（体现在是否愿意提供抵押品上），以及一旦提供抵押品差异性的违约动机。造成这

① 联邦贸易委员会诉莫顿盐业公司案，美国联邦法院第 334 号第 37 页（1948 年）；重点由笔者标明。

种混淆的原因是，人们倾向于采用传统（稳态）微观理论，而忽视了交易成本方面。纠正这一点需要对交易的微观分析加以考察，特别要注意资产的专用性和由此造成的危害，并根据一个**共同参考条件**——预期盈亏平衡是一个有用的标准——来评估备选契约。一旦这样做了，对许多非标准或不熟悉的缔约做法（其中许多被推定是非法的）的不同理解就会浮现。

互惠贸易也被认为是一种麻烦的做法。互惠将单边供应关系（即 A 向 B 出售 X）转变为双边供应关系（即 A 同意向 B 购买 Y，以此作为向 B 出售 X 的条件），且双方都理解并遵守互惠条款才能使交易继续进行。虽然互惠的销售方式被广泛认为是反竞争的（Stocking and Mueller，1957；Blake，1973），但也有学者认为它更有利。斯蒂格勒为互惠贸易提出了以下肯定的理由[①]：

> 当价格不能自由变化以满足供需条件时，就出现了互惠的情况。假设一家公司与一个串通的行业打交道，而这个行业又在操纵价格。在这个行业中，如果一家公司能逃过监管，它愿意以低于卡特尔价格的价格水平出售产品。它可以用虚高的价格从既是买家也是卖家的客户手里购买产品来从实质上降低自己产品的价格。在这种情况下，互惠恢复了价格的灵活性。

然而，由于许多行业并不满足寡头垄断价格合谋的先决条件（Posner，1969；Williamson，1975，Chapter 12），而且不时能在这些行业中观察到互惠贸易，因此可以推断互惠行为有其他原因。打破僵局的需要是其中一种情况。第二种情况则是互惠可以

① 《总统特别工作组关于生产力和竞争的报告》，重印于商业结算所的《贸易管制报告》，1969 年 6 月 24 日，第 419 号，第 39 页。

带来有利的治理结构效益。这两种情况可以根据所销售产品的类型加以区分。

打破僵局的解释适用于这样的情形，即从 A 公司处购买专用产品的 B 公司要求 A 公司依市场条件向自己购买标准化产品。在其他条件不变的情况下，A 公司的采购代理通常会同意。谢勒尔（Scherer，1980，p. 344）指出："在 1963 年的一项调查中，参与调查的 163 名公司高管中的大多数表示，只有在价格、质量和交货条件同等的情况下，他们的公司才会在互惠的基础上进行采购。"

更有趣的互惠案例是，A 向 B 出售专用产品的条件是 A 须从 B 处采购专用产品。此处的论点是，互惠可以平衡双方的风险敞口，从而降低买家背离交易的动机——买家的背离行为会致使供应商以大大降低的替代价值调配专用资产。在没有抵押品（或买家不会违约的其他保证）的情况下，A 向 B 销售专用产品的交易可能永远不会实现。买家对交易的承诺更确切地体现为他愿意接受专用资产的互惠风险敞口。违约风险因此得以降低。

为了避免这种观点被不加批判地认为是对互惠交易的辩护，请注意，它只适用于专用资产被双方用于有风险用途的情形。如果只有一方投资于专用资产，或者双方都不投资，那么互惠行为显然就是出于其他原因。

谢泼德（Shepard，1986）提出了交易成本推论的另一个有趣的应用，涉及的不是抵押品的创造，而是抵押的解除。此处有待解释的谜题是买家坚持要求半导体生产者将芯片设计许可给他人这样一种情况。一种解释是这避免了特属于母公司的破坏性事件（地震、劳资冲突等）造成的交付失败。然而，如果地理灾害的潜在风险和劳资谈判造成的供应中断是唯一需要担忧的事情，那么分包就可以充分缓解这个问题。由于母公司可以通过分包保留对总生产的完全控制权，而且由于这种控制权有可能带来额外的垄断收益，发放许可证显然是一种不恰当的反应（实际上，就上述经济目的而言，是一种过度的反应）。

因此，有人提出要求发放许可证可能另有原因。从交易成本的角度来看，如果没有“竞争性”供应的保证，买家将不愿意为特定的芯片量身打造产品和生产线。主要的担忧是垄断卖家在接到后续订单时将侵占买家的利益，因为买家做出了持久性投资，且在不牺牲生产价值的情况下无法调配投资。因此，买家要求发放许可证是因为若干**独立**的供应源可以降低被侵占的风险。[①]

5.1.2　过度搜索模型

交易成本经济学的大多数应用都涉及治理问题。然而，交易成本经济学也涉及度量问题（Barzel，1982），其中之一就是过度搜索。

肯尼和克莱因（Kenney and Klein，1983）研究了几个这样的案例。一个是对勒夫公司案[②]的重新解释，肯尼和克莱因反对斯蒂格勒将团体预订视为价格歧视手段的解释。反之，他们认为团体预订节省了电影的度量成本，因为电影的票房收入很难事先估算。

更有趣的案例是他们对钻石原石市场的研究。虽然钻石已被分类为两千多个级别，但它们之间仍然存在明显的质量差异。这个市场应该如何组织，以避免产生过度搜索的费用，并且使交易各方对另一方有信心？肯尼和克莱因所研究的由市场发展出来的

① 这类似于谢泼德（Shepard，1986）的解释，尽管略有不同。

② 美国政府诉勒夫公司案，第 371 号第 38 页（1962 年）。

“解决方案”是把不同级别的钻石打包集中售卖——或称“看货会”（sights）——以及强制执行全部或全不（all-or-none）、参与或退出（in-or-out）交易规则。因此，拒绝接受看货的买家随后将不得进入该市场。

这两项交易规则表面上似乎令买家“处于不利地位”。然而，从系统的角度来看，这些规则实际上致使戴比尔斯公司必须尊重买家的合理期望，给戴比尔斯公司带来了沉重的负担。因此，假设只执行全部或全不交易规则。尽管买家因此无法从各个类别中挑选更佳的钻石，但他们仍然会有动力非常仔细地检查每一项看货。如果买家拒绝接受某项看货，就意味着它定价过高，但也仅限于此。

假设现在加上参与或退出交易规则，那么拒绝某项看货的决定就表示更严重的后果。可以肯定的是，拒绝某项特定的看货这一行为表明该看货的价格高得离谱。但更有可能的是表示买家体验很差。这其实是公开宣称戴比尔斯公司是不可信的。相当于不满意的买家声明这些交易规则使之与戴比尔斯公司交易的预期净利润为负。

这样的声明令市场寒心。先前已准备验货的买家现在得知存在额外的交易风险。每个人都知晓信任已被侵犯，并将更加仔细地验货。

换言之，参与或退出交易规则鼓励买家将钻石采购视为一种长期贸易关系，而不是一系列单独的贸易活动。如果总账算得过来，那么对每一项看货的付出金额与收回价值进行精确对账是没有必要的。然而，面对系统性的价值低估，买家将被迫退出。因此，如果整个体系从高信任度的交易文化转变为低信任度的交易文化，那么营销钻石的成本就会上升。戴比尔斯公司有很强的动机来避免这种不利结果——在一个将全部或全不与参与或退出交易规则相结合的制度下，戴比尔斯公司将小心选择展出的看货，以便买家的合理预期能得到满足。因此，综合的规则为交易注入了更多的诚信。

5.2 家庭组织经济学

交易成本经济学从两个方面对家庭组织经济学产生了影响：一是关于家族企业和生产关系的；二是关于职业婚姻的。

5.2.1 家族企业

波拉克（Pollak，1985）对家庭和住户的研究实际上涉及一个比家族企业更广泛的主题。不过，我的这些评论主要集中在家族企业问题上。

波拉克（Pollak，1985，pp. 581 - 582）用以下文献综述作为其文章的引言：

> 传统的家庭经济理论仅关注可观察的市场行为（即商品需求、劳动力供给），将家庭视为仅由其偏好排序确定的“黑匣子”。新家庭经济学的视野更广，不仅包括市场行为，还包括生育率、子女教育和时间分配等非市场现象。新家庭经济学的主要分析工具是贝克尔的家庭生产模型，该模型将家庭描述为将家庭成员的时间与市场商品相结合，以生产其最终期望的产出或“商品”。
>
> 新家庭经济学忽略了家庭的内部组织和结构。虽然这可能会让那些倾向于相信一个机构的内部组织和结构可能会影响其行为的非经济学家感到惊讶，但经济学家发现这很自然。对于经济学家来说，利用生产发生在家庭内部这一基本

> 认识的最经济的方式是，将在研究公司时开发出来的方法用于研究家庭。由于新古典经济学将企业与其技术联系起来，并假设企业高效、无摩擦地运行，因此它完全忽略了公司内部组织和结构的节省成本的特性。因此，新家庭经济学通过将这种狭隘的新古典观点从公司转移到家庭，未能充分利用家庭生产方法的洞察力……［相比之下］交易成本方法认识到了内部结构的重要性，为家庭的经济活动和行为提供了更广泛和更有用的解释。

波拉克随后考察了家族在治理结构和技术方面的优势和局限，并指出了家族企业享有比较优势的情况。公司的优势主要体现在四个方面：激励、监督、利他和忠诚。家庭作为一个生产单位的主要缺点是：冲突从非生产活动溢出到生产活动，倾向于容忍低效或松懈的行为，获得人才的范围有限，以及可能的小规模不经济。他总结如下：对家族企业来说，最有利的情况出现“在低信任度环境中（即在社会中，不期望非家族成员能诚实可靠地经营），以及在使用相对简单技术的部门里”（Pollak，1985，p. 593）。

5.2.2 职业婚姻

职业婚姻有两种，一种是指经理与公司的配对，另一种是指两人同居。本文分析的是后一种情况，但大部分观点稍加改动后也适用于经理和公司的配对。

我根据图 1 列出的契约模式分析了职业婚姻。由于职业是双方的全部焦点，双方在订立婚姻契约时都会精打细算。

回想一下，节点 A 对应于 $k=0$ 的情况。在这种情况下，任何一方都不会为了支持另一方或按照另一方的要求做出职业牺性。这绝对是一场权宜的婚姻。每一方在决定是否继续婚姻关系还是离婚时，都只考虑自己的事业。例如，如果一方（而非双方）获得了升职但必须去另一个城市，那么两人就会分道扬镳导致婚姻破裂。或者，如果一方需要工作很晚或周末加班，从而干扰了另一方的闲暇时间安排，那么双方都会另寻一个更适合自己的伴侣。因此，以事业为中心的取向是决定性的。在婚姻中不存在索取和给予，在分开时也不存在后悔。

其中 $k>0$ 的情况显然更有趣。节点 B 和 C 描述了相关结果。

$k>0$ 条件是指婚姻中的一方为支持另一方而做出职业牺牲。以 X 和 Y 为参与方，假设 X 将他的事业置于 Y 的事业之下。因此，X 可能会通过接受一份报酬不错但晋升空间较小的工作来帮助 Y 支付他的教育费用。或者 X 可能会同意专门从事被称为“家务”的非市场交易。或者 X 可能同意随时陪伴 Y。X 不仅在事业上有所牺牲，而且如果 Y 有独特的品味，那么 X 做家务和陪伴的技能还可能是不可完全转移的。

无论具体情况如何，重要的是 X 未来的就业前景由于为 Y 做出的职业牺牲而恶化。[①] 那么有趣的问题是：取决于 Y 是否向 X 提供婚姻保障，这类职业婚姻的生活方式会有什么不同？

如果 Y 拒绝（或无法）向 X 提供保障，则实现节点 B 的结果。假设契约是在各方对风险有充足认识的情况下签订的，则 X 将就此类情况要求预付费用。这就是卡罗尔·钱宁在“钻石是女孩最好的朋友”这句话中提到的情况。

---

① 这忽略了 Y 是“名人”的可能性，即结婚存在纪念意义，也忽略了与 Y 结婚具有声望的可能性。X 在婚姻中立马实现了同等身份。那么 X 的职业牺牲可以被解释为获得地位的“报酬”。但在这种情况下，Y 是弱势群体。

然而，如果 Y 愿意并且能够提供保障，则可以实现节点 C 的结果。由于 X 在这种情况下能更好地确保 Y 不会终止关系，除非有不可抗拒的理由（因为 Y 必须支付终止关系的罚款），X 对当前奖励（钻石、晚餐、旅行等）的要求将会减少。

然而，这就提出了一个问题，即这些保障措施能够或实际采取什么样的形式？有几种可能性，其中一些取决于现行的法律规则。

如果现行的法律规则将监护权判给 X 并严格限制 Y 的探视权（将这些权利置于 X 的控制之下），则子女可以提供一种保障。向 X 授予价值已知的 Y 所重视的其他资产也能执行此功能。

另一种保障措施是分割在婚姻中积累的财产，并根据 X 的职业牺牲程度支付赡养费。实际上，这样的法律规则避免了节点 B 的结果。如果 X 能够在法律上获得财富和收入保护，那么 Y 就不会轻易终止婚姻关系。

然而，和大多数威慑一样，这也有副作用。因此，Y 可能在面临婚姻关系终止时挥霍资产。而且如果 Y 认为被要求支付的赡养费是惩罚性的，他可能会拒绝工作或逃离。

第三种可能性是建立一种相互的职业依赖关系。这虽然不容易，但在一些职业互补的环境中有可能实现（通常会有一些牺牲）。例如一对风格迥异的舞者，又如针对某一类交易（比如针对某一特定公司的交易）拥有互补专业能力和特有知识的律师，再如艺术家和他的经纪人。

5.3 公司金融

莫迪利亚尼-米勒定理（Modigliani-Miller theorem）认为公司的资本成本独立于债务与权益的比例，这一定理彻底改变了现代公司金融理论。许多相关文献层出不穷，在这些文献中，学者们研究了公司以股权还是债务融资的理由。第一个意料之中的理由是债务相对于股权具有税收优势。但这远远不够，学者们进一步提出了更富洞察力的见解，说明为何即便在一个税收中性的世界，人们也会优先使用债务而非股权进行融资。主要的理由是：（1）债务可以作为一个信号，反映不同的商业前景（Ross，1977）；（2）资源有限的创业者面临新的投资机会时不想稀释自己的股权，也会利用债务融资，从而避免牺牲激励强度（Jensen and Meckling，1976）；（3）债务可以作为一个激励绑定机制（Grossman and Hart，1982）。

莫迪利亚尼-米勒定理和上述各种债务理论都将资本视为一种复合物，将公司视为一种生产函数。相比之下，交易成本经济学认为投资项目的资产特征很重要，并进一步根据治理结构属性区分债务和权益。基本论点是：项目的投资属性与债务和权益的治理结构特征需要区别对待。债务与权益之间的主要治理结构差异见表1。

表1　债务与权益的治理结构比较

治理特征	金融工具	
	债务	权益
契约约束	多	无
利益保障	优先	劣后
介入强度	无	大

交易成本方法认为，有些项目很容易通过债务融资，也**理应通过债务融资**。这些项目所涉及的实物资产的专用性为低或中等。然而，随着资产的专用性逐渐变大，债权人对投资的优先索偿权只能提供有限的保障——因为相关资产的可调配能力有限。

因此不仅债务融资的成本增加，而且密切监管的好处也在增加。结果就是股权融资更受青睐，它通过董事会提供了介入性更强的监督和参与（在公众公司中，还可使股权集中），是资产专用性很强的项目的首选金融工具。

尽管以上描述可能过于简要[①]，但还是大体上抓住了交易成本方法对研究公司金融的作用，并提出了公司的资本结构应反映合理的交易成本节约原则这一可验证的假设。为了方便讨论，假设这种方法有优点，该方法应该会对杠杆收购产生影响。

因此，假设一家公司最初的融资思路符合上述债务和股权融资原则。假设这家公司很成功，并通过留存收益实现增长，结果是债务/权益比率会下降。此外，假设这家公司的许多资产原本可以通过债务融资来获得。

这样的公司可以通过用债务代替权益来实现增值。然而，这一论点是选择性的。它只适用于债务和权益的有效组合严重失调的公司。这类公司（1）拥有非常高的权益/负债比率，（2）拥有非常高的可调配资产/不可调配资产比率。

有趣的是，20 世纪 80 年代的许多大型杠杆收购恰恰体现了这些特质。[②] 杠杆收购的以下特征与我的论点相关：

---

① 还有一个尚未解决的难题，即我在其他地方提到的“股债合一”（dequity）：为什么不能设计出一种允许进行“选择性干预”的新融资工具？因此，债务对管理层自由裁量权的常在约束如果妨碍了公司实现增值，就能被（有选择地）免除。既然选择性干预似乎比单独的股权或债务都更优，那么它在哪方面不可行呢？

我在其他地方研究了这个问题和相关方面（Williamson，1988）。公司融资中关于选择性干预的难题与我对纵向整合公司的选择性干预的讨论密切相关（Williamson，1985，Chapter 6）。

② 罗伯特·科尔曼（Robert Colman）对杠杆收购的研究表明，“只有拥有少量债务的现存公司才能支持”杠杆收购，“杠杆收购公司的一个常见特征是，该公司的总资产中有形资产所占比例很高”（Colman，1981，p. 531）。虽然有形和无形的区别与本文提出的可调配性测试不完全相同，但显然存在相关性。

(1) 主要的贷款机构是金融公司、银行和保险公司。金融公司专门从事短期库存和应收账款融资，在这方面，它们在监管抵押品方面比银行有优势，并将提供高达清算价值85%的贷款。银行和保险公司专门从事中期和长期融资，通常贷款占清算价值的比例较低 (Colman，1981，p. 539)。

(2) 基于现金流和基于资产的融资方法的区别在于，在"传统方法下，贷款机构主要通过现金流获得保障"，而在"基于资产的方法下……贷款机构将其全部或至少部分贷款与借款人资产的流动价值挂钩……并获得资产的担保权益 [来实现保障] …… [建立] 基于流动价值的贷款公式，以及…… [获取] 有关这些资产性质和规模的定期信息" (Colman，1981，p. 542)。

显然，从基于现金流到基于资产的融资方法的转变与交易成本经济学的安全交易原理相当贴合。[①]

5.4 现代公司

交易成本经济学从商业历史文献中寻找关于组织创新的记录和描述。[②] 阿尔弗雷德·钱德勒 (Alfred Chandler, Jr.，1962，1977) 的工作极具指导意义。其中比较引人注目的发展包括在19世纪中叶铁路公司发明的线路和人员结构，在世纪之交出现的纵

---

① 当然，其实资产专用性条件只是投资项目的一个重要属性。除此之外，预期现金流的时间分布也很重要 (Jensen，1986)。因此，在其他条件相同的情况下，具有递延现金流的可调配资产在开始时需要比具有早期现金流的资产更多的股权融资。一般而言，项目融资的投资属性法需要进一步细化和完善。但我推测，可调配性仍将是公司金融研究中扩展资产属性法的关键。

② 阿罗 (Arrow，1971，p. 224) 指出："在人类真正的创新实践中，利用组织来达到目的是最伟大和最早的创新之一。" 科尔 (Cole，1968，pp. 61 - 62) 声称："如果商业程序和实践的变化可以获得专利，那么商业变化对国家经济增长的贡献将与机械创新或国外资本流入的影响一样得到广泛认可。"

向一体化（特别是从制造业向分销的前向一体化），以及在20世纪20年代出现的多部门结构及其扩散。

交易成本经济学认为，这些创新是理解现代公司的核心。然而，对这种组织创新的研究需要对内部组织的细节进行阐明。技术和垄断的观念在早期的公司研究中占统治地位，正是因为内部组织细节在当时被认为是与经济无关的。

从交易成本的角度来看，研究内部组织的主要目的是更好地理解内部治理程序的比较效能。用不同的方式组织公司——对于有限理性约束下的节约，对于削弱机会主义，对于实施一个适应性的顺序决策程序——会有什么不同的结果呢？大公司从20世纪20年代开始的功能组织（U型）结构的转变尤其值得注意。

M型创新起初是应对问题的一种尝试。钱德勒（Chandler，1966，pp. 382－383）对U型大公司的缺陷的陈述十分中肯：

> 中央集权、职能部门化的运营公司固有的弱点……只有当高级行政人员的行政负担增加到他们无法有效地承担职责的程度时才变得至关重要。出现这种情况的原因是公司的业务变得过于复杂，协调、评估和政策制定问题过于复杂，少数高级行政人员无法同时处理长期的、创业性的和短期的业务行政活动。

当U型结构在通信过载的情况下运行时，显然就触及了有限理性的边界。转向去中心化的结构可以缓解一些压力。

但它的意义不止于此。M型结构不仅可以节约有限理性，而且（与被它取代的U型结构相比）进一步削弱了对子目标的追求

（减少机会主义）。这是因为，正如钱德勒（Chandler，1966，p. 382）所言，M 型结构“毫无疑问地将掌控整家公司命运的高管从更为日常的运营活动中解放出来，从而为他们提供了时间、信息，甚至是心理承诺，使他们可以投身于长期的规划和评估工作”。

结果是，源于有限理性的 M 型创新（X）通过削弱对子目标的追求而会对公司目标（Y）产生意料之外的影响。由此，在该过程中实现了两种益处。

此外，还会有更多意料之外的结果。一旦 M 型组织变得完善，并从专门的生产线（汽车、化学品）扩展开来管理多样化的活动，这种结构显然可以用来支持收购那些管理层自由裁量权过剩的公司（Z）。按理说将资源转移到更高价值的目标是可行的（Williamson，1985，pp. 319－322）。

因此，由收购造成的多部门化的扩散产生了一种**繁殖联系**，埃尔斯特（Elster，1983，p. 58）指出，这种联系在大部分社会科学的功能性论证中是缺失的。完全功能主义的要求显然得到了满足。

事实上，还有另外一个传播 M 型结构的过程也应该被提及：有丝分裂。大型和多样化的 M 型结构可能会发现，与新活动或收购相关的好处不会无限期地持续下去。因此，被收购的部分或多样化的部分可能会被剥离。如果说这些部分本身是分离体或被剥离的独立多部门单位，那么就可以说存在细胞分裂繁殖。这种准生物过程也可能被认为是一种繁殖联系，从而有助于成功的功能性解释。图 6 总结了这个论点。

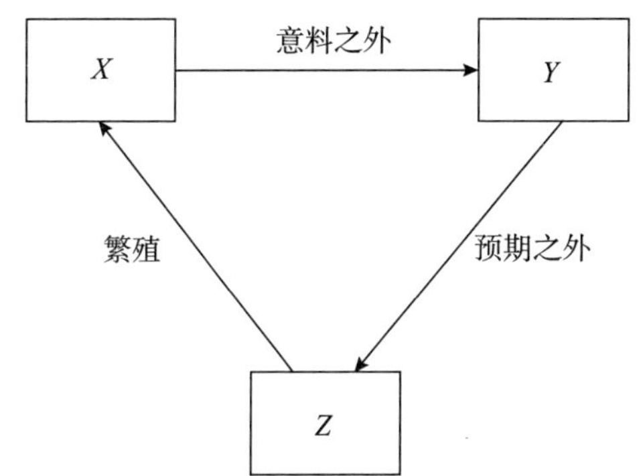

X：M 型创新　*Y*：子目标追求被削弱　*Z*：收购

图 6　完全功能主义

6. 论　据

与正统理论相比，交易成本经济学的分析层次更为微观。价格和数量被认为是正统理论框架中的主要（如果不是唯一的）相关数据（Arrow，1971，p. 180），交易成本经济学关注交易的属性，并认为组织的细节很重要。因此，其他数据也进入了研究视野。西蒙（Simon，1984，p. 40）关于计量经济学检验的评论十分贴切：

> 在物理科学中，当发现测量误差和其他噪声与所研究的现象处于同一数量级时，研究者的反应不是试图通过统计手段从数据中挤出更多信息，而是寻找能在更高分辨率下观察现象的技术。对应到经济学上的策略是显而易见的：在微观层次上获得新型数据。

尽管正如克雷普斯和斯彭斯（Kreps and Spence，1985，pp. 374－375）所观察到的，“在不考虑组织内部微观力量的情况下，预测组织行为的正确‘简化形式’是可能的，但这需要一种格外敏锐的直觉。在某些情况下，对复杂组织的研究可以说是其中之一，在这种情况下，没有什么可以替代直接的观察（甚至直接的经验），因此相关的微观分析就应参与进来，或至少纳入考虑”[①]。

尽管这种数据搜集成本可能很高，但经常能实现西蒙提到的那种分辨率收益。涉及交易成本的微观分析研究包括：

（1）交易属性与组织形式相关联的统计模型（例如使用probit方法）。蒙特维德和提斯（Monteverde and Teece，1982）对汽车工业纵向一体化的研究就是一个例子。

（2）交易属性与契约模式之间关联的双变量检验。马斯滕（Masten，1984）对国防契约的研究和帕莱（Palay，1984，1985）对运输契约的研究就是例子。

（3）对契约细节的研究，其中一些出现在反垄断诉讼中。利用新古典解释，我对石油交易在看似“有罪的”公司内部文件背景下的评估也是一个例子（Williamson，1985，Chapter 8）。

（4）重点案例研究，其中对有线电视（CATV）的特许经营权竞标就是一个例子（Williamson，1985，Chapter 13），以及重点行业研究，其中斯塔基（Stuckey，1983）对铝业垂直整合和合资企业的杰出讨论尤其值得注意。

（5）对长期契约的契约特征和治理结构的研究，例如关于长期煤炭契约的研究（Goldberg and Erickson，1982；Joskow，1985，1987），以及关于天然气生产商和管道商之间契约关系中的“要么接受要么支付”条款的研究（Masten and Crocker，

① 可以肯定的是，交易成本经济学是在半微观分析而非完全微观分析层面上运行的。然而，通过深入研究，可以促进对相关半微观分析的理解。过程研究（基本变换就是一个例子）也经常涉及。

1985；Mulherin，1986）。

（6）金融经济学（资本资产定价模型）和资产专用性特征相结合的纵向一体化研究（Spiller，1985；Helfat and Teece，1987）。

（7）对跨国公司的研究，其中技术转让和生产问题的解决是通过检查交易属性、许可使用和外国直接投资（部分所有权和完全所有权类型）是否以有区别的方式安排（Teece，1977；Gatignon and Anderson，1986）。

（8）对商业历史文献报告的不断变化的组织实践的研究。钱德勒（chandler，1962，1977）的研究尤其值得注意，其总结和解释见其他文献（Williamson，1985，Chapter 5）。

（9）公司治理和证券监管研究，罗马诺（Romano，1985，1986）在这方面做出了开创性的研究。

（10）对工会组织和结构的研究，其中权力相对于交易成本的假设得到了检验（Weakliem，1987）。

除了上述关于契约和组织的研究（其中大部分由经济学家完成）之外，市场营销方面的实证文献一直在发展，其中利用交易成本方法对销售补偿的实践和分销渠道的选择进行了研究。第一个此类研究由安德森和施米特林（Anderson and Schmittlein，1984）完成，他们研究了电子元件行业销售团队的组织。他们报告称，“一体化与资产专用性水平的提高、绩效评估的难度以及这些因素的结合有关”，但频率和不确定性的测量结果却并不显著（Anderson and Schmittlein，1984，p. 385）。丽莲（Lilien，1979，pp. 197－199）写了一篇关于营销组合决策的论文，该论文颇具影响力，论文得出的关于分销渠道的实证结果，与交易成本推论（Anderson，1985，p. 165）大体一致。约翰和韦茨（John and Weitz，1986）还研究了工业市场分布的前向整合，并报告了资产专用性有利于前向一体化整合——增加不确定性（包括市场可变性和测量不确定性）也是如此。海德和约翰（Heide and John，1986）研究了制造商的代理为了保护专用资产，而试图通过将自己与客户绑定起来的方法。他们不仅证明了绑定是一种区别性的应对措施，而且进一步对比了交易成本和资源依赖观点。正如他们所说，衡量资源依赖性的关键标准是“交换伙伴的**数量**及各伙伴之间的交易**分配**。主要观点是，交换的集中构成依赖性”（Heide and John，1988，p. 13）。从交易成本的角度来看，重要的是资产的特征，而不是交换的集中性。数据证实了后者：“交换集中本身并不会促使一个代理加强与其他交换伙伴的联系……是特定资产的存在或投资的性质促进了这一行动”（Heide and John，1988，p. 24）。

因此，尽管交易成本经济学的实证研究和相关检验在数量上仍然很少，而且许多研究略显粗略，但已经得出重要的启示，并且与替代方法相比表现良好。首先，交易成本理论和模型还很原始，通常只有粗略的预测可用。其次，有严重的测量问题。随着更好的模型和更好的数据的出现，这两种局限性都将得到缓解。

尽管目前的数据局限性是真实的，但它不应被夸大。交易成本经济学的实证研究人员必须自己搜集所需数据。他们对数据的广度（人口普查报告、金融统计）和深度（契约和投资的微观分析）做了取舍，并主要倾向于后者。当一门学科开始发展自己的数据时，它就变成了一门科学，以数据为导向是一种值得称赞的回应。

7. 公共政策影响

交易成本经济学可以应用于各种各样的公共政策问题。虽然大多数交易成本经济学应用主要针对微观经济政策问题，但其视角也能为针对滞胀的公共政策提供帮助。

7.1 微观经济学

微观经济学的应用包括监管和反垄断。消费者保护也是一个可行方向。

7.1.1 监管/无监管

当规模经济相对于市场规模而言较大时，垄断供应是有效率的。但是，正如弗里德曼（Friedman，1962，p.128）所叹息的那样，“不幸的是，对于技术垄断没有好的解决方案。只能三害相权取其轻：无监管的私人垄断、国家监管的私人垄断和政府经营”。

弗里德曼认为无监管的私人垄断是邪恶的，因为他假设私人垄断所有权意味着按照垄断条款定价。然而，正如德姆塞茨（Demsetz，1968b）、斯蒂格勒（Stigler，1968）和波斯纳（Posner，1972）随后指出的，通过事前竞价将垄断的特许经营权授予那些提出以最佳条件供应产品的公司，可以避免垄断价格结果。德姆塞茨（Demsetz，1968b，p.57）通过剔除“不相关的复杂因素”，如设备的耐用性和不确定性，推进了对自然垄断的特许经营权竞标的论点。斯蒂格勒（Stigler，1968，p.19）认为：“客户可以拍卖出售电力的权利，利用国家作为进行拍卖的工具……拍卖……包括低价出售［特许经营权竞标］。”波斯纳同意并进一步认为特许经营权竞标是授予和经营有线电视特许经营权的有效方式。

交易成本经济学承认这些论点的价值，但坚持认为，事前和事后的缔约特征都应研究。只有当竞争在这两个阶段**都有效**时，特许经营权的竞标论点才说得通。待特许经营的商品或服务的属性对评估至关重要。具体而言，倘若商品或服务将于不确定条件下供应，且倘若涉及对专用资产的非日常投资，则特许经营权竞标的效力很有问题。事实上，在这种情况下实施特许经营权竞标计划需要从根本上逐步建立一个行政机构，其主要在名称上而非种类上有别于监管回报率的那一类行政机构。

然而，这并不是说在成本降低的条件下对所提供的商品或服务进行特许经营权竞标永远行不通，也不是说现有的法规或公共所有权永远不能被净收益为正的特许经营权竞标所取代。有望实现净收益的例子包括本地航空服务公司，也可能包括邮政。由于基础设施（码头、邮局、仓库等）可以由政府拥有，而其他资产（飞机、卡车等）有活跃的二手市场，因此每项商品或服务的中标者都可以被取代，而不会造成严重的资产估值问题。所以，特许经营权竞标并非完全没有可取之处。相反，这是一个非常富有想象力的建议。然而，交易成本经济学坚持认为，所有契约机制（自然垄断的特许经营权竞标是其中之一）都需要进行微观分析，并以比较制度的方式进行评估。乔斯科和施马兰西（Joskow and Schmalensee，1983）对发电的组织备选模式的研究就是一个例证。

7.1.2 反垄断

不友好传统（inhospitality tradition）坚持一个可反驳的推定，即非标准契约形式具有垄断目的和效果。经济组织的企业生产函数理论同样对纵向一体化持怀疑态度。据称，缺乏技术目的的一体化具有垄断原因（Bain，1968，p. 381）。另一个论点也本着同样的精神："如果生产过程哪怕有一个阶段存在相当程度的市场支配力，纵向一体化就失去了清白"（Stigler，1955，p. 183）——20%的市场份额是推断市场支配力的阈值（Stigler，1955，p. 183）。

交易成本经济学对一体化的看法不同。它坚持一个可反驳的推定，即非标准契约形式（其中纵向一体化是一种极端形式）具有节约交易成本的目的和效果。因此，它侧重于所涉交易是否有专用资产投资的支持。它进一步考察了战略行为背景下的垄断目的。①

就此而言，考虑供应的两个阶段——它们统称第一阶段和第二阶段（但具体而言，可被认为是生产和分配）。如果处于第一阶段的高度集中市场上的头部公司要对第二阶段的竞争性市场进行一体化，市场的非一体化部分可能会缩小到只有少数具有有效规模的公司可以为第二阶段市场服务。然后，潜在进入者可能会因为不得不与为数不多的未一体化的第二阶段少数公司进行交易而却步。此外，一体化式进入的替代方案吸引力较小，因为潜在的第一阶段进入者缺乏第二阶段活动的经验，如果它同时进入这两个阶段，就会面临较高的资本成本和启动成本。相反，如果第一和第二阶段的集中度为较低或中等水平，那么进入这两个阶段的公司可以预期与另一个阶段的一体化或非一体化公司达成竞争性交易，因为没有任何一个一体化公司可以在这种交易中占有战略优势，而且一体化公司之间很难串通。因此，除非出于战略考

① 战略行为是指相对于实际或潜在竞争对手的有利地位，老牌公司采取引入人为成本差异或对新的竞争对手做出惩罚性回应的尝试性行为。本书的其他章节将详细研究这些问题。此处只需注意，战略行为只有在具有不确定性和专用资产的跨期背景下才有意义。

虑，即进入受阻的高度集中行业，否则纵向一体化很少会造成反垄断问题。

虽然最初的1968年准则反映了前交易成本思想，并对纵向一体化施加了严格的限制（市场占有率为10%的公司纵向收购市场占有率为6%的公司就超过了门槛），但修订后的准则宽松很多。1982年的准则在三个方面与交易成本经济学的政策含义一致。首先，只有当被收购的公司所处行业的赫芬达尔-赫希曼指数（HHI）超过1 800，1982年的准则才会关注纵向合并的竞争后果。基于的假设是，未一体化的第一阶段公司可以通过与HHI低于1 800的第二阶段公司对竞争性条款进行谈判来满足其在第二阶段的要求。因此，1982年的准则仅侧重于垄断的情形，这符合交易成本推论。其次，1982年的准则中关于资本成本、（人为的）规模不经济以及利用纵向一体化规避回报率监管的反竞争担忧都符合交易成本推论。最后，1982年的准则明确提到了资产专用性的重要性，尽管该分析还没有达到应有的程度。此外，1982年的准则没有对经济辩护做出规定，但1984年的准则在这方面做出了规定——在资产专用性明显很高的情况下，这一规定尤其重要。

7.2 宏观经济学：滞胀

马丁·魏茨曼（Martin Weitzman）在他颇具影响力的著作《分享经济》（*The Share Economy*）中谈到了滞胀，他的论述主要是建立在垄断竞争的框架之上。然而，魏茨曼通过区分可调配和不可调配的资产，补充了标准的垄断竞争机制。因此，他认为劳动力是可调配的，而中间产品则不是：“煤矿工人和水果采摘者，相比于他们所处理的产品，更能相互替换。轧制板材和工字钢……实际上在使用中是不可相互替换的”（Weitzman，1984，p. 28）。不幸的是，这是一种技术上的而非交易上的区别。

这种技术观点对缔约过程的评估与契约观点大相径庭。因此，尽管魏茨曼认为劳动力市场契约是独特的，并存在刚性造成的缺陷，但交易成本经济学认为劳动力市场和中间产品市场非常相似，并对刚性进行了不同的构造。具体而言，对契约治理需求的研究表明，魏茨曼主张的工资和价格的完全灵活性将对契约的完整性构成严重的威胁，而契约是由对公司专用资产的持久投资所支持的。那么可以从中汲取的经验便是，宏观经济学需要与更具微观分析性质的契约研究达成一致。

8. 结　论

摩擦在经济中对应交易成本，普遍存在于自然系统和经济系统。我们对复杂经济组织的理解有待于对摩擦的来源和缓解进行更齐心协力的研究。本文所谓的交易成本经济学仅仅是开始。

若干改进正在酝酿之中。一是交易成本方法的许多见解将被“扩展的”新古典分析框架所吸收。在这方面，新古典经济学扩展其边界的能力确实相当了不起。二是交易成本理论将能纳入一些特别的过程值，例如公平性。［然而，正如迈克尔曼（Michelman，1967）所证明的，当整体采用一种扩展的契约观点时，对公平和效率的考虑会趋于一致。这一见解很重要，并需要进一步发展。］三是还有许多现象尚未纳入交易成本推论的范畴。近期的经验研究揭示了许多有前景的新见解和新模式。四是我们急需一个更加仔细和充分发展的官僚制度理论。除此之外，还需要评估内部组织的其他形式在声誉效应、内部正当程序、复杂权变奖励、审计以及生命周期特征方面的权力和限制。五是针对交易成本问题的实证研究才刚刚开始。

参考文献

Akerlof, G. A. 1970. "The Market for 'Lemons': Qualitative Uncertainty and the Market Mechanism." *Quarterly Journal of Economics* 84: 488 - 500.

Alchian, A. 1950. "Uncertainty, Evolution and Economic Theory." *Journal of Political Economy* 58: 211 - 221.

Alchian, A. 1961. Some Economics of Property, RAND D-2316. Santa Monica, Calif.: RAND Corporation.

Alchian, A. 1965. "The Basis of Some Recent Advances in the Theory of Management of the Firm." *Journal of Industrial Economics* 14: 30 - 41.

Alchian, A. 1984. "Specificity, Specialization, and Coalitions." *Journal of Economic Theory and Institutions* 140: 34 - 39.

Alchian, A., and Demsetz, H. 1972. "Production, Information Costs, and Economic Organization." *American Economic Review* 62: 777 - 795.

Anderson, E. 1985. "Implications of Transaction Cost Analysis for the Management of Distribution Channels," in R. E. Spekman, ed., *Proceedings: A Strategic Approach to Business Marketing*. Chicago: American Marketing Association, 160 - 168.

Anderson, E., and Schmittlein, D. 1984. "Integration of the Sales Force: An Empirical Examination." *The Rand Journal of Eco-*

nomics 15：385－395.

Aoki，M. 1983. “Managerialism Revisited in the Light of Bargaining-game Theory.” *International Journal of Industrial Organization* 1：1－21.

Arrow，K. J. 1969. “The Organization of Economic Activity：Issues Pertinent to the Choice of Market Versus Nonmarket Allocation，” in *The Analysis and Evaluation of Public Expenditure：The PPB System*，Vol. 1，U. S. Joint Economic Committee，91st Congress，1st Session. Washington，D. C.：U. S. Government Printing Office，59－73.

Arrow，K. J. 1971. *Essays in the Theory of Risk-bearing*. Chicago：Markham.

Arrow，K. J. 1985. “Informational Structure of the Firm.” *American Economic Review* 75：303－307.

Azariadis，C.，and Stiglitz，J. 1983. “Implicit Contracts and Fixed Price Equilibria.” *Quarterly Journal of Economics* 94：1－22.

Baiman，S. 1982. “Agency Research in Managerial Accounting：A Survey.” *Journal of Accounting Literature* 1：154－213.

Bain，J. 1956. *Barriers to New Competition*. Cambridge，Mass.：Harvard University Press.

Bain，J. 1958. *Industrial Organization*. New York：Wiley.

Bain，J. 1968. *Industrial Organization*，2d edn. New York：Wiley.

Barnard，C. 1938. *The Functions of the Executive*，15th printing (1962). Cambridge：Harvard University Press.

Barzel，Y. 1982. "Measurement Cost and the Organization of Markets." *Journal of Law and Economics* 25：27 – 48.

Becker，G. S. 1962. "Irrational Behavior and Economic Theory." *Journal of Political Economy* 70：1 – 13.

Berle，A. A. ，and Means，G. C. 1932. *The Modern Corporation and Private Property*. New York：Macmillan.

Bewley，T. 1986. "A Theory of Layoffs，Strikes and Wage Determination." Cowles Foundation，unpublished research proposal.

Blake，H. M. 1973. "Conglomerate Mergers and the Antitrust Laws." *Columbia Law Review* 73：555 – 592.

Bowles，S. ，and Gintis，H. 1986. *Democracy and Capitalism*. New York：Basic Books.

Bridgemen，P. 1955. *Reflections of a Physicist*，2d edn. New York：Philosophical Library.

Buchanan，J. 1975. "A Contractarian Paradigm for Applying Economic Theory." *American Economic Review* 65：225 – 230.

Caves，R. ，and Bradburg，R. 1988. "The Empirical Determinants of Vertical Integration." *Journal of Economic Behavior and Organization* 9：265 – 280.

Chandler，A. D. ，Jr. 1962. *Strategy and Structure*. Cambridge，Mass.：MIT Press；subsequently published（1966），New York：Doubleday and Co.

Chandler，A. D. ，Jr. 1977. *The Visible Hand：The Managerial Revolution in American Business*. Cambridge，Mass. ：Harvard University Press.

Coase, R. H. 1937. "The Nature of the Firm." *Economic*, 4: 386－405; reprinted in G. J. Stigler and K. E. Boulding, eds., *Readings in Price Theory*. Homewood, Ill.: Richard D. Irwin.

Coase, R. H. 1960. "The Problem of Social Cost." *Journal of Law and Economics* 3: 1－44.

Coase, R. H. 1972. "Industrial Organization: A Proposal for Research," in V. R. Fuchs, ed., *Policy Issues and Research Opportunities in Industrial Organization*. New York: National Bureau of Economic Research, 59－73.

Coase, R. H. 1984. "The New Institutional Economics." *Journal of Institutional and Theoretical Economics* 140: 229－231.

Cole, A. H. 1968. "The Entrepreneur: Introductory Remarks." *American Economic Review* 63: 60－63.

Colman, R. 1981. "Overview of Leveraged Buyouts," in S. Lee and R. Colman, eds., *Handbook of Mergers, Acquisitions and Buyouts*. Englewood Cliffs, NJ: Prentice-Hall.

Commons, J. R. 1934. *Institutional Economics*. Madison: University of Wisconsin Press.

Dahl, R. A. 1970. "Power to the Workers?" *New York Review of Books*, November 19, 20－24.

Demsetz, H. 1967. "Toward a Theory of Property Rights." *American Economic Review* 57: 347－359.

Demsetz, H. 1968a. "The Cost of Transacting." *Quarterly Journal of Economics* 82: 33－53.

Demsetz, H. 1968b. "Why Regulate Utilities?" *Journal of Law and Economics* 11：55–66.

Demsetz，H. 1969. "Information and Efficiency：Another Viewpoint." *Journal of Law and Economics* 12：1–22.

Director，A.，and Edward，L. 1956. "Law and the Future：Trade Regulation." *Northwestern University Law Review* 10：281–317.

Dodd，E. M. 1932. "For Whom Are Corporate Managers Trustees?" *Harvard Law Review* 45：1145–1163.

Elster，J. 1983. *Explaining Technical Change*. Cambridge：Cambridge University Press.

Fama，E. F. 1980. "Agency Problems and the Theory of the Firm." *Journal of Political Economy* 88：288–307.

Fama，E. F.，and Jensen，M. C. 1983. "Separation of Ownership and Control." *Journal of Law and Economics* 26：301–326.

Fisher，S. 1977. "Long-term Contracting，Sticky Prices，and Monetary Policy：Comment." *Journal of Monetary Economics* 3：317–324.

Friedman，M. 1953. *Essays in Positive Economics*. Chicago：University of Chicago Press.

Friedman，M. 1962. *Capitalism and Freedom*. Chicago：University of Chicago Press.

Furubotn，E.，and Pejovich，S. 1974. *The Economics of Property Rights*. Cambridge，Mass.：Ballinger.

Galanter，M. 1981. "Justice in Many Rooms：Courts，Private Ordering，and Indigenous Law." *Journal of Legal Pluralism* 19：1–47.

Gatignon, H., and Anderson, E. 1986. "The Multinational Corporation's Degree of Control over Foreign Subsidiaries: An Empirical Test of a Transaction Cost Explanation." unpublished.

Gauss, C. 1952. "Introduction" to Machiavelli (1952), 7 - 32. (Machiavelli, N., *The Prince*. New York: New American Library.)

Georgescu-Roegen, N. 1971. *The Entropy Law and Economic Process*. Cambridge, Mass.: Harvard University Press.

Goldberg, V., and Erickson, J. E. 1982. "Long-term Contracts for Petroleum Coke." Working Paper Series No. 206, Department of Economics, University of California, Davis.

Gower, E. C. B. 1969. *Principles of Modern Company Law*. London: Stevens and Sons.

Granovetter, M. 1985. "Economic Action and Social Structure: The Problem of Embeddedness." *American Journal of Sociology* 91: 481 - 510.

Grossman, S., and Hart, O. 1982. "Corporate Financial Structure and Managerial Incentives," in J. McCall, ed., *The Economics of Information and Uncertainty*. Chicago: University of Chicago Press, 107 - 137.

Hayek, F. 1967. *Studies in Philosophy, Politics, and Economics*. London: Routledge and Kegan Paul.

Heide, J. B., and John, G. 1988. "Safeguarding Transaction-specific Assets in Conventional Channels: The Role of Offsetting Investments." *Journal of Marketing* 52: 20 - 35.

Helfat, C., and Teece, D. 1987. "Vertical Integration and Risk Reduction." *Journal of Law, Economics, & Organization* 3: 47–68.

Jensen, M. 1983. "Organization Theory and Methodology." *Accounting Review* 50: 319–339.

Jensen, M. 1986. "Agency Costs and Free Cash Flow, Corporate Finance, and Takeovers." *American Economic Review* 76: 323–329.

Jensen, M., and Meckling, W. 1976. "Theory of the Firm: Managerial Behavior, Agency Costs, and Capital Structure." *Journal of Financial Economics* 3: 305–360.

John, G., and Weitz, B. A. 1986. "Forward Integration into Distribution: An Empirical Test of Transaction Cost Analysis." unpublished.

Joskow, P. L. 1985. "Vertical Integration and Long-term Contracts." *Journal of Law, Economics, & Organization* 1: 33–80.

Joskow, P. L. 1987. "Contract Duration and Transactions Specific Investment: Empirical Evidence from the Coal Markets." *American Economic Review* 77: 168–183.

Joskow, P. L., and Schmalensee, R. 1983. *Markets for Power*. Cambridge, Mass.: MIT Press.

Kenney, R., and Klein, B. 1983. "The Economics of Block Booking." *Journal of Law and Economics* 26: 497–540.

Klein, B. 1980. "Transaction Cost Determinants of 'Unfair' Contractual Arrangements." *American Economic Review* 70:

356 - 362.

Klein, B., and Leffler, K. 1981. "The Role of Market Forces in Assuring Contractual Performance." *Journal of Political Economy* 89: 615 - 641.

Klein, B., Crawford, R. A., and Alchian, A. A. 1978. "Vertical Integration, Appropriable Rents, and the Competitive Contracting Process." *Journal of Law and Economics* 21: 297 - 326.

Knight, F. H. 1941. "Review of M. J. Herskovits' 'Economic Anthropology'." *Journal of Political Economy* 49: 247 - 258.

Knight, F. H. 1965. *Risk, Uncertainty and Profit*. New York: Harper and Row.

Koopmans, T. 1957. *Three Essays on the State of Economic Science*. New York: McGraw-Hill.

Kreps, D., and Spence, A. M. 1985. "Modelling the Role of History in Industrial Organization and Competition," in G. Feiwel, ed., *Issues in Contemporary Microeconomics and Welfare*. London: Macmillan, 340 - 379.

Lilien, G. L. 1979. "Advisor 2: Modelling the Market Mix Decision for Industrial Products." *Management Science* 25: 191 - 204.

Llewellyn, K. N. 1931. "What Price Contract? An Essay in Perspective." *Yale Law Journal* 40: 704 - 751.

Macneil, I. R. 1974. "The Many Futures of Contract." *Southern California Law Review* 47: 691 - 816.

Marschak, J. 1968. "Economics of Inquiring, Communicating, Deciding." *American Economic Review* 58: 1 - 18.

Marshall, A. 1948. *Principles of Economics*, 8th edn. New York: Macmillan.

Mason, E. 1958. "The Apologetics of Managerialism." *Journal of Business* 31: 1-11.

Masten, S. 1982. "Transaction Costs, Institutional Choice, and the Theory of the Firm." Unpublished Ph. D. dissertation, University of Pennsylvania.

Masten, S. 1984. "The Organization of Production: Evidence from the Aerospace Industry." *Journal of Law and Economics* 27: 403-418.

Masten, S., and Crocker, K. 1985. "Efficient Adaptation in Long-term Contracts: Take-or-pay Provisions for Natural Gas." *American Economic Review* 75: 1083-1093.

McKenzie, L. 1951. "Ideal Output and the Interdependence of Firms." *Economic Journal* 61: 785-803.

Meade, J. E, 1971. *The Controlled Economy*. London: Allen and Unwin.

Michelman, F. 1967. "Property, Utility and Fairness: Comments on the Ethical Foundations of 'Just Compensation' Law." *Harvard Law Review* 80: 1165-1257.

Milgrom, P., and Roberts, J. 1987. "Bargaining Costs, Influence Costs, and the Organization of Economic Activity." unpublished.

Monteverde, K., and Teece, D. 1982. "Supplier Switching Costs and Vertical Integration in the Automobile Industry." *Bell*

Journal of Economics 13：206 - 213.

Mulherin, J. H. 1986. "Complexity in Long Term Contracts: An Analysis of Natural Gas Contractual Provisions." *Journal of Law, Economics, & Organization* 2：105 - 118.

Nelson, R., and Winter, S. 1982. *An Evolutionary Theory of Economic Change*. Cambridge, Mass.: Harvard University Press.

Nozick, R. 1974. *Anarchy, State and Utopia*. New York: Basic Books.

Olson, M. 1965. *The Logic of Collective Action*. Cambridge, Mass.: Harvard University Press.

Ouchi. 1980. "Markets, Bureaucracies, and Clans." *Administrative Science Quarterly* 25：120 - 142.

Palay, T. 1984. "Comparative Institutional Economics: The Governance of Rail Freight Contracting." *Journal of Legal Studies* 13：265 - 288.

Palay, T. 1985. "The Avoidance of Regulatory Constraints: The Use of Informal Contracts." *Journal of Law, Economics, & Organization* 1：155 - 175.

Polanyi, M. 1962. *Personal Knowledge: Towards a Post-critical Philosophy*. New York: Harper and Row.

Pollak, R. 1985. "A Transaction Cost Approach to Families and Households." *Journal of Economic Literature* 23：581 - 608.

Posner, R. A. 1969. "Natural Monopoly and Its Regulation." *Stanford Law Review* 21：548 - 643.

Posner, R. A. 1972. "The Appropriate Scope of Regulation in the

Cable Television Industry." *The Bell Journal of Economics and Management Science* 3: 98 – 129.

Posner, R. A. 1979. "The Chicago School of Antitrust Analysis." *University of Pennsylvania Law Review* 127: 925 – 948.

Riordan, M., and Williamson, O. 1985. "Asset Specificity and Economic Organization." *International Journal of Industrial Organization* 3: 365 – 368.

Romano, R. 1985. "Law as a Product: Some Pieces of the Incorporation Puzzle." *Journal of Law, Economics, & Organization* 1: 225 – 284.

Romano, R. 1986. "The State Competition Debate in Corporate Law." unpublished.

Ross, S. 1977. "The Determinants of Financial Structure: The Incentive Signaling Approach." *Bell Journal of Economics* 8: 23 – 40.

Rothschild, M., and Stiglitz, J. 1976. "Equilibrium in Competitive Insurance Markets." *Quarterly Journal of Economics* 80: 629 – 650.

Salop, S., and Scheffman, D. 1983. "Raising Rival's Costs." *American Economic Review* 73: 267 – 271.

Scherer, F. M. 1980. *Industrial Market Structure and Economic Performance*. Chicago: Rand McNally.

Shepard, A. 1986. "Licensing to Enhance Demand for New Technologies." Yale University, unpublished.

Simon, H. A. 1957. *Models of Man*. New York: Wiley.

Simon, H. A. 1961. *Administrative Behavior*, 2nd ed. New York:

Macmillan.

Simon, H. A. 1984. "On the Behavioral and Rational Foundations of Economic Dynamics." *Journal of Economic Behavior and Organization* 5: 35 - 56.

Smith, V. 1974. "Economic Theory and Its Discontents." *American Economic Review* 64: 320 - 322.

Solow, R. 1985. "Economic History and Economics." *American Economic Review* 75: 328 - 331.

Spiller, P. 1985. "On Vertical Mergers." *Journal of Law, Economics, & Organization* 1: 285 - 312.

Stigler, G. J. 1951. "The Division of Labor is Limited by the Extent of the Market." *Journal of Political Economy* 59: 185 - 193.

Stigler, G. J. 1955. "Mergers and Preventive Antitrust Policy." *University of Pennsylvania Law Review* 104: 176 - 185.

Stigler, G. J. 1966. *Theory of Price*. New York: Macmillan.

Stigler, G. J. 1968. *The Organization of Industry*. Homewood, Ill.: Richard D. Irwin.

Stocking, G. W., and Mueller, W. F. 1957. "Business Reciprocity and the Size of Firms." *Journal of Business* 30: 73 - 95.

Stuckey, J. 1983. *Vertical Integration and Joint Ventures in the Aluminum Industry*. Cambridge, Mass.: Harvard University Press.

Summers, C. 1982. "Codetermination in the United States: A Projection of Problems and Potentials." *Journal of Comparative Cor-*

porate Law and Security Regulation, 155 – 183.

Teece, D. J. 1977. "Technology Transfer by Multinational Firms." *Economic Journal* 87: 242 – 261.

Telser, L. 1981. "A Theory of Self-enforcing Agreements." *Journal of Business* 53: 27 – 44.

Wachter, M., and Williamson, O. E. 1978. "Obligational Markets and the Mechanics of Inflation." *Bell Journal of Economics* 9: 549 – 571.

Weakliem, D. 1987. "Explaining the Outcomes of Collective Bargaining: Transaction Cost and Power Approaches." University of Wisconsin, Madison, unpublished.

Weitzman, M. 1984. *The Share Economy*. Cambridge, Mass.: Harvard University Press.

Williamson, O. 1967. "Hierarchical Control and Optimum Firm Size." *Journal of Political Economy* 75: 123 – 138.

Williamson, O. 1970. *Corporate Control and Business Behavior*. Englewood Cliffs, N. J.: Prentice-Hall.

Williamson, O. 1971. "The Vertical Integration of Production: Market Failure Considerations." *American Economic Review* 61L: 112 – 123.

Williamson, O. 1975. *Markets and Hierarchies: Analysis and Antitrust Implications*. New York: Free Press.

Williamson, O. 1979a. "Transaction-cost Economics: The Governance of Contractual Relations." *Journal of Law and Economics* 22: 233 – 261.

Williamson, O. 1979b. "Assessing Vertical Market Restrictions." *University of Pennsylvania Law Review* 127: 953 - 993.

Williamson, O. 1983. "Credible Commitments: Using Hostages to Support Exchange." *American Economic Review* 73: 519 - 540.

Williamson, O. 1985. *The Economic Institutions of Capitalism*. New York: Free Press.

Williamson, O. 1986. "A Microanalytic Assessment of 'the Share Economy'." *Yale Law Journal* 95: 627 - 637.

Williamson, O. 1988. "Corporate Finance and Corporate Governance." *Journal of Finance*, 43: 567 - 591. *

* Williamson, Oliver E. 1989. "Transaction Cost Economics," in Richard Schmalesee and Robert Willig, eds. , *Handbook of Industrial Organization*, Vol. 1. , New York: North Holland, pp. 136 - 184. Copyright Elsevier 1989.

公共官僚机构与私人官僚机构*

奥利弗·E. 威廉姆森

公共官僚机构是一个谜题。为什么如此广泛使用的组织形式也被认为是低效的——无论是与假设的理想组织形式相比，还是与私人官僚机构相比？本文从交易成本经济学的角度考察了公共官僚机构，根据交易成本经济学，公共官僚机构与其他备选治理模式一样，非常适合一些交易，但不适合另一些交易。我不打算以泛泛而谈的方式展开研究，而是把重点放在詹姆斯·Q. 威尔逊（James Q. Wilson）所述的“主权交易”上，外交事务就是一个例子。我的问题是，是什么把主权交易与其他类型的交易区分开来？然后我比较了公共官僚机构和私人官僚机构在管理此类交易方面的效率。我的结论是，公共官僚机构就效率而言有一席之

* 本文的初稿受益于加州大学伯克利分校举办的制度分析研讨会、里斯本的葡萄牙天主教大学、西班牙巴塞罗那的庞培法布拉大学、斯坦福大学和 1997 年的西方经济协会会议。特别感谢 E. R. Alexander、Rui de Figueiredo、Avinash Dixit、Witold Henisz、Gary Libecap、Andrew Moravcsik、Roger Noll、Douglass North、Timothy Snail、Frances Van Loo、Barry Weingast、James Q. Wilson 和 Bennet Zelner 的有益评论。

地，但包括公共官僚机构在内的所有治理模式（市场、混合、公司、监管）都需要各司其职、各安其位。我进一步指出，公共官僚机构并不都是同一类，它们之间的区别需要加以明确。

经济学界对公共官僚机构的评价莫衷一是。作为意见的一极，陈旧但顽强的公共财政传统（现在受到了越来越多的质疑）将公共官僚机构（负责向政府汇报）视为“仁慈的、全知全能的”工具（Dixit，1996，p. 8）。[①] 作为意见的另一极，产权理论认为公共官僚机构是无效率的庇护所，消除无效率的唯一途径是合理配置产权，并将相关活动私有化。

然而，随着激励理论（Tirole，1994）的新发展，情况发生了变化。交易成本政治学（North，1990；Dixit，1996）、不完全契约（Hart，Shleifer and Vishny，1997）已被付诸实践。本文从交易成本经济学的视角展开分析。

在交易成本经济学中，公共官僚机构被认为是许多治理模式中的一种，它只适合特定目的。那么，公共官僚机构适合什么样的交易，原因何在？公共官僚机构在经济组织的总体系中占据什么样的位置？

回答这些问题需要分几步完成。第一步，公共官僚机构不能被视为一个良性的技术实体（以生产成本为特征），而应被视为

① 虽然人们普遍认为这些都是以前的错误概念，但是仁慈政府的概念依然流行，对“儒家传统对东亚现代化的影响”所做的会议综述彰显了这一点（Tu，1996，pp. 12－39）。杜维明（Tu，1996，p. 25）声称：“在东亚的文化传统中，政府被寄予厚望，有责任稳定国内经济增长，增强本国在国际竞争中的比较优势。人们希望中央政府充分考虑国家的未来，制订一个长期计划。”杜维明（Tu，1996，pp. 25－26）进一步指出，政府同样承担着强烈的道德使命，“在自我理解或公众形象中，政治领袖应该是一个老师，也是一个榜样和公仆”。责任的观念十分重要：“责任感促使东亚的道德和政治领袖采取行动，以促进公共利益”（Tu，1996，p. 27）。

一个有缺陷的组织实体（以交易成本为特征）。如同对商业组织的研究受益于“认识到了新古典公司理论的缺点，发展了基于各种交易费用概念的日益丰富的研究范式和模型……政策分析亦受益于打开了黑匣子并检视了里面的实际运行机制”（Dixit，1969，p. 9）。由于所有可行的组织模式都存在缺陷，因此需要对每种备选模式的优缺点进行比较分析。因此，第二步是，对于界定和区分公共官僚机构并决定其权力和限制的个体结构特征，我们要加以定义和说明。与此相关的一个待解决的问题是，为什么私人公司无法替代公共官僚机构？

第三步是对于公共官僚机构能够（相对）有效治理的交易，要确定其特征。为此，有必要确定和澄清公共部门交易区别于其他类型交易的各种特征。随之而来的问题之一是公共部门交易并不都是同一类。在不同类型的公共部门交易中，我特别关注詹姆斯·Q. 威尔逊所谓的“主权交易”，外交事务即是其中一例。第四步是希望“对极端事件的研究……能提供对事物本质的洞见”（Behavioral Sciences Subpanel，1962，p. 5）。因此，尽管将外交事务私有化的提议很少，但究竟是什么使外交事务成为公共官僚机构治理的“明显”对象呢？为什么私人官僚机构相对不合适？

本文内容安排如下：第 1 节从交易成本经济学的角度回顾了有关公共官僚机构的文献。第 2 节简要介绍了本研究所依据的交易成本经济学框架和基本原理。第 3 节提出了效率评估的可补救准则（remediableness criterion）。第 4 节讨论了公共官僚机构这种组织形式适合的各类交易，并进一步侧重于主权交易。第 5 节讨论了主权交易/外交事务造成的额外的“克己奉公风险”（probity hazards）以及公共官僚机构如何降低此风险。第 6 节讨论了为什么不能用私人官僚机构或政府监管替代公共官僚机构履行外交职能，并对私人官僚机构、政府监管和公共官僚机构各自的特征进行了比较。第 7 节是进一步的评论。第 8 节是对全文的总结。

1. 交易成本政治学?

与之前将交易成本经济学应用于政治领域的文献相同，我将研究的着眼点放在联邦层面。与本文所讨论的问题密切相关的研究有威尔逊（Wilson，1989）、莫伊（Moe，1990，1997）、诺思（North，1990）和迪克西特（Dixit，1996）。

1.1 政治领域中的无效率

特里·莫伊是最先提出将"新组织经济学"应用于政治领域的政治学学者之一（Moe，1984），并且一直是这项工作的坚定支持者（Moe，1997）。鉴于公共部门与私人部门存在显著差异，莫伊认为，为了有效地研究公共官僚机构，"新组织经济学需要做相当大的修正"(Moe，1990，p. 119)。[①]

另外，美国民主的显著特征——分权、定期选举和多数原则——牺牲了效率："美国政府最受珍视的结构特征是良好管理的障碍"(Derthick，1990，p. 4)。与之并存的另一个问题是民主体制下产权的无保障。无保障的产权与三权分立"使新的法案极

① 交易成本经济学在公共部门有多种形式的应用。梯若尔（Tirole，1994）应用激励理论来研究公共部门。哈特、施莱弗和维什尼（Hart，Shleifer and Vishny，1997）最近使用产权方法（Hart，1995）。威廉姆森与迪克西特（Williamson and Dixit，1996）则从交易成本经济学出发开展研究。在这三类研究中，梯若尔的研究高度抽象，对政治影响做了最广泛的解释。哈特、施莱弗和维什尼更关注公共部门和私人部门的运行机制，并着重研究了私有化呼声最高的几类服务（监狱、学校、垃圾收集）。本文进一步研究了微观层面的主权交易。

难通过”，导致产生了“在组织上过度形式化和严重失能的官僚机构”（Moe，1997，p. 142）。显然，政治不利于效率。

另外，莫伊还探讨了将研究私人部门的交易成本经济学应用于公共部门的可能性。他认为，组织经济学与组织政治学是有重要区别的，包括：（1）市场和私人部门交易层级结构之间的比较并不适用，政府提供的大多数商品和服务“没有市场”；（2）可以假定私人部门行为者在缔造关系方面是有效率的，却不能将该假定推广到政治领域，因为（a）政治参与者不能出售公共权力（Moe，1990，p. 121），（b）政治妥协的需要导致了公共官僚机构在设计上追求权宜而非效率（Moe，1990，pp. 125－127）[①]；（3）在私人部门，自愿缔约原则使双方共赢，公共官僚机构的缔约却是非自愿的（强制的），效率收益的假设不那么可靠；（4）虽然资产专用性在研究私人部门交易中起重要推动作用，但对公共部门来说并非如此。[②]

道格拉斯·诺思在《政治学的交易成本理论》（1990）一文中较少关注作为一种组织形式的公共官僚机构，而是更多地关注公共选择过程的效率。按照诺思的观点（North，1990，p. 360），评价政治效率的方法是看实际的政治市场有多接近“零交易成本的世界”。根据这种观点，实际上“政治市场天生就是不完善的”（North，1990，p. 360）。事实上，政治市场不仅与理想状态相比不完善，而且与经济市场相比，“政治市场更易导致无效率”（North，

① 可以列出一长串支持政治是有效率的这一论点的文献，其中多数源于芝加哥学派（Stigler，1971，1992；Peltzman，1976；Becker，1983，1989；Wittman，1989）。这些文献高度抽象，没有涉及公共部门的设计或比较制度分析。[如 Moe（1990，p. 129）描述的那样，这些文献“骄傲到忘记了制度”。] 在这些文献中，贡献最大的是 Stigler（1992）。

② 莫伊（Moe，1990，p. 123）质疑一般的交易成本或特殊的资产专用性是否为政治领域“选择的关键”。

1990，p. 362)，还存在“产生无效率产权的倾向”（North，1990，p. 365)。与莫伊一样，诺思认为，“制度不必然也不经常导向有社会效率的结果；其实制度，或者至少是正式规则，是被设计出来服务于在规则制定中掌握话语权的人的利益”。“公共官僚机构是无效率的庇护所”这一观点可以得到以下事实的支持——“政治领域天然具有高的交易成本”（North，1990，p. 372)。

如下文所述，我同意莫伊关于政治有其特殊性的观点，但我认为关于效率的推论同样适用于政治。且针对诺思的观点，我认为零交易成本准则应该被可补救准则所取代。此外，虽然诺思将公共部门和私人部门比作“苹果和橘子”，但在评估政治交易的效率时，需要将其视为一般交易。最后，高交易成本的问题必然伴随着政治，因为公共官僚机构是应对特定交易的最恰当的方式，虽然这看起来很别扭。①

1.2 对立观点

威尔逊（Wilson，1989）和迪克西特（Dixit，1996）对交易成本经济学的应用更加乐观。尽管威尔逊感叹经济学理论“对我们理解政府如何履行职责几乎没什么指导”（Wilson，1989，p. 347)，但是他也认为比较契约分析方法有可能帮助我们揭开这个谜题（Wilson，1989，p. 358)。② 威尔逊说：“考察政府效率的

① 如果交易是为了实现节约（效率）目的，并且如果政治市场特别容易导致无效率，那么应认为，高交易成本问题应该交给私人部门治理结构（来处理)，因为这种治理结构通常具有很强的节约特征。

② 私人部门不仅可以“像政府一样……收集垃圾、清扫街道、运营公共汽车、经营医院、开办学校，而且我们还注意到，私人安保公司拥有比市政警察局更多的雇员……我们当中对历史感兴趣的人会记得，私人银行曾一度发行货币，政府雇用军队奔赴战场”（Wilson，1989，p. 346)。事实上，消防服务曾经几乎全由私人公司提供（Wilson，1989，p. 346)。灯塔也是如此（Coase，1974)。

最佳方法是问这样一个问题：我们是否愿意让私人公司提供相同的产品或服务”（Wilson，1989，p. 331），这与交易成本经济学的思路完全一致。威尔逊呼吁将交易成本经济学应用于政治，他也提醒：“仅仅调查交易成本不足以划分公与私的边界”（Wilson，1989，p. 359）。这不仅是因为政府的产出“多样化且经常带有争议性”（Wilson，1989，p. 348），还因为政府机构的“多目标导向、政府计划的再分配作用、公平和问责制都很重要”（Wilson，1989，p. 348）。

迪克西特在《如何制定经济政策：交易成本政治学的视角》一书中，从交易成本经济学的视角研究经济政策制定过程（Dixit，1996，xiv，pp. 31－36，pp. 45－62）。迪克西特采用了以有限理性和机会主义为特点的不完全契约理论分析框架（Dixit，1996，pp. 53－56），研究了“经济-政治联合系统如何演化出各种机制以克服各种交易成本”（Dixit，1996，xv）。他未对其他有缺陷的备选组织形式进行规范分析（Dixit，1996，xv，p. 39，p. 77）。

在将私人/公共官僚机构视作一个生产函数（一种技术性构造）与一种治理结构（一种组织性构造）之间，迪克西特选择了后者。因此，早期规范的黑匣子优化方法让位于对“多种交易成本”的实证分析，其中“内部的实际运行机制”得到了检验（Dixit，1996，p. 9）。在这些机制中，可信契约是一个常被提及的主题（Dixit，1996，pp. 62－66）。①

① 由于政治契约只在政治过程中起作用，又由于政治和经济存在差异，政治契约“更复杂且更难以实施”（Dixit，1996，p. 48）。政治契约不仅涉及多个主体，而且模糊不清。此外，政治契约还漏洞不断（Dixit，1996，pp. 48－49）。在迪克西特（Dixit，1996，pp. 157－171）和梯若尔（Tirole ，1994）看来，公共官僚机构的低能激励是对多机构体系累积的过度复杂性的反应。在政治舞台上自然选择的作用有限，因此关于政治市场有效率的推断论据不足（Dixit，1996，p. 59）。

1.3 问题的提出

上述分析直接或间接地引出了一系列问题，我将在本文的余下部分尝试着对这些问题做出回答。关键的问题有：

问题一：交易成本经济学的基本分析框架是什么（Dixit，North)？

问题二：公共部门组织的交易造成了什么样的额外风险（Dixit，Moe，North，Wilson)？

问题三：为减轻这些风险，治理结构应具有什么样的特征？公共官僚机构是否具有这些特征（Dixit，Moe，Wilson)？

问题四：在有或没有监管的情况下，私人官僚机构能否复制公共官僚机构的这些特征（Wilson)？

简言之，我的回答如下：

回答一：无论何时何地，交易成本经济学都基于节约交易成本的原则比较各种可行的组织形式。

回答二：主权交易造成了一种新的风险——克己奉公风险。

回答三：增加领导力、人力资源分配和衍生流程。

回答四：无论是否有监管，私人官僚机构均不可能复制公共官僚机构的特征。

2. 交易成本经济学：概述

有关经济组织的交易成本方法，我已在其他地方论述过（Williamson，1989，1996，1998)，本文只做概要介绍。

2.1 行为人

交易成本经济学与西蒙（Simon，1985）的说法一致，即行为人的认知与自利特性是研究经济组织的关键，他将这两方面的特性称为有限理性与机会主义。因为有限理性，所有复杂的契约都不可避免地存在缺陷。又由于机会主义，如果没有可信承诺的支持，契约将无法自我履行。介于短视契约和远见契约之间，交易成本经济学假设经济行为人有能力预见未来，识别潜在的危险，并将这些因素纳入组织设计中。

2.2 治理模式

约翰·康芒斯预见到了许多概念之争，他坚称，“活动的最终单位……必须包含三个因素——冲突、相互关系和秩序。这个单位就是交易”（Commons，1932，p.4）。交易成本经济学不仅承认交易是分析的基本单位，而且认为当潜在的争端可能消除或破坏双赢的机会时，治理是实现秩序的一种手段。通过区分匹配假设（即不同属性的交易与不同成本和效果的管理结构相匹配以降低成本）来进行实操，须考虑以下几个方面：（1）识别交易的关键属性，根据这些属性区分交易类型；（2）明确组织的核心目标/权衡[①]；（3）确认不同治理结构的结构属性。节约交易成本是研究的主要情形（而非唯一情形），适应性是经济组织的中心问题。

适应有两种类型：自主适应（Hayek，1945）与合作适应（Barnard，1938）。在自主适应方面市场有优势，但是当对合作适应的需求增多时，层级结构的优势就开始显现。交易成本经济学中常见的权衡就是自主与合作之间的成本收益分析。以自主为特征的治理结构鼓励独立和进取精神；以合作为特征的治理结构更强调服从和体制（或任务）导向。

---

① 如果没有实际合理的限制，可以涵盖更广泛的中心计划。可以理解为大型商业组织的所有活动。

在这方面，最好区分局部目标和总体目标。不考虑有限理性时，所有系统都以最优化总体目标的方式组织。[①] 由于对整个系统目标的持续最优化使有限理性很难成立，且由于复合项目常常可拆分为“一系列小的任务，将这些小的任务连接起来，即完成了大的任务”（March and Simon，1958，p. 151），所以，将问题拆分为“若干近乎独立的部分，让每个组织单位处理一个部分，并允许该单位在环境定义中忽略其他单位”，就可以实现简化（March and Simon，1958，p. 151）。然而，马奇和西蒙（March and Simon，1958，p. 152）承认“组织单位成员倾向于只根据子目标来评估行动……［可能导致］与大的组织目标的冲突”，但他们所指的冲突完全是工具性的（而非战略性的）：个人间和小组间有时会缺乏交互作用，因为他们只专注于分配给他们的任务。

机会主义使子目标追求变得复杂化，因为它导致了牺牲大局以获取局部优势的战略行为。子目标追求的范围将扩大，具体包括对不对称信息的战略使用，对契约模糊部分的战略解释，以及在有局部优势时采取敷衍的合作方式。

在个体不重要且竞争有效的情形下，这类风险是可控的。然而，当个体变得重要时，交易的连续性必须得到保证，初始的多数供应关系随之转变为少数交换关系。独立的契约被长期的不完全契约所取代，后者能保证价值的实现，只要缔约双方能共同应

---

① 交易成本经济学分析问题的三个维度是：资产专用性、交易的不确定性和交易频率。资产专用性与下面的事实有关，即用于一种交易的资产在不损失生产价值的情况下能在多大程度上转用于他途。高度专用的投资产生了双边依赖的条件。在交易的不确定性中，适应性差的风险是在适应性需求、双边依赖和契约不完全的背景下提出的。交易频率是另一个相关的维度。频繁的交易涵盖了某些形式的安装成本管理，可以获得良好的声誉。

对麻烦。治理结构的额外支持随之出现，包括信息的共享和验证，以及私下解决（不走法律途径）的争端解决机制。在极端情况下，当适应不良的风险变得特别大时，公司间的缔约行为会被统一所有权（内部组织）所取代。

交易成本经济学认为，不同的治理模式在各自的结构上有所不同。① 激励强度、行政控制和契约法制度是私人部门治理能有效运行的三个关键属性。在市场、混合、层级这三种管理形式中，市场模式通过将高能激励、低行政控制与法律纠纷解决机制结合起来支持自主。层级模式结合了低能激励、高行政控制和内部争议解决机制，以支持内部合作，其中公司具有最高裁决权。混合模式在上述三个属性上则介于市场模式和层级模式之间。

表1总结了上述内容，也提供了一个框架，我们借助它可以将公共官僚机构视为另一种独立的治理结构模式。

表1　私人部门治理结构及其属性

属性	治理结构		
	市场	混合	层级
工具			
激励强度	++	+	0
行政控制	0	+	++

① 据西蒙观察，可以根据提出的问题来区分边际分析方法和离散结构分析方法。比如，关于雇佣关系，“工资应确定在什么水平?”的问题与“在雇佣契约而非销售契约下工作应在什么时候开展?”的问题非常不同（Simon，1978，p. 449）。第一个问题属于边际分析，而第二个问题则属于离散结构分析。更一般而言，西蒙断言，随着经济学“超越核心的价格理论……我们观察到……从边际上的均衡……到更定性的制度分析……的一个转变，其中对离散的备选结构进行了比较”（Simon，1978，p. 449）。

续表

属性	治理结构		
	市场	混合	层级
执行			
自主适应	++	+	0
合作适应	0	+	++
契约法	++	+	0

注：++表示强，+表示中等程度，0 表示弱。

2.3 启发式描述

图 1 展示了“自然秩序”，在这种秩序下，治理结构的形成与交易属性有关。为了说明这一点，我们用（k，p，s）描述一份契约，k 表示契约风险指数，p 表示保本价格，s 表示契约的保障措施。这三个要素同时被决定。

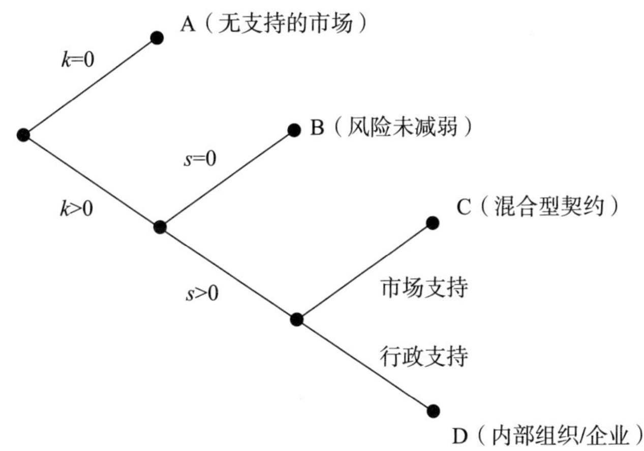

图 1　私人部门的组织选择

因此考虑以两种技术提供商品或服务，一种是通用技术（$k=0$），另一种是专用技术（$k>0$）。

节点 A 代表法学和经济学中的理想交易类型：不存在依赖性

（$k=0$），自主适应就足够了，不需要额外的保障措施（$s=0$），在交易中普遍采用竞争性价格。节点 B、C、D 对应于需要进行专用资产投资（$k>0$）的情形。在此情形下，如果出现问题需要双方合作解决，但若一方或者双方都拒绝合作，那么就会产生适应不良的风险。有远见的参与者认识到了这些潜在的风险，并制定保障措施或要求风险溢价。在节点 B，供应商会附加风险溢价以就保障措施的缺失（$s=0$）进行补偿。在节点 C 和 D 会有额外的契约支持（$s>0$），或通过契约保障措施的方式控制风险（节点 C），或通过统一所有权的形式内化风险（节点 D）。

将交易从市场转移到组织内部增加了官僚成本（Williamson，1985，Chapter 6），因此内部组织通常被认为是不得已而为之的组织形式：首先应尝试市场或混合模式是否可行，如果两者都不可行，再采用企业的形式。因此，节点 D，即企业形式，只适用于交易对合作适应有迫切需求的情形（在第 6 节，我将把这一分析框架扩展至监管和公共官僚机构）。

3. 可补救准则

政府干预——以税收、补贴、监管和国有化的形式——曾被视为医治“市场失灵”（所谓的失灵是指实际的市场状况偏离了假定的理想状态）的良方。但科斯是个例外。他警告说，无论何时何地，迫切需要研究的是“存在正的交易成本的世界”（Coase，1992，p. 717）。因此，尽管（Coase，1964，重点由笔者标明）

> 对最优系统的思考可以提供有意义的分析方法……［通常来说］它的影响是有害的。它使经济学家的注意力偏离了主要问题，即**各种可供选择的制度在现实中如何发挥作用**。

> 它使经济学家从对抽象的市场情形的研究中得出经济政策建议。文献所反映的情况不是偶然的……我们能找到关于“市场失灵”的文献，却没有关于“政府失灵”的文献。除非我们意识到能选择的社会制度或多或少是失败的，否则我们不太可能取得什么进展。

德姆塞茨（Demsetz，1969）所谓的“天堂经济学”传达了类似的信息。

然而，理想状态的吸引力非常强大。前文曾提及，诺思（North，1990）认为政治领域是无效率的，并援引零交易成本的理想世界来说明这一点。此外，零无谓损失常被作为标准用来衡量再分配的效率，例如美国的食糖项目（Stigler，1992）。

针对与假设理想状态的不对称比较——市场偏离，政府被认为比较有利——导致干预倾向。但一个基本的认识是，无摩擦的理想状态是不能实现的，并且某些理想状态过于模糊，甚至无法作为参考条件。比如零交易成本是什么意思？所有相关信息都是免费提供的，参与者都可以无成本地处理吗？制定全面的契约可行吗？监管成本为零吗？决策都是良性的吗？通过比较对某项交易（例如外交事务）的所有可行但有缺陷的治理模式的效能，能否获得更多的信息？因为简单的论证就足以证明各种治理模式的不对等（Simon，1978，p. 6），着眼于比较各种可行模式的可补救准则能否更有成效地触及实际问题？

3.1 准　则

可补救准则是指，对于一种现存的组织模式，如果没有更好的**可行的**组织模式能够**实施**并实现预期的净收益，则**假定**它是有效率的。针对这一假设，有人可能会争论说，现存的模式拥有不合理的优势。但是现存的模式确实经受住了类似的制度竞争，这个简单测试可以支持效率假设。除非事实证明竞争存在严重缺陷（见下一小节），否则不应对现存模式过度苛责。

在这一点上，需要注意的是，缺乏完美的预见力并不是缺陷，除非有人以假设的理想状态作为标准。对于有远见的经济行为人来说，可以期待他们尽力而为，但要接受他们的认知有限。从“后见之明”（拥有全部信息）的角度来看，我们可以把事情做得更好，但也不能贬低事前的最大努力。

假设我们事后发现了一种可行且更优的治理模式，现行治理模式是否会被取代［QWERTY 打字机键盘是一个著名的例子（David，1986）］？可能会，也可能不会。在计算效率时还应考虑不同的实施成本。如果一种治理模式有初始启动成本，并形成不可调配的持久资产，而另一种治理模式没有此成本，那么将这两者视为同等可比显然是不行的。因此，某个可选模式可以在简单的一对一比较中占优，而一旦考虑初始成本和投资成本的差异则不再有优势——至少在考虑投资续期决定之前是这样（此时竞争模式的时间劣势较小）。路径依赖类文献多将无效率归因于早期历史，或认为决策者应该是全知的（Liebowitz and Margolis，1990），可补救准则相较之下更为严格。

3.2 辩 驳

如果能够证明相关情况是由不能接受的初始条件、不能接受的业务做法、概念错误或异常情况造成的，那么当前治理模式的效率假设可推翻。

不能接受的初始条件既可以是一般的，也可以是特定的。例如，现行组织是特定政体的产物，而该政体被认为腐败横行，或者在其他方面不值得尊重（可能是一个极权主义政体）。或者该政体总体上运行良好，但是就某些活动而言存在缺陷（例如，剥夺了部分公民的投票权，然后通过立法将不成比例的负担压在这些人的肩上）。如果没有政治改革，现行的各种项目虽然源头不正，但仍会继续存在。只要能证明源头不正，比如某个项目缺乏合法性但仍然继续存在，效率假设就不再成立。

或者项目源头虽正，但却使用了不正当的手段来击败竞争对手而得以存续。针对性的战略做法尤其成问题。为了攻击或抵制现实的或潜在的竞争者，不带来普遍利益的**可能**做法是有问题的，也会致使效率假设不成立。

在评价效率时，如果计算方法错误，效率理论也会被推翻。反垄断就是一个例子。在 20 世纪 60 年代，在执法机构中流行的观点是，如果合并加强了市场支配力，哪怕只是一点点，合并的经济理由就不正当。节约效应作为垄断的优势需要时间才能显现，关注市场支配力多于关注节约效应最终会被证明是错的（Williamson，1968）。

最后，如果某个项目走上了错综复杂的“自主道路”，效率假设就不一定成立。克鲁格（Krueger，1990）考察了食糖项目的历史，见证了种种错误、学习、策略和复杂的政治程序，她对这个项目的效率提出了质疑。艾米·泽加特（Zegart，1996）质疑国家安全委员会。根据她的解读，国家安全委员会是立法的偶然产物（Zegart，1996，p. 245），它后来的发展是“其创建者从未想过或预见到的”（Zegart，1996，p. 58）。

总之，效率假设可质疑并在某些情况下被推翻，只要相关项目（1）是不可接受的政治制度的产物，或有不可接受的政治来源；（2）靠不可接受的战略手段存续；（3）由于计算谬误而被误认为是有效率的；（4）经历了一系列不可预见和错综复杂的变化而无法合理解释。

3.3 应用于公共官僚机构

学者通常将造成无谓损失的无效率归咎于公共项目，这种观点受到了斯蒂格勒的质疑，他不认为与美国食糖项目有关的无谓损失（约30亿美元）应被视为无效率。正统观点认为经济学比政治学更重要，至少在学术界是这样。但斯蒂格勒说："使国民收入最大化……在政府的政策判断中，并不是我们国家的唯一目标——在实际操作中，政府的目标比法学教授或经济学教授所倡导的目标更具权威性"（Stigler，1992，p. 459）。

此外，请注意，通过"承诺"由财政部每年直接支付来补偿在位者的损失从而实现改革的通常策略并不能自我履约。这种支付机制过于透明，而且存在政治上的脱节。经济学家所提倡的再分配机制被在任政客所拒绝，这一点也不意外，因为忽视了政客的利益（Williamson，1996，pp. 200－202）。仅仅陈述宿存的无谓损失无甚意义，而是要问更好的**可行备选方案**是什么，影响改革实施的经济和政治**机制**是什么。

在这一点上，我们必须接受美国政治的结构特征所带来的可预见后果。痛斥公共官僚机构的特征并不可取，因为它是（比如）三权分立的可预见结果，而三权分立又必须维持。如果三权分立是一种不可改变的约束，那么我们必须理解和接受其后果。

撇开政治不谈，从经济学的角度来看，我们需要对各种可选治理模式的属性有更深刻的认识。相比于私人官僚机构，公共官僚机构有更低效的激励、更多的规章制度和更高的工作保障，单就这些特征对公共官僚机构进行痛斥实际上没抓住问题的关键，因为这些特征可能是**人为设计**以降低契约风险的结果，虽然会有额外的成本。

事实上，一些官僚制的结果可能是（至少在最初）未被预料到的。但随着这些预料之外的结果被公之于众，人们在设计治理模式时会将其纳入考虑。监管就是一个例子。因此特殊利益集团对监管的“捕获”最初可能是无法预料的（Bernstein，1955），但这一无法预料的结果最终发展成为一种可预见的模式。此处的一个基本理解是，在决定是否以及如何实施监管时，必须考虑所有可预见的结果，无论这些结果是否合意。与其他契约风险一样，在监管的设计中应充分考虑捕获。即使监管的收益随着时间的推移下降直至为负，其折现值也可能是正数。如果导致的情况不可补救，那么也就无须感到遗憾。

4. 公共部门交易

莫伊认为，在公共部门中不存在市场；威尔逊（1989，p. 346）则针锋相对地认为，很难想象“有什么政府活动从未被私人公司染指”。诚然，多数市场无法达到法学和经济学意义中的理想交易——在理想状态下，存在大量合格的供应商，而且个体是不重要的。但是，正是私人部门交易中理想市场的缺失，才为交易成本经济学的登堂入室提供了机会。之前被认为不标准、反竞争的契约和组织实践，一旦从交易成本经济学的视角来考察，常被证明具有节约交易成本的目的与效果。

此处对公共部门交易的研究也采用了同样的一般方法。本文区分了六种不同的公共部门交易：政府采购、再分配、监管、主权交易、司法系统和基础设施。在这六种交易中，我们只对主权交易的组织形式做系统性考察。

4.1 政府采购

政府采购决策与自产-外购决策类似：政府应该自己生产所需的产品还是应该采用外包的方式？此类交易的范围包括从普通产品（如办公用品）到复杂产品（如先进的太空和武器系统）。此处不讨论采购交易的组织问题。我只是认为：（1）除了特殊情形（例如第二次世界大战中的“曼哈顿计划”，当时时间非常紧迫），政府很少自己生产所需的产品；（2）供货商之间的竞争可以保障普通产品的采购；（3）专门购买总是受到资产专用性的影响（总是伴随着少数竞争和双边依赖），很可能被政治化。

4.2 再分配

再分配涵盖一般目的的普惠项目（如社会保障），以及特殊目的的专用项目（如美国食糖项目）。对前者可以进行外包管理，对高度政治化的后者来说进行外包则困难重重。[①] 对于特殊利益的再分配，交给国会和总统直管的政府机构会更好。[②]

请注意，在这方面使用经济学的万金油，即用理想的效率机制（例如一次性补贴或税收）取代实际的无效率机制（例如配额制度），一般来说是无效的。如前所述，理想的机制不仅无法进

---

① 仁慈政府的传统倾向于甚至让政府管理社会保障这样的普通再分配。医保是更复杂的支付服务，美国国税局是更复杂的税务机构。虽然公共官僚机构激励低下、讲究繁文缛节、就业安全，但还不清楚公共官僚机构在执行与此类交易相关的日常事务方面是否优于私人官僚机构，邮政服务也是如此。有趣的是，在法律允许的范围内，个人快递服务也参与了邮政业务。

② 推测特殊目的的再分配主要是为了达到立法机关的政治目的，但这不在本文的考察范围之内。参见 Weingast and Marshall（1988）。

行实操，而且通常忽略了所服务的政治目的。根据可补救准则，只有可行的机制才可用（Williamson，1996），并且要将政府程序和政治目的适当地纳入效率评估（Stigler，1992）。

4.3 监 管

监管往往受到资产专用性（如自然垄断）或信息不对称（如消费者和工人健康与安全监管）的困扰。米尔顿·弗里德曼（Milton Friedman，1962，p. 128）将自然垄断描述为一种没有好的选择的情况：所有的选择——包括不受监管的私人垄断、受监管的私人垄断、国家经营——均无法实现有效率的理想状况。后来有人认为，自然垄断问题可以通过使用特许经营权竞标来“解决”，将垄断权授予出价最高的公司，但这种方法也有诸多困难（Williamson，1976）。结果是，尽管针对收益率的监管方式存在缺陷，但当只能与其他可行形式（所有这些形式都有缺陷）做比较时，这种监管（将私人企业和公共监管机构结合起来）有时是“最优的”（Goldberg，1976；Priest，1993）。

作为纠正信息不对称的一种方式，监管经常被用来帮助消费者（被认为是无知的）和工人（被认为缺乏知识和组织）。由此引发了关于长期延迟、品牌保护、担保、声誉影响、破产等方面的复杂问题（Williamson and Bercovitz，1996）。以信息不对称为幌子的监管有时被用于再分配或意识形态目的，因此这种监管可能高度政治化。

4.4 主权交易

主权交易的组织安排将在下文说明。一言以蔽之，主权交易关乎国家安全，因而特别需要克己奉公。在主权交易的管理中，主要责任在于政府的行政部门，而不是立法部门。主权交易的外包有巨大困难。

4.5 司法系统

从莱维和斯皮勒（Levy and Spiller，1994，1996）的一次非正式讨论中可以了解到，人们越来越认识到独立的司法机构可以增强对投资和契约的信心。学术界对司法和政治之间的关系（有时微妙，有时则不然）也越来越感兴趣（Figueiredo and Tiller，1996）。此类交易很重要，但超出了本文的研究范畴。

4.6 基础设施

警察、消防、道路、公园、监狱、教育等基础设施的管理主要是联邦政府和地方政府的任务。此类交易对比较经济组织的研究很有帮助，且受到了越来越多的关注，但也不在本文的研究范畴内。

5. 主权交易

威尔逊（Wilson，1989，p. 138）将主权交易描述为“被赋予了不可动摇的权威：有些命令只有国家才能下达”。他还认为，政府自行组织这类交易，“不是因为政府的成本更低或效率更高，而是因为只有这样才能体现公共权威”（Wilson，1989，p. 359）。主权交易的例子包括外交事务、军事、外国情报和货币供应管理，可能还包括司法。

主权交易似乎非常不适合交易成本经济学的比较制度分析。外交事务“当然”要由公共官僚机构来组织！这是显而易见的。这种交易组织形式是没有问题的，那么为什么还要选择它作为分析对象呢？我给出了三个理由。

第一，即使是显而易见的东西也能分析出有用的意义，需要进一步深挖我们对组织的直观感受。第二，对极端案例的选取和研究总是有助于揭示事物的本质，仅对普通案例进行研究是不够的。第三，威尔逊把主权交易排除在效率分析之外，但我认为，与其他可行形式（所有这些形式都有缺陷）相比，公共官僚机构是组织主权交易的最有效模式。

5.1 额外风险

交易成本经济学的一个重要主题是通过事后管理降低风险。所有复杂的契约都不可避免地是不完全的。鉴于所有的复杂契约都是不完全的，事先制定一份考虑到所有方面的全面契约是荒谬的。面对不完全契约，契约风险越大，促进合作的治理机制（事后补缺、争议解决、合作适应）就越重要。但需注意的是，从事前激励机制扩展开来并包括事后治理并不意味着忽视激励机制。由于治理被定义为各种属性的综合，激励强度是其中之一，所以选择治理结构就意味着选择激励强度（离散结构分析假设每种通用治理模式的属性都有一个取值范围限制）。

那么有哪些契约风险困扰着外交事务？我在此处重点讨论的两个问题是：在私人部门交易的各种风险中最为突出的资产专用性风险，在外交事务上的克己奉公风险。如果将治理结构视为“决定交易**诚信**的制度框架”（Williamson，1979，p. 235），提到克己奉公风险就很自然了。但这却是一个新的想法。（奇怪的是，没有人明确提出过这个想法。）

回想一下，莫伊认为公共部门的资产专用性可以忽略不计。尽管这似乎准确描述了在许多公共部门交易中使用的实物资产（并非全部；参见 7.2 小节），但人力资产则不然。很多公共官僚机构（外事机构是其一）的人力资产均具有相当可观的专用性（不可转让的技能培训和社会历练）。此外，政府垄断了外交事务。至少在过去（现在可能有变）[①]，为了开展外交工作，丰富的礼仪和礼节知识是必不可少的，也要有应对模棱两可的事件和做法的专业素质。即使不对领导做要求，员工至少是这样。但这些技能对即使是最合适的替代工种也没有价值。与私人部门一样，公共部门可以通过多种方式减轻人力资产专用性带来的新风险，包括通过提供额外的就业保障、充分的信息披露规定和更好的争端解决机制。这些方法描述如下。**真正将外事交易与其他交易区分开来的关键是克己奉公风险**——此处的所谓克己奉公是指在处理外交事务时所表现出的忠诚和正直。如图 2 所示，克己奉公包含三个部分：纵向的、横向的与内部的。

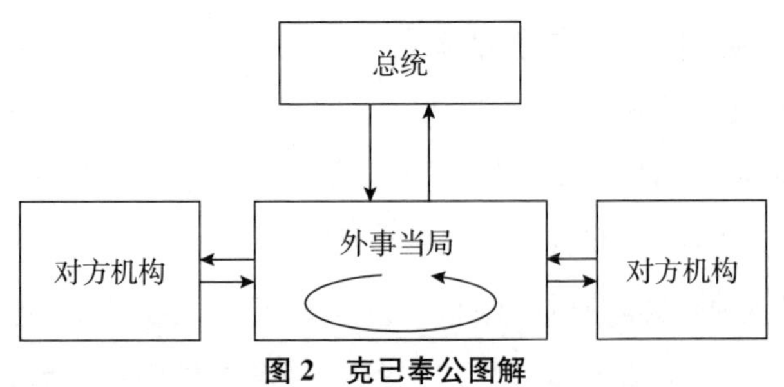

图 2　克己奉公图解

当然可以说克己奉公不管在公共部门还是私人部门都很重要，这是毫无疑问的。但到目前为止，这个论点还没有“浮现”。我推测是因为只有在极端情况下（主权交易/外交事务是其中之一），不同类型的克己奉公的不同作用才得以确定。还可能是因为克己奉公是通过不同的领导和管理的治理属性来实现的，而这些属性迄今为止超出了比较契约分析的范围——更多的是组织社会学的性质（Selznick，1992，Chapter 12），而不是组织经济学

① 随着跨国公司变得越来越重要，对外交事务官员的背景和技能要求也在提高。

的性质。但我的基本观点是，组织经济学必须能应对所有重要的常见情形。克己奉公如果变得或已经很重要，我们应该适当地将其纳入分析框架。

在图 2 中，克己奉公的垂直面是总统和外事当局之间的关系，其中总统主要负责管理外交事务。总统对外事当局提供的信息和评估有信心吗？外事当局是否会及时有效地执行上层指示？外事当局是否倾向于冒险？外事交易，用塔莱兰的名言总结就是“最重要的是冷静”[①]。通过一个能够对总统做出有效回应的治理结构，包括统一目标、及时执行和不冒风险，可以缓解克己奉公风险。

如上所述，克己奉公意味着对于组织指派的任务有高度的诚信和优秀的职业素养。根据菲利普·塞尔兹尼克（Philip Selznick）的说法，“诚信的首要美德是忠于不言而喻的原则”（1992，p. 322），“每一类机构……都有一套独特的原则”（1992，p. 323）。与主权交易相关的统一原则包括：（1）忠于使命（integrity of the mission）；（2）可靠地响应总统（包括不冒险）；（3）与对方机构的准确沟通（有时则需要含糊其词）。社会历练和程序保障关乎上述所有原则。外事当局的人事任免权对响应和沟通有重要作用。

就外交事务的风险而言，如果总统对外事当局提供的信息和评估缺乏信心，或者认为外事当局不配合（也包括冒险），就会出现克己奉公风险。事实上，当总统的短期政治利益与国家的长期利益发生冲突时，需要找到一种平衡。为了避免国家的诚信受到严重损害，需要在机制设计中引入使命保障措施。因此，选择治理模式的一条重要标准是其能否保证机构人员忠于

---

① 转引自 Dean Acheson（1969，p. 47）。

使命。

权威的缺失会引发外部的克己奉公风险。专业知识和政治支持的缺乏会阻碍当事机构与对方机构之间的有效沟通。前者涉及人员的专业性，后者与任命过程有关。在其他条件不变的情况下，如果缺少行政或立法机构的信任，当事机构领导人拥有的权力将减少。因此，构建权威的治理结构是实际操作的重要一环。

从契约的角度讲，对于非常依赖克己奉公的交易，期限往往很长（属于自我展期、持续不断的类型），并高度不完全。很多交易可归入此类。"克己奉公的交易"的独特之处就是，它们要求忠诚（于领导和使命）和流程完整性（process integrity）。违背契约或缺乏克己奉公精神会危及整个系统，因此克己奉公代表了一种契约风险，这种风险无法通过罚款的方式来弱化。对克己奉公的背离被视为不可宽恕的无能，甚至被视为背叛，在极端情况下会被按叛国罪论处。

最后来看运营成本过高的风险——虽然一般处于幕后，但也值得放到台面上讨论。运营成本是私人经济组织中的中心问题，也是部分公共部门活动（例如国防采购）中的一个重要问题。但是对于外交事务而言，可由高能激励带来的潜在成本节约相对较小。①

综上所述，就外事交易而言，契约风险的维度及强弱程度如下：资产专用性（主要是人力资产），一定程度；克己奉公，较大程度；运营成本过高，较小程度。在外事机构及其管理方式的

① 从1985年到1995年，美国国务院的预算比国防部少2%。显然后者更有成本意识。将国防政策与国防采购分离，并将后者私有化，可以在不失去政策控制的情况下缓解成本问题。

设计中，前两个维度有利于合作而非自主，最后一个维度有利于自主但其抵消作用不大。考虑到雇员和机构都希望维持雇佣关系，会出现一个专门的内部人才市场，以支持对人力资产的专用性。类似地，支持或倾向于合作的治理结构可以降低克己奉公风险。没有必要出于成本原因而采用自主的治理结构。

5.2 响应性治理

前文用三个维度来刻画私人部门治理：激励强度、行政控制和契约法制度（见表1）。这些维度与外交事务中的自主和合作特征有何关系呢？

非常低的激励水平可以抑制不必要的进取和冒险精神。提供低能激励的机构不仅提供稳定的薪酬，还限制出于节约成本目的的资源调配。类似于行政机构的做法有助于达到第一个目的，而限制节省下来的钱的用途将有助于实现第二个目的。具体来说，那些发现并实现成本节约的人不会因此得到补偿，节省下来的钱也不能用于增加在职福利支出。为了避免在行政系统中造成降成本的压力，未支出的预算不可留存，要将其收归中央国库所有。这些限制的目的是确保低能激励不会被有条件的支付或额外的奖励所改变。长期以来，人们一直担心，如果激励强度超过一个（相对较低的）阈值，会破坏克己奉公的精神。

另外相关的一点是，照章办事有利于促进克己奉公和保证机构信誉。马克斯·韦伯提出的理想型官僚机构（如今饱受诟病）非常符合外交工作的要求，包括根据正式规章制度的管辖权安排，通过行政正当程序建立的等级明确的权威和申诉系统，公家资产和私人财产的明确划分，对程序的深刻认知，尽忠职守的职业热忱（Weber，1946，pp. 956 - 959）。很显然，韦伯的理想型官僚机构没有提供高能激励，也就没有可归于个人或团体的净收益，因为高能激励会威胁到对组织的忠诚。

当然，稳定的薪酬也有代价，它可能会使一些员工懈怠。然而，官僚规则、规章制度、标准操作流程以及诸如此类的东西的存在表明：过分的懈怠行为可以通过这种方式加以限制。此处要说明的是，行政控制的主要功能是促使公职人员忠于使命、及时响应、积极沟通。

对于外事机构，除了稳定的薪酬外，还应考虑雇佣关系的其他方面问题，比如随意解雇与事由解雇的区别运用。基本上，在其他条件相同的情况下，由总统任命并为其服务的机构负责人将更能响应政治领导层的预期需求。这样的机构领导人在与对方机构打交道时更有权威性，而这有助于克己奉公。在一个三权分立的体制中，总统的任命需经立法机关的批准方能生效，听证会和批准程序提高了使命忠诚度。因此，总统会有动力选择（提名）一个能够提升机构信誉（而不是供总统驱使）的候选人，立法机关也会认可机构领导人的政策和计划。随之，在候选人的任期内，是否“偏离”使命将成为对其进行听证的主题。此处提到的问题是实证政治学的研究对象（Spulber and Besanko，1992，pp. 133－140，p. 152)。有远见的政治学学者（包括政治家）会意识到，负责主权交易的机构肩负特殊的职责，要维护国家的使命。

领导外交事务是一份极具声望的工作，有利于外部就业和职业发展，但从事外交事务的工作人员更倾向于在内部寻求职业发展。工作人员长期从事外事管理工作。在决定外事机构的人员雇佣时，深厚的知识和对使命的忠诚更为重要，对总统命令的响应则次之。员工可能不希望进行专门的人力资产投资，或者只有在获得风险溢价的情况下才愿意这样做。为了避免这种情况，雇主（买家垄断）有动力提供有保障的雇佣关系以降低专用性风险。雇主不会随意解雇员工，只会因特定事由解除雇佣关系。同时，将通过专业培训和社会历练来培养外交工作特有的思维和做法。由于与他国外事机构的官方沟通需要精心设计，避免无意义的含糊，因此在外交事务中形式也是实质。外事处理的正确与否会被纳入培训并影响晋升。这样的机构不仅会有很多的规章制度和复杂的程序来管理运营事务（横向协调），而且在应对非常规事件时会通过广泛的纵向协商来实现纵向协调，罕有自主适应。相反，“谨小慎微、谨言慎行、协同一致”占据了上风（Wilson，1989，p. 94）。最后，被赋予主权任务的机构破产的风险很小，即使经济形势很差也始终有稳定的预算，其雇员的就业安全因而得到了保障。

为了避免员工漫不经心和怠于使命，专注于单一目的将有利于外交事务的开展。扩大外事机构职责范围的提案就是这一思想的反映。虽然分部门管理体制可以在一定程度上有效分配不同任务，但将任务直接分配给其他机构（可新设立）能完全避免潜在冲突。威廉姆·尼斯坎南（Niskanen，1971）认为公共官僚机构贪得无厌，其实不然，被赋予主权任务的机构并不愿意以危及使命的方式来扩张。[①]

5.3 一个现实中的公共官僚机构：美国国务院

尽管上文的描述适用于所有的外事机构，我只考察一个现实

① Tirole（1994）的机构理论所讨论的多任务并行难题因而得到缓解。

中的机构——美国国务院，并与上述抽象机构做比较。[①] 需要注意的是，随着形势的变化，特别是国家安全委员会的成立以及越来越高的全球化程度，我对美国国务院的分析可能有些站不住脚。国家安全委员会的成立部分是由于人们认为需要实现更快的实时响应，但与此相关的问题超出了本文的研究范畴（Zegart，1996）。经济全球化提供了更多的有关外事服务的就业机会，从而缓解了上文所说的资产专用性问题。即使如此，考察杜鲁门-艾奇逊时代的外事组织仍具有启发意义。我将从雇佣关系开始探讨。

5.3.1 机构领导人

选择外事机构领导人的初衷不一而足（Wilson，1989，p. 198）：

> 总统根据需要选择机构领导人，这可能与政策考虑有关，也可能与之无关。一部分任命是为了回馈他们在总统竞选中获得的支持；另一部分任命是在国会议员的竞选中落败了不得不退而求其次；还有一部分任命是为了满足利益集团的要求。

尽管多数联邦机构的行政长官不是从在任职员中选任，但也有例外，如联邦监狱管理局、气象局、林业局和标准管理局。

国务卿是一种政治性任命，他的任务是推动总统的外交政策计划，这也是副国务卿和助理国务卿的责任。但是，被赋予主权任务的机构的领导人承担着超越政治的责任，还包括维护国家的诚信，这样的人事任命旨在提高国内外对外事机构的信任。由于

① 我认为其他国家外事当局的组织方式是相似的。但在极权政府中会有更多自上而下的控制，并强调对政权的忠诚（而非对国家的忠诚）。

参议院在确定候选人的过程中重点关注其个人能力和克己奉公精神，因此总统在提名前会仔细筛查候选人的这些品质，而不会像（比如）提名商务部领导人那么随意。[①]（交易成本经济学总是一种比较制度分析。）

美国国务院的领导人由总统决定，对总统忠诚，为总统服务。由此就产生了一个响应性假设：不考虑更高使命的话，个人的分歧会以有利于总统的方式解决。因此，尽管艾奇逊在巴勒斯坦问题上与杜鲁门总统存在分歧，他说他已经“尽力忠于总统的意思并付诸实施”（Acheson，1969，pp. 169 - 170）。

不仅杜鲁门总统“主要依靠国务院来决定外交政策和——除非有必要使用武力——执行外交政策……而且国务卿认为他在外交事务上是总统的参谋长，既要指挥和控制本部门，又要与总统并肩作战，以便在事态初起时迅速做出决策、采取行动，还要充当政策制定的主要助手并保证政策的贯彻落实”（Acheson，1969，pp. 734 - 735）。[②] 通常，国务卿在决策过程中的作用是间接的，例如，罗伯特·洛维特（Robert Lovett）和艾奇逊劝说杜鲁门总统修改与克莱门特·阿特利（Clement Atlee）秘密达成的核武器协议，从而避免了在国会中受挫的尴尬（Acheson，1969，p. 484）。

5.3.2 职　员

在美国国务院，雇佣关系分为两部分。一般行政管理适用于整个公务员系统，外交服务专门用于更敏感的外交任务。两者的

---

① 尽管司法工作强调原则性，但司法部领导层的任命高度政治化。法院系统是抗衡司法政治化的后备机制，因此，法官的任命格外重要。

② 随着国家安全委员会的作用变得更加突出，情况发生了变化。其他学者研究了其利弊（Zegart，1996）。尼克松总统在处理外交事务时没有依赖国务卿，而是果断与国家安全顾问亨利·基辛格协商。绕过美国国务院的好处是响应更快速，行动更果断。

激励强度都很低，雇佣关系也很有保障。[尽管“炒掉一个政府雇员并非不可能……但确实非常困难”(Wilson，1989，p. 145)。]

约翰逊和利贝卡（Johnson and Libecap，1994，p. 154）如此描述美国的公务员系统：

> 公务员制度建立至今已有100多年。总统、政府高官和国会议员很难用一些基本手段来激励员工，例如晋升绩效好的员工或解雇绩效差的员工。相反，在公务员制度中，工资和晋升是根据工龄而非绩效来决定的，工资是在国家工资计划和法定工资调整范围内确定的，法定的工资调整往往覆盖所有员工，而且几乎所有的职业公务员都享有终身工作保障。在这种制度下，联邦监察员实施奖惩的能力受到严重限制，很难根据表现奖惩下属。

诚然，就公务员制度的雇佣关系而言，经济激励程度低和工作安全程度高不足以反映其全部特征。工作能力突出、遵守规则、有耐心的雇员会得到提拔。照章办事成为常态，这也有成本：懒惰或者对仕途不抱幻想的雇员固守纸面规则，对待工作敷衍了事，这是一种常见的投诉。

鉴于克己奉公的重要性，即使是轻微的泄密行为，也被认为严重违反了纪律（Acheson，1969，p. 49）。[①] 因此，也值得考虑深化公务员雇佣关系，加强社会历练。值得注意的是，1924年的《罗杰斯法案》(Rogers Act) 创立了外事处，其成员是精英中的

① 艾奇逊举了一起泄密事件为例（1969，p. 49）：尝试查找泄密者常常以失败告终……我发现那段摘录来源于两份而非一份机密文件。同时能看到两份文件的人相比于只能看到一份文件的人显然更少。事实的确如此。看过两份文件同时认识那位专栏作家的人更少之又少了。很快，美国联邦调查局抓到了肇事者，一位曾在斯特蒂纽斯身边工作、好心但过分热情的助手。他后来辞职去了军队，在太平洋战场上有良好表现。

精英，其“对成员的智力水平和社会地位有极高的要求……有严格的筛选机制，自下而上升迁（而非横向聘任），并终生以此为业”（Warwick，1975，p. 30）。外事处的很多职员“没有适合市场的技能”，当然，这也是职业设计的一部分。①

此外，外事处“非常强调在外交决策体系中的主流地位，重视外交方法，包括机敏程度、谈判技巧、文化素养和良好举止”（Warwick，1975，pp. 30 - 31）。通常情况下，隐性知识——老道的外交官员的个人技能和不可言传的智慧——在海外行动中比在华盛顿更有价值（Acheson，1969，p. 347）。总统需要的是意思清晰的传达，这正是美国国务院领导人的职责所在（Acheson，1969，p. 348）。

美国国务院高度官僚化，其特征包括：层级制结构，明确规定的职责、正式规则、条例和标准，专业/职业导向（Warwick，1975，p. 4）。沃里克进一步解释说，制定规则、条例和正式的程序既是为了有效控制外交事务，又是为了使外交事务“不受上层不断变化的态势的影响”（Warwick，1975，pp. 68 - 69）。这导致了令人难受的迟钝响应，对此，很多总统都深感无奈（Warwick，1975，pp. 71 - 72）。② 部分是因为对使命的忠诚有时会与政治上的便利相左。作为应对，美国国务院被赋予了一定程度的自治权：“铁打的国务院，流水的总统。很多总统不信任也不喜欢国务院”（Acheson，1969，p. 157）。

对于美国国务院的官僚化倾向，研究美国国务院的学者和内部人士也表示失望（Argyris，1967，p. 1）：

> 国务卿拉斯科告诉他的业务顾问团，他面临的最大问题

① 随着跨国公司变得越来越重要，对外交事务官员的背景和技能要求也在提高。

② 设立直接向总统负责的国家安全顾问机构可视为避免这一问题的战略。

是让雇员接受并扩大他们的职责范围……外交事务官员……对选拔和晋升程序表示质疑，但是他们自己也没法提供更好的方案。

著名管理学家克里斯·阿吉里斯（Chris Argyris）总结道："国务院，尤其是外交部门的低效管理问题，是在起初建立时就决定了的"（1967，p. 2）。这种所谓的无效率是定义国家机构的综合属性（应被解释为设计权衡的一部分）的可预测结果，但没有人注意到这种可能性。

作为公共官僚机构，美国国务院能从国库获得源源不断的资金支持，从而避免了破产的危险。然而，美国国务院的预算受制于总统、行政管理和预算局及（尤其是）国会，它们时刻保持清醒（Warwick，1975，pp. 73－75，p. 192），随时会提出异议（Acheson，1969）。

值得关注的是，美国国务院拒绝承担可能损害其核心外交和领事使命的额外任务。在第二次世界大战期间，为了增强军事和情报搜集能力，美国在国务院外设立了战略情报局。1945 年，当战略情报局的情报分析人员被调往国务院时，外交部门的老成员不愿意接受这项新的任务。于是，在 1947 年创设了一个独立的机构——中央情报局（Warwick，1975，pp. 15－16）。[①]

---

① 威尔逊对美国公共官僚机构的研究进一步支持了他的论点。例如国防部，尽管罗伯特·麦克纳马拉（Robert McNamara）和"精英小子们"试图集权，但是军队仍被允许"保留对重要任务的自定权"（Wilson，1979，pp. 179－80）。此外，联邦调查局拒绝承担缉毒的职责，即便接受了预算会得到较大幅度的增加（Wilson，1979，p. 180）。农业部要求将食品券计划移交卫生、教育与福利部（Wilson，1979，p. 180）。较之国家公园管理局，美国林业局在划定职责界限方面更为成功，因此有更坚定的使命感（Wilson，1989，pp. 63－65）。职业安全与健康管理局肩负双重责任，步履维艰（Wilson，1989，p. 64）。因此，多重任务的压力并非从未出现，实则是各机构已经注意到这种压力并尽量避免。

6. 私人官僚机构可以代替公共官僚机构吗?

私人官僚机构能代替上面提到的抽象的和现实的外事机构吗?如果可能,并能降低成本,我建议私有化。像杜鲁门这样的总统、像拉斯科这样的国务卿和像阿吉里斯这样的分析家的担忧会减轻吗?

我将分两部分来展开论述。首先我考察了“纯粹”的私人官僚机构,然后研究了混合模式或受监管的私人官僚机构能否代替公共官僚机构。

6.1 完全私有化

完全私有化的外事机构在直觉上是难以置信的,但超越直觉来思考私人公司何以胜任这一问题是有益的。试想一下,私人公司承担外事责任的契约是什么样的?

6.1.1 通 论

毫无疑问,这种管理外交事务的契约是高度不完全的。正如威尔逊(Wilson,1989,p. 358)所说:“制定一份事先规定公司在所有情况下将如何行动的契约是非常困难、几无可能的,这主要是因为政府也不知道。”威尔逊还认为,这种无知是因为政府的偏好是在“谈判过程中形成的”(Wilson,1989,p. 358)。然而,我认为唯一可行的方法是在充满意外事件和对抗策略的谈判博弈中,以一种适应性的序贯方式做出决策。例如,艾奇逊认为北大西洋公约组织(NATO)的战略构想“极其粗糙”,但也是“别无他法”(Acheson ,1969,p. 352)。

如此巨大的不完全性使私有化外事机构的尝试极其复杂且难以实现。由于无法预测意外事件,更无法对它们做任何有意义的成本估算，竞争性竞标需要怎么实现？如何比较各方投标？如果总统要求对契约未规定的意外事件做出回应，应采用何种协调机制？在资产高度专用和条件不确定的情况下，自然垄断的特许经营权竞标所带来的所有问题都会出现（Williamson，1976），只是更甚。外交事务的外包契约，如果有的话，将更类似于针对高技术项目的国防采购成本加成契约（见 6.2 小节）。

假设一个私人官僚机构（如同公共官僚机构）从政府手中得到了预算，并按政府要求建立领导层和专业团队来管理外交事务。那么此机构能否同时做到：第一，执行有利于提高响应速度和管束冒险行为的低能激励机制？第二，通过降低成本来获取净利润？

如上文所述，极低的激励程度部分是通过如果节约了成本则返还给财政部的方式实现的。这一要求不利于私有化，与之对立。私人官僚机构中由此增加的激励强度对如下方面具有重大影响：（1）成本节约/成本承担；（2）行政任命；（3）职业人员；（4）机构流程。

私人官僚机构不仅非常关注降低成本的机会并愿意随时付诸实践，而且十分担忧总统在续约时会要求其承担额外成本。对降成本的追求会扭曲私人官僚机构的行为，被要求承担额外成本则会弱化私人官僚机构的响应。（即使就契约重新谈判，也无法保证确定和及时的响应。）

机构高管的任命也会出现类似问题。诚然，私人公司的董事会通常是被动的，对公司的管理只能点头认可。没出问题时，董事会同意“一切如常”。但是，如果情况恶化，董事会可以干预；如果董事会袖手旁观，就可能被现有股东投票换掉，或在公司被收购后被新的股东换掉。无论如何，新的董事会很有可能会重组管理层。即使一切顺利无须干预（现任董事会就像美泰克的修理工一样日复一日地无所事事），高管的退休和辞职也会导致需要定期更换管理层。

商业和政治之间的差异显而易见。对股东负责的董事会在管理层的任免及任期决定上具有重要的话语权。而相比之下外交事务则必须由总统和国会拍板。

为私人公司的员工提供强力的就业保障，并让他们获得足够的职业培训和社会历练，可能是一个更好的方案。但是，相同的流程、规则和条例等并不能确保私人官僚机构和公共官僚机构在服务目的不同的情况下发挥相同的作用。除非分配和晋升完全受到客观指标（例如资历）的限制，否则，管理层在进行判断时将考虑净收益。因此，虽然净收益在规则中没有明文规定（甚至被否定），但也不妨碍它重回我们的视野。换个说法，同样的法律规则并不意味着同样的判决结果。

此外，采用完全相同的流程、规则和条例等是毫无道理的。私人官僚机构既考虑外交政策的有效性，也考虑其盈亏平衡。换句话说，它是有取舍的。此外，如果政府缺乏外交事务方面的直接经验（因此不太了解需要做什么），它将无法制定法规以管理私人官僚机构。

结果就是，在外交事务上用私人公司取代公共官僚机构的努力终将以失败告终。私人公司的特点是激励程度高、行政控制弱、管理反应弱、就业保障弱。这并不是说外交事务会被彻底搞砸，而是情况会有所改变，成本控制将更受重视，克己奉公精神将被牺牲掉，员工将得到更少的就业保障/社会历练/高层承诺。

此外，在这种情况下，由于政府不会充分授权给私人官僚机构（从而维护国家利益），其他国家的对应外事机构因此会认为私人官僚机构的代表不够权威（接受审查和发生变故的可能性更大）。

6.1.2 专　论

哈特、施莱弗和维什尼（Hart，Shleifer and Vishny，1997）在一篇题为《合意的政府范围：理论及其对监狱的应用》的文章中探讨了公共官僚机构和私人官僚机构的选择问题。尽管他们讨论的主题是监狱的私有化，但是他们也考虑了外交政策。他们认为，外交事务所需的投资很小，同时外事契约高度不完全。根据他们的看法（1997，p. 1155），私有化按照如下方式发挥作用[①]：

> 假设国务院被私有化，并在契约中明确规定了针对不同国家的政策。在这种情况下，如果政府想改变对一国的政策，它不得不说服私人承包方做出相应的改变。在重新谈判的过程中，政府支付给私人公司的工资可能会高于自己雇用员工的成本。并且当初期投资较少时，自己雇用的员工是完全可替换的。鉴于较低的初期投资和巨大的事后敲竹杠威胁，内部供应似乎是一个更好的选择。

我不关注重新谈判和敲竹杠问题，而是从另外的角度探讨私有化。在面对需要合作适应的意外干扰时，关键问题是哪种治理模式能最好地实现适应和恢复效率。适应需要八个步骤：（1）披露适应的时机；（2）确定备选的适应方案；（3）评估每种适应方案的结果；（4）确定最佳的适应方案；（5）与私人官僚机构沟通，使其能够接受最终选定的方案；（6）执行适应方案；（7）跟

① 他们还认为，拍卖外交事务特许经营权的尝试会面临严重的财政困难（Hart，Shleifer and Vishny，1997，pp. 1155 - 1156）。

踪和评估适应方案；（8）进行适应性的连续调整。

在以上八个步骤中，哈特、施莱弗和维什尼（Hart，Shleifer and Vishny，1997）仅考虑了步骤（1）、（4）、（5）。步骤（1）很清楚。由于治理模式的不同，针对现存变故的识别和沟通能力也有所不同。在选择治理模式时，应该考虑到这一点。在步骤（4），政府决定自己的行动。但是，缺少了步骤（2）和（3），步骤（4）怎么开展呢？同样，如果公共官僚机构和私人官僚机构在适应方案的确定和适应结果的评估方面存在差异，在选择治理模式时就应考虑到这一点。步骤（5）包括说服/重新谈判，这个过程潜藏着被敲竹杠的威胁。哈特、施莱弗和维什尼（Hart，Shleifer and Vishny，1997）认为，在私人承包商和内部供应商之间，政府对前者的支付更多，因此自产还是外购的答案很清楚：自产。

所有八个步骤对管理外交事务（更宽泛地说是主权交易）来说都很重要，如果只关注敲竹杠问题，或忽略一个或数个步骤，不仅会漏掉很多重要环节，还可能得出误导性的结论。根据以上八个步骤的设想，外交政策**演变**为总统和外事当局实时互动的产物。步骤（5）非常重要，但敲竹杠不是唯一的也不是最重要的问题。克己奉公在所有八个步骤中都起作用，因此，要考虑不同治理模式在领导力、社会历练、程序规则和激励程度方面的不同作用。[①]

① 威尔逊观察到，部分联邦机构（监狱管理局、气象局、林业局和标准管理局）的领导人能够而且确实是从职员中选拔的，但是总统在选择其他部门的领导人时，人选范围要更大。哈特、施莱弗和维什尼的分析并未考虑这一现象。他们也没有注意到：主权交易滋生了严重的克己奉公风险，这反过来影响领导力。另外，他们认为外事机构的职员是“完全可替代的”（Hart，Shleifer and Vishny，1997，p. 1155），这和我的看法也不同。我认为，这些职员进行了大量的专用性投资，因而要将他们置于保障性的治理模式中（不能轻易地解雇职员）。

由此看来，尽管我和施莱弗等人一样，都认为将外事机构私有化存在极大的困难，但我们的观点却不尽相同。施莱弗等人主要研究重新谈判/敲竹杠问题，而我主要关注总统与外事当局之间的持续关系，在这种关系中，信息输入、决策制定和执行是相互层叠、相互依赖的，并且克己奉公问题贯穿始终。

6.2 监 管

上文考虑了完全私有化带来的问题，那么，收益率监管（rate-of-return regulation）是否适用于受托管理外交事务的私人公司？这可以被认为是一个非常长期的、带有成本加成偿付性的不完全契约，其中政府的利益受以下措施保护：（1）将私人公司纳入复杂的监管体系，受到各种各样的规章制度和程序的限制，还必须定期接受审计；（2）领导层的任命必须与总统协调，并得到国会的默许或明确批准；（3）加强机构职员的就业保障和社会历练，以保证其正确履行使命，可以通过监管机构对职员开展培训来实现。

与完全私有化相比，这种形式的监管很好地照搬了公共官僚机构的特征。它不仅可以更好地支持资产专用性，还可以满足外交事务对克己奉公的要求。但是，它仍然与公共官僚机构有很大的不同。

不同之一是，在总统和外事当局之间增设了一个新的官僚机构，即监管机构。总统是通过监管机构下达指示还是绕过它直接下令？此外，监管机构对外事当局控制的加强（毕竟这是监管机构的本职工作）可能会对外交事务产生负面影响，必须考虑这个问题。鉴于“契约”的模糊性和开放性，以及监管机构自我保护的需要，控制的差异就产生了。

控制差异表现为不作为（omission）和乱作为（commission）。

监管者脱离实际运作（作为控制者而非参与者），缺乏一手知识和经验，无法像独立的公共官僚机构那样准确地认识到控制的实际需求。因此就出现了不作为。但同时，监管机构身处政治领袖和受监管公司之间的尴尬地位，还存在上述的自我保护倾向。因此就出现了乱作为。最终，监管还是无法完全代替公共官僚机构的规则、条例和程序。

而且，受监管公司的领导人更可能从内部职员中选拔，而非选择杰出的外部人士。选择一个不求无功但求无过的完美官僚，更能被受监管公司和总统所认同和接受。然而，受监管公司选出的领导人与总统本人选出的领导人完全不同，后者与总统有交情和共同的价值观。因此，不能指望总统一视同仁地对待他们。

还有一些实操上的问题。当有变故发生时，政府如何引导受监管公司参与合作适应？这个问题谈过吗？由此产生的成本怎么界定，或者说难道政府只管无条件偿付？政府如何获得足够的信息？在有必要采取果断行动的情况下，总统有动力通过建立平行机构（如国家安全委员会）来绕过监管。

还有更复杂的情况。鉴于因果关系很难建立，那么当事情出错时，受监管公司如何为自己辩护，以应对懒惰、无能或不忠诚的指责？此外，如果有一个“局外人”在事情恶化时可以成为替罪羊，那么又会出现更多的问题。外部供应商可能会因人为原因（可能是政治原因）而面临契约终止和被指控的风险，因此它非常不愿意承担结果高度不确定的任务。（受监管公司并不比公共官僚机构有更高的风险偏好，但更容易受到冲击。）

通过上面提到的简单比较分析，得出的结论是：监管相比于私人官僚机构更好地复刻了公共官僚机构的特征，但并不完全。

在实践中，监管类似于上文提到的介于市场和层级结构之间的混合模式：它具有公共官僚机构和私人官僚机构这两种模式的综合属性。表 2 总结了上文的分析，它与表 1 很相似，但增加了领导层和职员的属性。

表 2　公共部门治理结构的比较

	治理结构		
	私有化	监管	公共官僚机构
工具			
激励强度	++	+	0
行政控制	0	+?	++
执行			
自主适应	++	+	0
合作适应	0	+	++
契约法			
就业关系			
领导层自主权	++	+	0
员工就业保障	0	+	++
通过法律解决纠纷	++	+	0

注：++表示强，+表示中等程度，0 表示弱。

如表 2 所示，私人官僚机构的激励最强，行政控制最弱，自主的倾向最强（进取心强，爱冒险），合作（服从）的倾向最弱，通过法律解决纠纷、自行任命领导层的倾向最强，员工的就业保障程度最低。在所有方面，公共官僚机构是与之对立的一极，而监管介于二者之间（需要注意的是，监管的行政控制程度可能更高，这可能属于功能失调）。图 3 是对图 1 的拓展，包括上述新的治理模式。

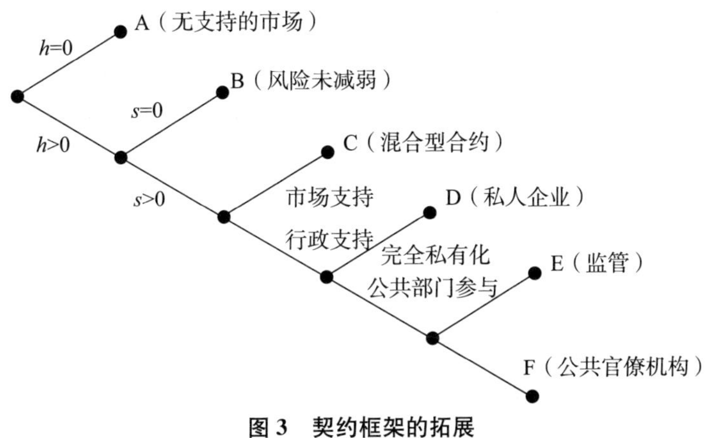

图 3　契约框架的拓展

7. 评　论

由上述分析得到一个显而易见的结论：外事机构不易私有化。然而，这并不是说有关外交事务从来不“对外授权”（或者准私有化）。前有“东印度公司”，现有与“流氓国家”打交道的专门机构。前者可以解释为高昂的交通和通信成本造成的小规模不经济。随着联系和利益的建立，这种授权被正规化了（重新安置到公共部门）。临时授权的原因之一是在双方正式关系破裂的情况下必须保持非正式的联系。（有时冒险的行为会导致严重后果，如伊朗门事件。）正规化也是重新获取官方承认的过程。通常没有人会建议将外事机构私有化，但为什么要费心去解释这件显而易见的事情呢？

首先最重要的一点是显而易见的事情往往也有不为人知的一面［一个例子是难以捉摸的“信任”概念（Williamson，1993）］。通过研究极端实例（如外交事务）来找到切入点，可以帮助我们发现在标准和常见的交易中不会出现或不那么重要的特征。在极端实例下，解释显而易见的问题可能有助于扩大交易研究的“维度化”（dimensionalization）。[①] 对于为什么显而易见的交易（如外交事务）没有被私有化，可能有若干不同的解释。这些解释是等价的吗？如果有区别，区别在哪里？其影响如何？

7.1　研究视角

交易成本经济学认为，公共事业中的收益率监管是应对双边依赖和信息不对称的极端情形的措施。这种监管能够提供远超私人秩序所能提供的保护。

对主权交易的一种看法是它与公共事业交易类似，但是更甚：它具有**更强**的双边依赖性和**更严重**的信息不对称，公共部门的额外保障措施因此应运而生。然而，如本文所述，这不是主权交易的关键特征。至今**未被注意到的克己奉公风险**才是使外交事务管理复杂化的关键因素。

这既有启发性，又令人为难。如果像本文分析的那样，克己奉公对主权交易（尤其是外交事务）来说确实很重要，那么研究它是有启发性的。如此，我们需要进一步探究能够减轻这类风险的治理结构特征。更进一步，我们要弄清楚何种治理模式最能实现这些特征。如本文所述，公共官僚机构是处理克己奉公风险的最优治理结构。

然而，运用克己奉公这个概念也存在两难，因为我们总是可

① 早期的理论发展也在一定程度上“发现”了克己奉公，并陆续发现并纳入了资产专用性和治理模式的其他形式。虽然我们早已认识到物质资产和人力资产的专用性，但是其他隐含的资产专用性只有在新的（不同的）交易进入研究视野时才会被发现。类似地，只有在可信承诺的概念和不完全契约的概念结合在一起时，混合治理模式的重要性才凸显出来。本文力图通过回答“在主权交易中发生了什么?”这一问题来拓展交易成本经济学的外延。

以编造出某种新的契约风险，并赋予其重要性，进而用于解释悬而未决的问题。如果这种风险事先已被确认，情况就会好很多，这样一来，它对外交事务组织的影响就可以直接应用上述逻辑。考虑到交易成本经济学仍处于初级阶段，这显然有些苛求了。但这样的问题并不限于交易成本经济学。假如克己奉公真的很重要，那么整个组织经济学都忽视了这个问题。相形之下交易成本经济学还算不错，因为它有助于发现和解释这种情况。

克己奉公还有另一个问题：概念模糊。使克己奉公如此重要的关键属性是什么？对此，尚无明确答案。同样，我们也不必因此苛责交易成本经济学，因为不单单是它有这种模糊的概念，类似的还有“难以捉摸的‘信任’”（Gambetta，1988，ix）、灵活的“关系契约”（Macneil，1974）、宽泛的“影响成本”（Milgrom and Roberts，1988）和“公司文化”（Kreps，1990）。所有这些概念都很重要，有助于我们理解复杂的经济组织，但它们的可操作性还有待增强。

我认为，虽然缺乏可操作性，针对克己奉公风险的治理应包括以下几个方面：（1）极低的激励程度；（2）大量的行政控制和流程；（3）由总统任命和解雇（由立法机关批准）机构领导人；（4）有较多的社会历练和较强的就业保障的精英职员群体。相较于私人官僚机构，公共官僚机构更好地体现了这些特征。

7.2 其他交易

以下只做概略性描述，仅供参考。如果像我那样认为微观分析很重要，那么将上述分析应用于其他交易时，应该采取“适度的、缓慢的、细致的和明确的”方式。然而，我相信对大多数交易的治理都可以用以下两个命题来说明：（1）风险以三种形式表现，即成本过高、双边依赖和克己奉公；（2）治理结构的差别主要体现在自主适应和合作适应这两个方面。第二个命题的基本论点是：以自主适应为特征的治理模式具有较强的成本控制属性，但在双边依赖和克己奉公方面表现较差；以合作适应为特征的治理模式成本控制属性较弱，但在双边依赖和克己奉公方面表现较好。

考虑与以下交易相关的风险和由此产生的组织后果：外交事务、国防采购（高科技产品）、办公用品、所得税征收和监狱管理。表 3 尝试（以第一感觉）描述了每一种交易——成本控制、双边依赖和克己奉公——的契约风险。

表 3　契约风险

综合交易	契约风险		
	成本控制	双边依赖	克己奉公
外交事务	＋	＋	＋＋
国防采购	＋＋	＋＋	＋
办公用品	＋	0	0
所得税征收	＋	0	＋
监狱管理	＋	＋＋[a]	＋

注：a 表示实物资产，＋＋表示强，＋表示中等强度，0 表示弱。

如表 3 所示，外交事务具有中等的成本控制风险，一定程度的（人力）资产专用性风险和极大的克己奉公风险。相比之下，国防采购的成本控制和双边依赖风险巨大，但克己奉公是一个较小的问题。办公用品只存在成本控制风险。所得税征收存在中等程度的成本控制和克己奉公风险。监狱管理涉及专用性实物资产方面的大规模投入，成本控制和克己奉公风险程度适中。

通过公共官僚机构管理外交事务的理由已在上文讨论。办公用品也很简单：从市场购入。但国防采购和所得税征收的问题较复杂。成本加成法（一种监管形式）可用于国防采购。可能还有其他形式的监管可用于所得税征收，但这有待进行更细致的分析。就监狱管理而言，一种可能的方案是，政府占有专用性实物资产（监狱）的所有权并特许私人经营，但是质量方面的问题（在此处反映为克己奉公）值得注意。哈特、施莱弗和维什尼的模型涉及这方面的关键问题，专门讨论了质量（而非克己奉公）问题。

8. 结　论

本文的新意不在于说明外交事务是由公共官僚机构组织的，这一点已成为常识。本文的新意在于：(1) 以交易成本经济学理论推导出此结论；(2) 提出了一直被忽视的克己奉公风险，并指明因为这一风险的存在，在管理外交事务方面，公共官僚机构具有比较优势；(3) 说明了那些备受指责的措施（低能激励、繁杂流程、过度就业保障），实际上从节约成本的角度来看是合理的[①]；(4) 与传统的比较经济学文献相比，更多地考察了包括领导者和员工在内的管理因素；(5) 在一般性的交易成本经济学的基础上，侧重于微观层面；(6) 不以绝对标准判断效率，而是采用了可补救准则。

莫伊认同并经本文证实的一点是：政治是不同的。诺思认同并经本文证实的一点是：在政治领域，存在一些（也可能很多）困难的交易。诺思将其视为无效率的证据，我的看法正好相反：诺思所指的困难是这类交易所固有的，公共官僚机构是应对这些困难的最佳可行治理模式，尽管它显得笨拙。因此，可以认为由公共官僚机构来管理这类交易是有效率的。

① Holmström (1996) 也持这种观点。

研究极端的案例的目的是发现那些重要但被忽视的特征。在研究外交事务时，我们发现了克己奉公风险，因为其重要性在这种情形下凸显了出来。揭示了克己奉公这个概念就可以研究克己奉公风险是否对其他机构和其他治理模式（如非营利组织）的领导者和员工有影响。“治理即忠信”（governance as integrity）的观点超越了以往对双边依赖、脆弱的产权和度量问题的讨论，使研究有了更广阔的视角。克己奉公这一概念虽能引起共鸣，但仍然很模糊。这一概念的应用要有特定的范围，其可操作性有待增强。

参考文献

Acheson, Dean. 1969. *Present at the Beginning*. New York: W. W. Norton.

Argyris, Chris. 1967. “Some Causes of Organizational Ineffectiveness Within the Department of State.” Occasional Paper no. 2, Center for International Systems Research. Washington, D. C.: Department of State.

Barnard, Chester. 1938. *The Functions of the Executive*. Cambridge: Harvard University Press (fifteenth printing, 1962).

Becker, Gary. 1983. “A Theory of Competition Among Pressure Groups for Political Influence.” *Quarterly Journal of Economics* 98: 371 - 400.

——. 1989. “Political Competition Among Interest Groups,” in Jason Shogren, ed., *The Political Economy of Government Regulation*. Boston: Kluwer.

Behavioral Sciences Subpanel, President’s Science Advisory Committee.

1962. *Strengthening the Behavior Sciences*. Washington, D. C.: U. S. Government Printing Office.

Bernstein, Marver. 1955. *Regulating Business by Independent Regulatory Commission*. Princeton: Princeton University Press.

Coase, Ronald H. 1964. "The Regulated Industries: Discussion." *American Economic Review* 54: 194 - 197.

——. 1974. "The Lighthouse in Economics." *Journal of Law and Economics* 7: 357 - 376.

——. 1992. "The Institutional Structure of Production." *American Economic Review* 82: 713 - 719.

Commons, John R. 1932. "The Problem of Correlating Law, Economics, and Ethics." *Wisconsin Law Review* 8: 3 - 26.

David, Paul. 1986. "Understanding the Economics of QWERTY: The Necessity of History," in W. N. Parker, ed., *Economic History and the Modern Economist*. New York: Basil Blackwell.

de Figueiredo, John, and Emerson Tiller. 1996. "Congressional Control of the Courts: A Theoretical and Empirical Analysis of Expansion of the Federal Judiciary." *Journal of Law and Economics* 39: 435 - 462.

Demsetz, Harold. 1969. "Information and Efficiency: Another Viewpoint." *Journal of Law and Economics* 12: 1 - 22.

Derthick, Martha. 1990. *Agency Under Stress: The Social Security Administration in American Government*. Washington, D. C.: Brookings Institution.

Dixit, Avinash. 1996. *The Making of Economic Policy: A Trans-*

action Cost Politics Perspective. Cambridge: MIT Press.

Friedman, Milton. 1962. *Capitalism and Freedom*. Chicago: University of Chicago Press.

Gambetta, Diego. 1988. "Can We Trust Trust?" in *Trust: Making and Breaking Cooperative Relations*. Oxford, England: Basil Blackwell.

Goldberg, Victor. 1976. "Regulation and Administered Contracts." *Bell Journal of Economics* 7: 426 – 452.

Grossman, Sanford J., and Oliver D. Hart. 1986. "The Costs and Benefits of Ownership: A Theory of Vertical and Lateral Integration." *Journal of Political Economy* 94: 691 – 719.

Hart, Oliver D. 1995. *Firms, Contracts and Financial Structure*. New York: Oxford University Press.

——, Andrei Shleifer, and Robert Vishny. 1997. "The Proper Scope of Government: Theory and an Application to Prisons." *Quarterly Journal of Economics* 112: 1127 – 1161.

Hayek, Friedrich. 1945. "The Use of Knowledge in Society." *American Economic Review* 35: 519 – 530.

Holmström, Bengt. 1996. "The Firm as a Subeconomy." unpublished manuscript.

——, and Paul Milgrom. 1991. "Multi-Task Principal-Agent Analysis." *Journal of Law, Economics, & Organization* 7: 24 – 52.

Johnson, Ronald, and Gary Libecap. 1994. *The Federal Civil Service System*. Chicago: University of Chicago Press.

Kreps, David M. 1990. "Corporate Culture and Economic Theory," in

James Alt and Kenneth Shepsle, eds., *Perspectives on Positive Political Economy*. New York: Cambridge University Press, pp. 90－143.

Krueger, Anne. 1990. "The Political Economy of Controls: American Sugar," in Maurice Scott and Deepak Lal, eds., *Public Policy and Economic Development: Essays in Honor of Ian Little*. Oxford: Clarendon Press, pp. 170－216.

Levy, Brian, and Pablo Spiller. 1994. "The Institutional Foundations of Regulatory Commitment: A Comparative Analysis of Telecommunications Regulation." *Journal of Law, Economics, & Organization* 10: 201－246.

——. 1996. *Regulations, Institutions, and Commitment: Comparative Studies of Telecommunications*. New York: Cambridge University Press.

Liebowitz, Stanley J., and Stephen Margolis. 1990. "The Fable of the Keys." *Journal of Law and Economics* 33: 1－26.

Macneil, Ian R. 1974. "The Many Futures of Contracts." *Southern California Law Review* 47: 691－816.

March, James G., and Herbert A. Simon. 1958. *Organizations*. New York: John Wiley & Sons.

Milgrom, Paul, and John Roberts. 1988. "An Economic Approach to Influence Activities in Organizations." *American Journal of Sociology* 94: S154－S179.

Moe, Terry. 1984. "The New Economics of Organization." *American Journal of Political Science* 28: 739－777.

——. 1990. "The Politics of Structural Choice: Toward a Theory of Public Bureaucracy," in Oliver Williamson, ed., *Organization Theory*. New York: Oxford, pp. 116 - 153.

——. 1997. "The Positive Theory of Public Bureaucracy," in Dennis Mueller, ed., *Perspectives on Public Choice*. New York: Cambridge University Press, pp. 455 - 480.

Niskanen, William. 1971. *Bureaucracy and Representative Government*. Chicago: Aldine.

North, Douglass. 1990. "A Transaction Cost Theory of Politics." *Journal of Theoretical Politics* 2: 355 - 367.

Peltzman, Sam. 1976. "Toward a More General Theory of Regulation." *Journal of Law and Economics* 19: 211 - 240.

Priest, George. 1993. "The Origins of Utility Regulation and the 'Theories of Regulation' Debate." *Journal of Law and Economics* 36: 289 - 324.

Selznick, Philip. 1992. *The Moral Commonwealth*. Berkeley: University of California Press.

Simon, Herbert. 1978. "Rationality as Process and as Product of Thought." *American Economic Review* 68: 1 - 16.

——. 1985. "Human Nature in Politics: The Dialogue of Psychology with Political Science." *American Political Science Review* 79: 293 - 304.

Spulber, Daniel, and David Besanko. 1992. "Delegation, Commitment, and the Regulatory Mandate." *Journal of Law, Economics, & Organization* 8: 126 - 154.

Stigler, George J. 1971. "The Theory of Economic Regulation." *Bell Journal of Economics* 2: 3–21.

——. 1992. "Law or Economics?" *Journal of Law and Economics* 35: 455–468.

Tirole, Jean. 1994. "The Internal Organization of Government." *Oxford Economic Papers* 46: 1–29.

Warwick, Donald. 1975. *A Theory of Public Bureaucracy*. Cambridge: Harvard University Press.

Weber, Max. 1946. *Economy and Society*. Berkeley: University of California Press.

Wei-Ming, Tu. 1996. "Confucian Traditions in East Asia," *Bulletin* no. 50, American Academy of Arts and Sciences, pp. 12–39.

Weingast, Barry, and William Marshall. 1988. "The Industrial Organization of Congress; or, Why Legislatures, Like Firms, Are Not Organized as Markets." *Journal of Political Economy* 96: 132–163.

Williamson, Oliver E. 1968. "Economies as an Antitrust Defense: The Welfare Tradeoffs." *American Economic Review* 58: 18–36.

——. 1976. "Franchise Bidding for Natural Monopolies—In General and With Respect to CATV." *Bell Journal of Economics* 7: 73–104.

——. 1979. "Transaction-Cost Economics: The Governance of Contractual Relations." *Journal of Law and Economics* 22: 233–261.

——. 1985. *The Economic Institutions of Capitalism*. New York:

Free Press.

——. 1996. *The Mechanisms of Governance*. New York: Oxford University Press.

——. 1998. "Transaction Cost Economics: How It Works; Where It Is Headed." *De Economist* 146: 23 - 58.

——, and Janet Bercovitz. 1996. "The Modern Corporation as an Efficiency Instrument," in Carl Kaysen, ed., *The American Corporation Today*. New York: Oxford University Press, pp. 327 - 359.

——, and Scott Masten. 1995. *Transaction Cost Economics*, vol. Ⅱ. Brookfield, VT: Edward Elgar Publishing Company.

Wilson, James Q. 1989. *Bureaucracy*. New York: Basic Books.

Wittman, Donald. 1989. "Why Democracies Produce Efficient Results." *Journal of Political Economy* 97: 1395 - 1424.

Zegart, Amy Beth. 1996. "In Whose Interest? The Making of American National Security Agencies." Ph. D. dissertation, Stanford University. *

---

* Williamson, Oliver E. 1999. "Public and Private Bureaucracies: A Transaction Cost Economics Perspective." *Journal of Law, Economics, & Organization* 15 (1): 306 - 342. DOI: 10.1093/jleo/15.1.306.

工作组织：比较制度分析*

奥利弗·E. 威廉姆森

社会学家、激进的经济学家和其他人认为组织的层级模式是由权力而不是效率来解释的，这一结论忽略了交易成本。这是可以理解的，因为新古典经济学也忽略了交易成本。但这也令人遗憾，因为当中间产品在技术上可分离的生产阶段之间转移时，所产生的交易成本在很大程度上取决于组织结构。对备选组织模式的微观分析评估需要：(1) 确定与绩效评估相关的交易成本维度；(2) 描述备选模式的组织和运营属性；(3) 根据交易成本属性对备选模式进行比较评估。交易成本在很大程度上影响着组织的成果。

1. 引　言

工作组织（organization of work）是学术界、社会改革家和

* 本文受古根海姆奖学金的支持、美国国家科学基金会的资助，以及组织创新研究中心的支持。感谢理查德·尼尔森（Richard Nelson）和尼尔·格罗斯（Neal Gross）对本文初稿的有益评论。

大人物（政治家、商人、劳工领袖、官僚）长期感兴趣的问题，并经常引起他们的评论。在这个问题上，尽管所有的社会科学都有所贡献，但似乎没有哪门学科比经济学有更大的利害关系。不过，经济学家的研究兴趣也是选择性的。部分原因是关于内部组织的备选模式的问题并没有在新古典传统中自然产生，在某些方面甚至与之格格不入。[①] 在当代经济学家中，主要是与新左派（New Left）有关的人士提出了这些问题。鲍尔斯和金蒂斯（Bowles and Gintis，1976，Chapter 3）总结了新左派内部的一致立场。

第 2 节回顾了这一一致立场的主要特征。争论的焦点是：是否如所声称的那样，层级制的组织模式缺乏效率维护特性？评估这一点的方法是：（1）专注于某个具体的生产过程；（2）明确描述完成任务所需的备选组织模式，在这些模式中，层级制的程度是不同的；（3）根据相同的绩效属性来评估每一种模式。最近的文献相对来说忽视了交易成本，其实它才是解决这个问题的核心。这些效率问题将在第 3 节和第 4 节讨论。

第 5 节简要考察了与工作模式的演变和异化问题有关的一些历史证据。结束语见第 6 节。

简言之，我认为新左派的意见是合理的，即新古典经济学很少涉及工作组织问题。主要原因是，新古典企业被视为一个生产函数。因此，新古典节约问题是对要素比例进行有效选择，而与工作组织有关的问题主要涉及交易成本的节约。在生产函数方法

---

① 亚伦·戈登（Aaron Gordon，1976，p. 3）在 1975 年作为美国经济协会主席的讲话也表明了这一点："我们不应该忽视，为了在实证研究中获得有用的结果，公司理论的严格表述须被放宽到何种程度。也不能……忘记传统理论在多大程度上忽视了公司和机构内部的工作是如何以及为什么以这种方式组织起来。"另见第 206 页脚注 2。

下，交易成本节约问题很少出现，更没有突出的特征。

对交易成本的节约主要在于对备选组织模式的选择。因此，对备选模式的属性进行比较制度分析取代了传统的成本最小化方法。虽然新左派对新古典微积分方法的局限性的认识值得称赞，但遗憾的是激进的经济学家很少使用系统性的比较制度分析。相反，新左派在认定了新古典分析不合理之后，只是简单地断言非层级制的工作模式有很好的交易成本属性，并在工作满意度方面优于层级模式。这种断言是经不起推敲的。对此需要做的，也是我试图做的，包括：（1）清楚地确定相关的交易成本维度；（2）明确描述具备不同层级分化程度的备选模式；（3）进行比较制度分析。除本文所研究的特定的（和历史悠久的）大头针制造业案例，这种用于研究工作模式属性的微观分析策略似乎具有较为普遍的适用性。

2. 新左派对层级模式的观点

层级制度是否为工作组织的一个有意义特征？如果是的话，为什么很难通过研究新古典企业理论将其辨别出来？保罗·萨缪尔森（Paul Samuelson）在对马克思主义技术变革模型的评估中，关于资本雇用劳动和劳动雇用资本的对称性评论很能说明问题。萨缪尔森（Samuelson，1957，p. 894）就这个问题指出：“在完全竞争的市场中，谁雇用谁并不重要：劳动力雇用‘资本’也是如此。”

完全竞争的一个常见定义是交易成本处处为零。这就保证了专用性投资永远不会因为交易双方之间的小额议价关系而处于危险之中。然而，研究经济组织的学者愈加明朗地观察到，许多一开始存在多数竞争的交易在契约执行过程中被**转化**为双边贸易关系。不可忽视的交易成本就是这样产生的（Williamson，1971，1975，1979；Klein，Crawford and Alchian，1978）。萨缪尔森提出的对称性假设因此毫无用处。[①]

此外，经验表明，现实以资本雇用劳动为主，而不是劳动雇用资本。这种情况是否有合理的出于效率的理由，还是说是出于对政治流程的权力和控制的考虑？与后者一致的观点是查尔斯·林德布洛姆（Lindblom，1977，p. 105）提出的："资本所有者不是通过逻辑而是通过历史成为公司所有者。"激进的经济学家对此表示同意。

马格林（Marglin，1974）和斯通（Stone，1974）的原创性贡献是激进批判的核心。[②] 关键问题是层级制是否具有效率上的合理性。马格林在讨论这个问题时，既参考了亚当·斯密对劳动分工的观点，也提到了层级模式对非层级模式的历史性取代。对于"老板是做什么的?"这个问题，马格林给出的回答是：老板剥削工人，而层级制度是实现这一结果的组织手段。

在大头针制造业这个案例中，工作组织问题是否得到了有益的探讨是存疑的。阿什顿（T. S. Ashton）等人认为这个案例令人感到遗憾。可以理解，因为大头针制造既在经济上无足轻重，也

---

① 如马格林（Marglin，1974，pp. 45－46）所指出的，萨缪尔森所依赖的完全竞争的理想化假设"除了市场机制施加的监督和纪律之外，没有留下任何监督和纪律的余地。对监督和纪律作为建立工厂的动力的重要性的任何承认，都等于承认对公平竞争假设的严重违反"。除非在职员工享有优于外人的优势（可能是由于公司的专有经验），否则就只需要市场机制施加的"监督和纪律"。

② 请参阅 Bowles and Gintis（1976，Chapter 3）中关于激进论点的摘要，其中对马格林和斯通的文章做了重点考察。

在技术上无甚亮点。[①] 但以大头针制造业为例有几个优点。首先是技术简单。不仅任务和工具相对简单，而且制针的各个阶段在技术上是可分离的。因此也就无须因“技术必要性”而在一开始就排除某些非层级制的工作模式。各种各样的组织模式在技术上都是可行的，交易而非技术才是决定性的。

其次，大头针制造业案例还有一个好处，那就是它已经为社会科学家所熟知。事实上，很难再举出另一个例子来说明劳动分工带来的如此明显的经济效益。不仅前有斯密详细讨论了生产过程，而且后来者巴贝奇（Babbage，1835，p. 175 - 183）和阿什顿（Ashton，1925）给出了更完整的描述。再者，与此相关的是，尽管斯密以大头针制造业为例说明了劳动分工的优势这一点长期以来都不存在争议，但马格林认为，斯密对大头针制造业的备选组织模式的讨论是不完整的，并且偏向于层级模式。因此，大头针制造业是否应该按层级制度进行组织存在争议。

斯密（Smith，1904，pp. 6 - 7）在大头针制造过程中对分工的讨论值得详细论述。他指出：

> ……但按照现在的经营方法，不但这种作业全部已经成为专门职业，而且这种职业分成若干部门，其中有大多数也同样成为专门职业。一个人抽铁线，一个人拉直，一个人切截，一个人削尖铁线的一端，一个人磨另一端，以便装上圆头。要做成圆头，就需要两三种不同的操作。装圆头，涂白

① 阿什顿（Ashton，1925，p. 281）观察到，在教科书和试卷中，一百多年前的大头针贸易被赋予了突出地位，这远不能以其在经济活动中的真实地位来佐证。虽有巴贝奇的讨论，但大头针的制造并不能提供有关分工的理想例证。人们可能会与克拉彭博士的遗憾产生共鸣：“亚当・斯密没有从柯科迪走到几英里外的卡伦工厂去看工人转动大炮，而是去了他那愚蠢的大头针工厂。”

色，乃至包装，都是专门的职业。这样，大头针的制造分为18种操作。在有些工厂，这18种操作分由18个专门工人担任。固然，有时一人也会兼任两三种操作。我见过一个这种小工厂，只雇用10个工人，因此在这个工厂中，有几个工人担任两三种操作。像这样一个小工厂的工人，他们虽很穷困，必要的机械设备虽很简陋，但他们如果勤勉努力，一日也能成针12磅。每磅中等针有4 000枚计，这10个工人每日就可成针4.8万枚，即一人一日可成针4 800枚。如果他们各自独立工作，不专习一种特殊业务，那么，他们不论是谁，绝对不能一日制造20枚针，说不定一天连一枚针也制造不出来。

斯密（Smith，1904，p.9）指出，以下因素使得分工具有优势：

有了分工，等量劳动者就能完成比过去多得多的工作量，原因有三个：第一，劳动者的技能因业专而日进；第二，由一种工作转到另一种工作，通常须损失不少时间，有了分工，就可以避免这种损失；第三，许多简化劳动和缩减劳动的机械的发明，使一个人能够做许多人才能做的工作。

这些看法有几处值得注意。第一，斯密没有精确地说明小工厂的工人之间存在的组织和所有权关系，尽管我们可以推断，工人受制于一种权威关系，并且工厂和设备属于资本家所有者，他也是指导工作的经理。第二，斯密只比较了上述工厂组织的一种替代性选择。这种选择是让每个工人“单独且独立地”工作，每枚大头针从开始到完成都是单独制作的，上一枚做好了才开始制作下一枚。不管有心还是无意，这种比较偏向于工厂形式的组织模式。

正如马格林（Marglin，1974，p. 38）所指出的，单独制作每一枚大头针的做法是荒谬的。工人的熟练度和准备时间的经济性都可以通过用批量制造代替单独制作的工艺来实现："从技术上看，似乎**无须**专业化也可以获得减少准备时间的经济效益。一个工人，带着他的妻子和孩子，可以从一个任务转到另一个任务，首先拉出足够长的线来制作数百或数千个针脚，然后将它拉直，再切割，连续操作下去，从而实现了将整个生产过程分成不同任务的优势。"事实上，在马格林（Marglin，1974，p. 34）看来，"以亚当·斯密著名的大头针制造为代表的资本主义劳动分工，不是为了寻找一种**技术上**优越的工作组织，而是为了寻找一种能保证企业家在生产过程中发挥重要**作用**的**组织**，即把工人的单独劳动整合成一种可销售的产品"（重点由笔者标明）。

在我们熟悉的新古典生产函数框架中，节约主要是通过使边际转换率等于要素相对价格来实现的，这与组织形式是重要的这一命题完全相悖。为了评估这一点，需要以交易成本为导向。具体来说，在保持技术不变的情况下，要考察的问题是交易成本的节省是否通过一种方式而不是通过另一种方式来实现，如果是这样，如何对这些方式进行评价。马格林（Marglin，1974，p. 46）描述了工厂（层级结构）相对于包出制（putting-out system）的成功（重点由笔者标明）：

> ……工人聚集到工厂是包出制的自然产物（同样也是内部矛盾的结果），其成功与大型机械的技术优势几乎没有关系。工厂成功的关键在于：是资本家取代工人对生产过程的

控制；纪律和监督可以降低成本，也确实降低了成本，但在技术上**并不**占优势。

与包出制相比，层级制度的额外或相关生产率优势是允许更完全地利用创新（Marglin，1974，p. 48），并有助于检查“贪污和类似的欺骗行为”（Marglin，1974，p. 51）。

尽管层级制度在生产率和效率方面存在优势，激进的经济学家仍认为其缺乏维护社会的目的。其一，由纪律带来的生产率提高是非自愿的。工作的负效用可能超过了由纪律带来的产出收益。[①] 其二，虽然层级制度可以弥补非层级模式的交易缺陷，但这些缺陷显然被认为是不重要的，或者被解释为可补救的制度缺陷。作为后者的一个例证，马格林（Marglin，1974，p. 49）认为，专利制度可重塑，以使专利制度目前赋予层级制度的创新优势失效。所以，他对“高水平的生产是否真的需要层级制度的权威?”（Marglin，1974，p. 33）这个问题的回答主要是否定的：虽然层级制度可能有利于资本的积累（Marglin，1974，p. 34），但层级制度的工作组织与广泛的劳动分工的结合是人为的，其目的是“分而治之”的剥削目的而不是效率目的（Marglin，1974，p. 39）。

新左派不仅认为层级制度缺乏令人信服的效率理由，而且认为层级制度的历史证实了一个假设，即层级制度生来是为资本家控制劳动力而服务的。斯通（Stone，1974）对 19 世纪后期钢铁工业的转型进行了讨论，鲍尔斯和金蒂斯（Bowles and Gintis，

① 这忽略了一种可能性，即工人知道监督的好处，监督是在相互同意的情况下实施的，以便在工人联盟中制止“搭便车”行为。阿尔钦和德姆塞茨（Alchian and Demsetz，1972）在这种相互同意的基础上提出了他们所谓的“古典资本主义企业”。

1976）以及马格林（Marglin，1977）都认为其论点令人信服。此外，新左派还认为，非层级制的工作模式不仅效率更高，而且会带来更高的工作满意度（Bowles and Gintis，1976，pp. 78－81）。

后两个问题在第 5 节和第 6 节做简要讨论。但关键问题，其中也是我的主要兴趣所在，是在交易成本方面对备选工作模式进行评估。如果如前所述，层级制度不是以效率为目的，那么权威关系的假设就更有说服力。然而，如果层级制度确实有助于节省交易成本，那么马格林和斯通所提到的历史事件就值得重新解释。此外，研究这个问题可能需要面对交易效率和劳动异化这两者的权衡，因此我转而以交易成本来评估备选模式。

3. 微观分析方法

3.1 效　率

与公认的微观理论的生产函数取向一致，经济学中的主流倾向是将效率差异归因于技术差异。需要大量工人在一个工作站协同工作的技术被认为是非常普遍的。使工人处于雇佣关系下是组织生产的“自然”方式。那么，所谓的公司就是这些底层技术条件的结果。

然而，在现实中，大多数大型公司并不是大型单一工作站。相反，大型公司是在统一管理下多个工作站相结合的结果，中间产品依次经过各个工作站。

原则上，连续工作站之间的接合可以由市场交换进行调节。市场交换若被管理流程所取代，就初步表明内部组织有助于节省市场交换所产生的交易成本。因此，纵向一体化主要从交易成本而非技术角度来理解（Williamson，1975，Chapters 4－5）。

虽然将一笔交易（或一系列交易）从市场转移到公司是可行的，但如何在内部对交易进行组织仍有待解决。对此有两个命题：(1) 市场结构是评估市场组织的绩效属性的重点，同样，内部结构是评估备选内部模式的效能的重点；(2) 交易成本是这两种绩效评估的核心。因此，在纵向一体化程度不变的情况下，如何选择连接生产各阶段的备选内部模式主要取决于交易成本而非技术。

然而，我并不是说技术的选择和内部组织的选择是相互独立的。恰恰相反，技术变革可能会导致一些组织模式无法运作。但在**可行**的组织模式（通常有若干种）之间，绩效的差异应被理解为交易成本问题。

基本上，高效与低效的内部组织模式的问题可以归结为对其在有限理性和机会主义方面的属性的考察。在其他条件不变的情况下，具有高效的稀缺信息处理能力和决策能力的组织模式在交易成本方面更具有优势。类似地，在其他条件不变的情况下，有利于削弱子目标追求和阻止信息囤积及扭曲的模式更受青睐。因此，节约有限理性和削弱机会主义是交易成本比较分析的核心问题。

3.2 备选模式描述

马格林认为，社会科学的非实验性质导致了对内部组织的长期忽视。若非如此，像平等主义这类备选组织模式早就应该被设计出来并接受实验测试（Marglin，1974，pp. 33 - 34）。虽然我同意这种实验测试很有价值，但我同样认为对交易属性进行抽象评估可以深刻揭示备选工作模式的效能。至少，对备选模式交易属性的先验分析应该允许有限的实证范围。

为了使备选模式在技术和选址方面对等，首先应该明确与每种模式相关的共同制造特征。工作模式相关文献的一个严重问题是，此类假设很少被明确提出。

在本节和接下来的两节将保持以下假设，除非另有说明，否则适用于所有模式：

（1）如果能够实现专业设备的设计产能，那么就能以低成本制造大头针。

（2）工人可以通过重复同样的操作提高熟练度，但受到收益递减的影响。

（3）为了节省运输费用，所有制针操作都在一个共同的地点完成是最划算的，因此，除了包出制的情况外，所有工作都在一个屋檐下进行。

（4）公共建筑是租赁的，且无论工作站的所有权和使用安排如何，支付租赁费用都不会出现问题。

（5）制造大头针的各阶段是可分离的，因为在它们之间有缓冲库存，这使得每个阶段的工作能够独立于其他阶段进行。

（6）生产线的平衡在于工作站的特殊设计：在没有意外事件发生的情况下，通过在每个工作站安排一个单独的全职工人来确保中间产品在工作站之间稳定流动。

（7）中间产品的市场交易成本很高。

（8）在每种模式下雇用的工人是在技术上合格的总体的随机样本，这些工人构成了总体。

（9）定期进行重置投资，用于扩张的投资则忽略不计。

前四个假设相对没有争议。假设（5）（可分离性）意味着工作模式之间的差异取决于交易而非技术因素。将它与一人一站条件［假设（6）］相结合，实际上意味着与包出制相关的技术并不逊色；相反，同样的技术在所有模式下都是可行和通用的。

如前所述，一人一站的假设非常特殊。它的作用是集中关注长期被忽视的交易成本问题，并抑制一直被夸大的技术因素。通过一人一站的方式来纠正这种不平衡很难产生“代表性”的结果。然而值得注意的是，通过一人一站方法分离出的交易成本属性也出现在多人一站的情形中。因此，这一假设将贯穿全文。

中间产品市场运作不良的假设使我们就可以完全关注**内部**组织的交易属性。如果市场交换能够以较低成本替代内部交换，那么备选内部模式的选择就不再那么重要——因为当内部模式有可能崩溃时，总是可以通过市场救济。假设（7）排除了这种可能性。

在每种模式下雇用的工人是总体的随机样本的假设，排除了工人以有区别的方式按自身偏好匹配工作模式的可能性。因此，即便特定的工作模式在配备具有**特殊**技能的工人后具有竞争力，这种情形也会被随机分配规定所消除，因为所有模式都面对共同的劳动力群体。

假设（9）允许忽视新投资的问题，集中关注备选模式的运行和适应属性。这有两个好处。首先，替代性所有权安排的投资属性可以并且已经在新古典框架内进行研究。梵尼克（Vanek，1970）、米德（Meade，1972）和菲吕博滕（Furubotn，1976）的研究都证实了集体所有制模式存在投资问题。其次，在先前的文献中，备选工作模式的运行和适应属性相对被忽视了。在所研究的绩效属性中忽略投资可以弥补这种不平衡。

对假设的描述到此为止，现在开始对备选模式的描述。我将首先从所有权角度，然后从缔约角度出发描述六种不同的备选模式。无论是出于交易成本的目的还是出于研究层级制的目的，缔约角度都更为基本。然而，由于从所有权角度描述工作模式更为普遍，因此将首先从这一角度出发。

3.2.1 备选模式/所有权

以下将讨论三种类型的工作站所有权关系——创业者模式、集体所有制和资本家模式——每种关系都有两种变体。

(a) 创业者模式

在创业者模式下，每个工作站都由一位专家所有和经营。

(i) 包出制。在这种制度下，商人-协调人提供原材料，拥有半成品库存，并与个体创业者签订契约，每个创业者在自己家中使用设备进行一项基本操作。在商人-协调人的指导下，原材料批量地从一个工作站转到另一个工作站（从一家到另一家）。

兰德斯（Landes，1966，p. 12）对包出制进行了如下描述：

> ……商人-制造商“包出”原材料——如原毛、纱线、金属棒等，依情况而定——给零散的家庭佣工加工为成品或半成品。有时，家庭不只负责生产过程的一个步骤：纺纱和织布就是典型组合。这一制度甚至能兼容最精细的分工，就像在索林根和梯也尔的餐具制造业以及在伊瑟隆的针具贸易中，商品的制造过程就细分为十几个环节，而每个家庭作坊都专门从事其中一个环节的生产。包出制是通向工业资本主义道路的重要一步。一方面，它使工业组织向拥有资本的雇主和出售劳动力的工人之间的现代分工更进一步。诚然，大多数家庭织布工人都拥有自己的织布机，而制钉工都拥有自己的锻刀。然而，他们并不是那种能在

开放市场上销售商品的独立创业者；相反，他们只是雇工，通常与特定的雇主联系在一起，并同意以事先约定的价格向雇主提供一定数量的工作。

(ii) 联合制。在这种模式下，各工作站处于同一场所，并排着。中间产品根据契约进行跨阶段转移。为了避免监督或持续协调的需要，每个工作站都配有缓冲库存。在缓冲库存不低于规定水平的条件下（否则进行处罚），每个工人按照自己的节奏进行工作。

这种模式是否曾被广泛使用是存疑的。虽然兰德斯（Landes，1966，p. 14）观察到“将工厂的空间和动力出租给个人，以使每个人都经营自己的企业”这种现象在 19 世纪的英国很普遍，但仍不清楚中间产品是否在工作站之间交易，或者每个工作站是否独立。

将联合制视为一种演化式的发展是有益的，即便这种发展只是假设性的。一方面，它展示了如何使用微观分析中的比较分析方法来研究新组织形式的特性。一旦将抽象模式描述出来，它相较于其他模式的激励和契约属性能相对容易地确定。另一方面，联合制还有一个有意思的特性：它保留了工人相当大的自主权。[①] 在上述过程中，平等的工作关系可能更受欢迎。

(b) 集体所有制

在这种制度下，工作站为整个工人群体所共同拥有。

(i) 公共-emh。虽然工厂为大家共有，但每个人都有权将产

① 另一种自主权较小的模式是将包出制转移到工厂内。因此，不是每个工作站都与前序和后继工作站签订契约，而是所有契约都将由一个中心代理人，即商人-协调人促成。由于这种模式的效率属性除了运输费用以外都与包出制基本相同，因此具有双边契约特点的联合制的属性更有研究意义。[弗罗登伯格和雷德利希（Freudenberger and Redlich，1964，p. 394）推测“很可能第一个统一的、集中管理的车间只不过是集中的包出安排”。]

出与自己的劳动联系起来。为了便于提高熟练度和节省设置成本，每个工人都从事批量加工制造。产品的有序流动是通过让工人在规定的时间间隔（如每小时、每天、每周或其他更合适的时间间隔）在连续工作站之间流动来实现的，每个工人随身携带在制品存货，并在市场上销售自己的成品。

后缀“emh”表示这是一种人人为己（every-man-for-himself）的制度。[①] 因此，尽管工人根据工厂和设备的所有权将他们的资源集中起来，并且按照日历有序地在工作站之间流动，但工人之间并没有专业化。德姆塞茨（Demsetz，1967，p. 54）将这种共同所有制与人人为己的规则结合起来的模式称为公共模式。毫不意外，公共所有制与 emh 占有权的结合导致了混杂的绩效结果。然而，也不能因为公共-emh 模式的缺陷就认为集体所有制不如私有制。如果可以设计出比公共-emh 模式具有更佳属性的集体模式，例如同侪团队（peer group），那么这些模式就值得考虑。[②]

（ii）同侪团队。这种模式的所有权安排与公共-emh 模式中的所有权安排相同，但工人的报酬不取决于他们自己的产量，而是取决于小组平均产量。[③] 工人可以在各工作站之间轮换，也可以只在一个或某几个工作站工作。此外，为避免每次需要进行适应时和/或各成员就休息时间、产量调整等方面进行协调时都进行全体讨论，同侪团队可以选择临时的“领导者”来代表整个团队

① 也可用另一种后缀“eph/h”，指的是每个人为他自己（every-person-for his/her-self）。出于简化的目的，我使用 emh。

② 德姆塞茨在讨论公共所有权时关注的是土地利用而不是批量生产。我推测同侪团队在土地利用方面通常也具有优于公共-emh 模式的特性。

③ 指定小组平均产量是没必要的。任何一种非边际产品奖励方案都可以。

做出运营决策（而非战略决策）。然而，若要避免等级关系固化，领导权在团队成员之间的轮换是很重要的。曼德尔（Mandel，1968，p. 677）提出的“自我管理”就蕴含此精神。所谓自我管理，就是大家轮流承担管理工作，这样就消除了“领导”与“被领导”的差别。同侪团队的特点就是非边际生产率分享规则和民主决策的结合。①

（c）资本家模式

在资本家模式下，各种库存（原材料、中间产品、成品）以及厂房和设备都归一方所有。

（i）内部承包。巴特里克（Buttrick，1952，pp. 201 - 202）对内部承包的组织模式进行了如下简洁描述：

> 在内部承包制度下，公司管理层提供厂房和机器，供应原材料和周转资金，并安排成品的销售。然而，从原材料到成品的工作，不是由自上而下的层级结构中的雇工完成的……而是由受托的［内部］承包商完成的。他们自己雇用员工，监督工作过程，并从公司获得［商定的］计件工资。

内部承包制度允许资本家与内部承包商谈判、监督和协调中间产品的流动并对最终销售负责。在这一制度下，即使资本家的技术知识相对不足，他也能够高效地利用他的资本。②

（ii）权威关系。权威关系模式涉及资本家对设备和库存的所有权以及资本家和工人之间的雇佣关系。从设计上讲，雇佣关系是一种不完全的契约形式。这一关系具有灵活性，工人随时服从工作安排上的权威，前提是要求的行为在契约的“可接受范围

---

① 详细说明，请参见 Williamson（1975，Chapter 3）。

② 有关内部承包的局限性的研究，请参见 Williamson（1975，pp. 96 - 99）。

内”。因此，在权威关系模式下加入组织需要先达成一项协议，即“在一定限制（由雇佣契约条款明确或隐含地规定）内，[雇员] 将按照组织给他的命令和指示行事”（March and Simon, 1958, p. 90）。内部承包商拥有契约规定的自主权，只受到非常宽松的绩效约束（例如，满足最低质量标准，缓冲库存不低于规定的水平），与之相比，权威关系模式下的工人则受制于更细致的监督。

3.2.2 备选模式/缔约

首先应区分两种缔约差异。第一种也更重要的一种是，应根据每种模式在协调生产时对契约细节的依赖度来比较备选模式。这也是本小节和第 4 节强调的区别。第二种涉及缔约人之间的谈判关系，将在 3.3 小节中进行考察。

本文所研究的六种备选模式在对契约完全性的依赖度上有很大的不同。对于其中三种模式，缔约（和再缔约）是产品交换和接口（interface）调整的唯一基础。对于另外三种模式，契约仅提供一个框架，这个框架可以在契约续签期间重新协商。在该框架的范围内，日常运营由行政流程管理。这两种不同的组织方式分别被称为连续缔约和定期缔约。

(a) 连续缔约

创业者模式的两种情形（包出制和联合制）以及内部承包模式都非常依赖契约。在第一种和第三种情况下，是包出商和资本家作为共同的缔约人，而在联合模式下则是工人与前序和后继工作站的所有者签订双边契约。这些缔约模式的一个共同特点是工人都拥有相当大的自主权，一旦契约条款敲定，他们就享有确定的利润流。由于一方的获利通常以牺牲另一方的利益为代价，因此各方之间的关系是一种高度算计的关系。

这类缔约模式存在两个问题。首先，能否以低成本的方式制定、协商和执行所需的复杂契约？有限理性的考量排除了完全契约的实现可能。由于完全契约不可行，那么就需要面对并解决不完全契约带来的风险。

由于连续工作站之间的协商关系必然是少数的，因此双边垄断问题比比皆是。当然，双方都希望建立长期稳定的关系，因此都会抑制无节制的、短视的子目标追求。但如果不首先通过集中的、自利的谈判来解决各方对利润流的要求，那么指望自主的各方以一种共同利润最大化的方式来适应不可预见的因此也是计划外的情况，是不现实的。反复谈判，既是现状也是预期，是实现自主缔约型工作模式的主要障碍。

（b）定期缔约

公共-emh 模式下的成员公司之间没有中间产品的交换，因此在这种模式下几乎没有缔约的必要。但是，如果工人丧失工作能力，可以通过谈判订立临时契约，否则在制品存货将闲置。此外，还需要制定原始投资、再投资和维护协议。尽管这些都不是小事，但在上述的各种缔约模式中与日常运营相关的缔约问题并未出现。

同侪团队的成员对缔约的需求更少。失能工人未完成的工作将由他的同事完成。当然，团队成员必须达成关于加入和脱离团队的条款。但是，连续工作站之间不会就运营事宜签订双边契约。若要调整工作站之间的接口，就由轮值领导或全组讨论进行民主决策。

在权威关系下订立的契约往往更加完全，因为需要就雇佣关系的可接受范围达成明确和隐含的理解（Barnard，1962；

Simon，1957）。但如此达成的协议本质上是一种非契约模式。在这个笼统的契约框架中，关于运营的适应问题，老板和工人都接受“下令和听令”的模式。而影响公司整体安排的战略决策主要是留给老板自行决定。

3.3 层级性程度

通常在决策方面对层级性程度进行评估。如果适应决策由一个或数个行为人制定，则层级性程度较高。如果适应决策由多个行为人或集体制定，则层级性程度较低。一种不太常见但有用的描述层级性的方法是从契约方面入手。如果由一个或数个行为人负责就所有契约谈判，则契约层级性程度较高。相反，如果每个行为人分别就各自的契约谈判，则契约层级性程度较低。[①] 虽然上述两种描述层级性的方法存在很强的正相关性，但相关性并不完全。更值得注意的是，所有权与上述两种类型的层级性都不完全相关。表1使用E、Co和Cap分别表示创业者模式、集体所有制和资本家模式，并使用括号表示关联关系（或接近关联）。在契约和决策方面，层级性程度从最低到最高的模式排序如下：

表1　层级性程度（最低到最高）

契约	决策
（1）联合制（E）	（1）联合制（E）
公共-emh（Co）	公共-emh（Co）
同侪团队（Co）	（2）包出制（E）
（2）包出制（E）	内部承包（Cap）
（3）内部承包（Cap）	（3）同侪团队（Co）
权威关系（Cap）	（4）权威关系（Cap）

① 请注意，契约层级性涉及的是缔约人之间的关系，而非在适应上对契约的依赖程度。上述定期模式可能（或确实）在契约续签期间具有很强的层级性。

在联合制、公共-emh或同侪团队模式中没有中心缔约人，因此这些组织模式完全不存在契约层级关系。相比之下，其他三种模式都有一个中心缔约人。要描述中心缔约人和工人之间的层级关系并不容易，但是可以根据工人在契约续签期间相对于中心缔约人的议价能力，而对包出制、内部承包和权威关系模式之间的关系进行合理的说明。这取决于：（1）工人获得专用于公司的技能和知识的程度；（2）工人之间的集体组织；（3）实物资产所有权。

在所有三种定期缔约模式下，技能获取都是相同的，因为每种模式都具有相同程度的专业化。在权威关系下，集体组织可能会稍强大一些，因为在这种情况下工人的自主性低于包出制（工人相对分散）和内部承包（工人获得各自的利润流）的情况。在包出制下实物资产归每个工人所有，但在权威关系和内部承包这两种情况下，中心缔约人占有全部工作站。总之，包出制下的契约层级性程度较低，而权威关系下和内部承包下的契约层级性程度较高。

现在考虑决策层级性。联合制和公共-emh模式的成员之间没有任何指挥关系。前者受规则和双边契约关系制约，后者由规则和民主决策管理。内部承包和包出制模式的成员之间存在相对较弱的指挥关系。中心缔约人可以呼吁工人以协调的方式适应变化的环境，但由于经营事宜的责任已被广泛下放，因此契约起支配作用。因此，如果要实现中心缔约人希冀的临时变更，可能需要协商和贿赂。同侪团队认可指挥结构的好处，并通过指定领导者来协调日常事务。但领导者须定期轮换，并且战略决策经全体讨论后才能通过。在此，民主决策占主导地位。权威关系则是强调上下级关系在经营和战略方面的支配作用。诚然，雇佣关系中的可接受范围是工人不会抗拒命令的范围，会受到正式和非正式协议的限制。但指挥层级仍是权威关系的突出特征。

虽然从契约的角度来看资本家模式比集体所有制更具层级性，但决策层级性对绩效的影响更大。就决策方面来说，所有权和层级结构之间的相关性非常弱。层级性最低的联合制模式和公共-emh 模式具有不同的所有权类型（分别是企业所有制和集体所有制）。同侪团队、包出制和内部承包模式都具有中等程度的层级性，但各有不同的所有权属性。虽然层级性最高的决策模式是资本家模式，但次之的指挥层级则以集体所有制为特征。

4. 备选模式的效率属性

此处要解决的问题是，撇开企业的社会经济属性，各种工作模式在效率方面是否存在系统性差异？下文首先提出一套简化的效率标准，然后根据该套标准对工作模式进行粗略的排序。

4.1 简化的效率标准

下面将描述的 11 个效率指标都是众人所熟悉的。不仅每个都已被认可为相关的效率维度，而且其对工作组织的影响被不止一次地讨论过。缺少的只是对问题的总览。还没有人按所有指标对单个模式进行系统性评估，也没有人根据这些指标对所有不同模式进行比较。

这 11 个效率指标可分为三类：与产品流相关的属性、给工人指派任务的效率属性、备选模式的激励属性。请注意，这 11 项绩效评估都建立在**其他条件不变**的基础上。

(a) 产品流[①]

此处需要评估的项目包括运输费用、缓冲库存需求和产品连续加工阶段的“泄漏”(leakage)。

(i) 运输费用。在制品存货从一个工作站到另一个工作站的物理运输成本很高。在其他条件不变的情况下，节省运输费用的模式更受青睐。

(ii) 缓冲库存。连续工作站之间的时间可分离性通过创建缓冲库存来实现。在这些库存水平上节省成本的模式更受青睐。

(iii) 接口泄漏。接口泄漏是指产品在制造过程中产生的实际损失。在产品跨阶段转移时，能够以低成本阻止贪污行为和/或掩盖中间产品真实质量的行为的模式更受青睐。

(b) 任务指派

一共有三种指派问题：一是如何指派工人到工作站的问题；二是领导层问题；三是与非运营专家缔约的问题。

(i) 工作站。将工人指派到他们相对适合的任务中可以使人才得到最佳利用，这是个劳动专业化的问题。在一般情况下，工人在每项任务上的技能并不同等，能在比较优势的基础上进行有区别的任务指派的模式更受青睐。

(ii) 领导层。各种模式在需要的协调程度和领导层指派效能方面有所不同。可以减少协调需求并进行有区别的领导层指派的模式更受青睐。

(iii) 缔约。这里的关键是与服务于许多工作站的专家(例如

---

① 产品流经济性通常是工厂把包出制替换掉的原因，参见 Babbage (1835, p. 135, p. 213, p. 219) 和 Freudenberger and Redlich (1964, p. 395)。但它的意义远不止于此，如下所述。

维护专家）缔约并聚集需求的能力。[①] 能够轻松促成这种契约的模式更受青睐。

（c）激励属性

不同的稳态和跨期激励会导致绩效差异。需要特别注意的是：

（i）工作强度。工作强度是指在工作中消耗的生产能。可以阻止工人逃避职责的模式更受青睐。

（ii）设备使用。此处的问题在于设备的使用是否适当。可以防止设备滥用和闲置的模式更受青睐。

（iii）局部冲击响应。局部冲击是指影响单个工作站的冲击。机器故障或工人生病所导致的停工就是例子。有利于正常工作秩序快速恢复的模式更受青睐。

（iv）局部创新。局部创新涉及各个工作站的流程改进。促进局部流程变革以节约成本的模式更受青睐。

（v）系统响应。对系统冲击做出反应的能力，以及识别和实施（流程、产品或组织上的）系统创新的能力是关键。[②] 易于适应不断变化的市场环境并允许系统改进而无须重新进行大量谈判的模式更受青睐。

4.2 效率评价

虽然通过部分效率维度很容易做出极端的效率评价（例如，包出制模式具有最差的运输费用特征；公共-emh 模式，其中工人

---

① 贝恩斯（Baines，1835，p. 460）和巴贝奇（Babbage，1835，pp. 214－215）认为工厂的优势之一是它允许专家在单一位置对多台机器执行维护功能。

② 系统创新可被视为单独的绩效范畴。事实证明，在系统冲击和系统创新维度上的模式排名基本上是相同的，因此需要将两者综合起来的系统响应能力范畴。

在工作站之间连续流动并占有自己的劳动成果，具有最佳的工作强度和接口泄漏属性，但在设备利用率方面最差；权威关系模式具有最好的系统响应属性等），但是使用四级排名系统（最好，好，差，最差）并不会比简化的二级排名系统（最好或好赋值为1，差或最差赋值为0）更好。[①]

对每个效率维度的二级赋值见表2。每个模式根据所有权类型进行分组。本文并未详细说明赋值的基本原理，但其他文章有所讨论（Williamson，1976，pp. 30 - 50）。从所有权比较和契约比较的讨论中可以看出，大多数赋值是很清楚明了的。

（a）所有权比较

创业者模式下的包出制和联合制具有较差的产品流属性、混合指派属性，并且在激励方面无法区分。由于联合制将所有工作站集中在同一个位置，因此相比于包出制节约了运输费用。两种模式的缓冲库存都很高——尽管各有原因。在包出制下库存较高的原因是，每个工作站都按照自己的时间表工作（以每日或每周的产出协议为准）并且产品分批运出。在联合制下库存较高的原因是为了减少对前序阶段的时间性依赖，因为各阶段由双边契约连接。通常情况下，如果对交付失败进行归责的成本很高，那么过少的缓冲库存显然会引起纠纷。

两种创业者模式的接口泄漏都高。包出制存在的问题是长期盗窃和质量问题（Babbage，1835，p. 135，p. 219；Freudenberger and

① 关于更早的使用四级排名的评价方法，请参阅 Williamson（1976）。关于通过对备选组织模式的效率属性进行排序来评估其效率的早期研究，请参阅 Udy，Jr.（1970）和 Sen（1975，Chapter 3）。两者都关注更广泛的经济发展问题（前者主要从人类学的角度出发），与我在此处关注的问题不同，并且两者与关于批量制造的研究不太相关——但是 Sen 的研究可以往这方面拓展。

Redlich，1964，p. 395；Marglin，1974，p. 51）。对于联合制来说，盗窃不是问题，但质量控制是。在此模式下，不但每个阶段都存在降低质量的动机，同时在处理投诉时也存在复杂的归责问题。[①]

表 2 备选模式的简化效率属性（按所有权分组）

模式	产品流属性			指派属性			激励属性				
	运输费用	缓冲库存	接口泄漏	工作站	领导层	缔约	工作强度	设备使用	局部响应	局部创新	系统响应
创业者模式											
包出制	0	0	0	1	1	0	1	1	0	1	0
联合制	1	0	0	1	0	0	1	1	0	1	0
集体所有制											
公共-emh	1	0	1	0	1	0	1	0	0	0	0
同侪团队	1	1	1	0	0	1	0	1	1	1	1
资本家模式											
内部承包	1	0	0	1	1	1	1	0	0	1	0
权威关系	1	1	1	1	1	1	0	1	1	0	1

在包出制下有中心缔约人，因此相比联合制具有领先优势。然而，各生产阶段在地理位置上的分散使得包出制在缔约、局部响应或系统响应方面很难发挥领导作用——因此在这些维度上，对包出制的效率评价并不比对联合制的好。

两种集体所有制模式普遍具有较好的产品流属性，较差的指

① 因此，如果在大头针上安装圆头这道工序取决于铁线的拉直方式而非削尖操作，如果削尖操作排在圆头安装之前，又如果削尖操作中的失误会导致针身弯曲，那么在圆头安装阶段就针身情况进行责任划分可能不太容易：到底是由于拉直操作有问题还是由于削尖操作不慎导致针身弯曲？

派属性以及非常不同的激励属性。公共-emh 模式具有更高的缓冲库存要求，因为工人在各生产阶段间连续流动，并随身携带自己的在制品存货。假如设置成本无法忽略，每个工人都将在每个阶段停留相当长的一段时间。库存要求因此也就很高。

公共-emh 模式具有极好的工作强度激励，因为每个工人都占有自己的劳动成果。相比之下，同侪团队中的劳动成果容易被他人窃取。（虽然仔细筛选同侪团队成员的候选人可以控制这种不良行为，但这又会违反随机分配假定。）然而在其他方面，同侪团队具有优于公共-emh 模式的激励特性。这是因为同侪团队是一种合作模式，而公共-emh 模式是一种强烈次优化的模式。

这种次优化在设备使用方面尤其明显。具体而言，他人爱惜设备带来的收益惠及自己，而自己滥用设备的成本却转移给他人，由此负向激励大增。要改变这种不利的结果，必须达成一项复杂的协议，并加以监管。相比之下，同侪团队成员在设备使用方面没有这种短视行为。在这两种模式下次优化与合作的对立也解释了其他激励差异。

在资本家模式中，权威关系具有优于内部承包的产品流属性。在内部承包模式下，如果不对过量的在制品库存进行处罚，承包商就有动力囤积在制品，以实现更大的经营自主权。相比之下，在权威关系模式下不需要依靠罚款来清库存：使用命令就可以。由于卓越的响应能力，在权威关系模式下只需低水平的库存就能运作。内部承包模式同样存在接口泄漏的问题，因为承包商有动机进行次优化（降低质量），但这不适用于小时工。①

① 权威关系下的计件工资会造成类似于内部承包的激励效果。更一般而言，当需要进行适应时，计件工的合作动机低于小时工。计件工资的这种局限性并没有得到应有的重视。

内部承包模式和权威关系模式具有一致的良好指派属性。然而，它们具有非常不同的激励属性。这主要是因为内部承包商有更大的自主权，能够更充分地占有自己的劳动成果，并且收到好处才肯参与合作适应。相比之下，权威关系模式下的员工不太会积极追求子目标，也不会拒绝进行适应，因为他们不具备必要的财产权。因此，内部承包商会努力工作并进行局部创新，但却懈于响应局部或系统的适应要求。此外，由于内部承包商不拥有设备，因此可能会发生滥用设备的情况。

具体而言，内部承包商参照的相关时间边界是契约终止日期。若在契约续签期间设备维修带来的收益超过成本，则承包商会进行维修；若承包商只有连续中标才能获利，则不会进行维修。① 因此，承包商会将大维修推迟到契约续签期间并交由资本家进行。而随着契约终止日期的临近，即使是小维修也可能被推迟。

（b）缔约比较

表 3 基本与表 2 相同，只是表 3 的模式是按缔约属性分组的。表 3 的显著特点是：（1）连续缔约模式一般具有较差的产品流属性，以及较差的局部和系统响应属性；（2）连续缔约模式在工作站指派、工作强度、局部创新等方面均较好；（3）定期缔约模式一般具有良好的产品流属性；（4）虽然部分定期缔约模式在指派和激励方面都较好，但并不能将所有定期缔约模式都归为一谈。

① 此处假设内部承包商既不会因维修产生超过契约终止日期的收益而得到补偿，也不会因资本家在契约续签期间进行维修导致的闲置时间而得到赔偿。前者会带来严重的收益测算问题，而后者会导致滥用设备的行为。

表 3　备选模式的简化效率属性（按缔约模式分组）

模式	产品流属性			指派属性			激励属性				
	运输费用	缓冲库存	接口泄漏	工作站	领导层	缔约	工作强度	设备使用	局部响应	局部创新	系统响应
连续缔约模式											
包出制	0	0	0	1	1	0	1	1	0	1	0
联合制	1	0	0	1	0	0	1	1	0	1	0
内部承包	1	0	0	1	1	1	1	0	0	1	0
定期缔约模式											
公共-emh	1	0	1	0	1	0	1	0	0	0	0
同侪团队	1	1	1	0	0	1	0	1	1	1	1
权威关系	1	1	1	1	1	1	0	1	1	0	1

（c）汇　总

要汇总得到所有模式的总效率排名，就需要考虑 11 个效率指标的相对重要性。这显然会因行业而异。

但本文假设每个模式的权重相同，并且通过对表中每一行加总来得到对应模式的效率总分，然后得出如表 4 所示的排名。

表 4　备选模式的效率排名

模式	总分
公共-emh	4
包出制	5
联合制	5
内部承包	6
同侪团队	8
权威关系	9

即便这个排名非常粗浅，也能通过它得出一些有意义的结论：

（1）公共-emh模式为工人提供了最大限度的工作多样性，并且极受马格林[①]的推崇，但却是效率最低的模式。虽然可以将公共-emh模式不存在的原因归结为既得利益集团要消灭它的险恶用意，但更合理的解释是公共-emh模式其实是为自身缺陷所累而无法实现。

（2）在缔约和决策方面（见2.3小节）层级性程度最低的模式，却具有最差的效率特性。相比之下，同侪团队模式和权威关系模式都极度依赖决策层级性——这确实在很大程度上解释了它们各自的优秀表现。因此，对层级制度的敌意显然被误导了。虽然层级制度有人喜欢有人讨厌，但它本身是不可避免的，除非牺牲效率。

（3）除了公共-emh模式外，定期缔约模式比连续缔约模式具有更高的效率属性。

（4）模式的排列顺序大致与它们在历史上出现的顺序相同。虽可以说后继模式取代了早期模式是因为利益集团决定消灭自主性，但也有说法是后继模式比早期模式具有更高的效率属性。就此而言，从包出制模式到内部承包模式再到权威关系模式的发展非常值得注意。

（5）若要根据老板和员工之间的权力差异对以上六种模式进行排名会很困难，因为缺乏对权力的衡量标准。但直觉告诉我们，在模式排名上，效率总分与权力正相关。同时，这种相关性似乎又并不完全。（因此，与同侪团队模式或联合制模式相比，

---

① 见第2节引用的他的评论。

赋予老板更大权力的包出制模式具有更差的效率属性。）权力正在推动组织结构变革，证据是权力集中的低效率模式取代了权力分布更均匀的高效率模式。

5. 其他思考

后继模式相对于早期模式提高了效率这一论点给新左派带来了一个困境，即使从马克思的角度出发也无法解决。本文回顾了其中部分矛盾，并继续考察工作的无效率问题，鲍尔斯和金蒂斯着重研究了此问题的相关特征。

5.1 历史上的冲突

马克思在《资本论》第一卷的“分工和工场手工业”一章中描述了一个资本家雇用许多手工业者的组织。起初，每个这样的手工业者（可能带有一两个帮工）都“制造整个商品，因而顺序地完成制造这一商品所需要的各种操作……按照原有的手工业方式进行劳动”（Marx，1967，p. 337）。除了工场所有权这方面，此模式看起来与公共-emh 模式类似。这种情形会一直持续到外部情况发生变化。例如，“必须在一定期限内提供大量完成的商品”（Marx，1967，p. 337）这种情况就是如此。由于这些变化，劳动有了分工。“各种操作不再由同一个手工业者按照时间的先后顺序完成，而是分离开来，孤立起来，在空间上并列，每一种操作分配给一个手工业者……这种偶然的分工一再重复，显示出它特有的优越性，并渐渐地固定为系统的分工”（Marx，1967，p. 337）。由此产生的劳动分工是对不断变化的环境的有效回应，而非资本家对劳动者分而治之的结果。

类似地，布雷弗曼（Braverman，1974，pp. 60 - 61）指出，

工业资本主义的早期阶段“特点是资本家持续不断地……像我们购买原材料一样购买劳动力……”这种生产组织形式采取了各种各样的分包和包出制的方式。布雷弗曼（Braverman，1974，p. 63）接着指出：“分包和包出制存在生产不规范、运输过程存在材料损失、贪污行为、生产缓慢、缺乏统一性以及产品质量不稳定等问题。但最关键的是它们的生产流程无法改变。”毫不意外，这些早期组织形式最终被具有更好的产品流、指派和激励属性的组织形式所取代。再次说明，这种变革是由对效率的追求而非分而治之的险恶用心驱动的。

鲍尔斯和金蒂斯主要参考的历史文献是斯通研究钢铁工业转型的论文。我认为从交易成本的角度研究这些问题是有所助益的。

根据斯通的说法，19世纪后期钢铁工业组织大致对应着上面描述和讨论的内部承包模式。铁钢锡工人联合会由技术工人构成，据称是当时最强大的工会，它赋予“技术工人掌握钢铁生产各个环节的权力”（Stone，1974，p. 64）。内部承包明显的缺点是会带来代价高昂的议价行为以及不灵活性，导致运营无效率和创新受抑制。斯通（Stone，1974，pp. 64 - 65）列举了以下几个方面：

（1）填补职位空缺需要各部门执行委员会的同意和批准。

（2）就工作细节反复进行争论。

（3）每个工人的产量受到限制。

（4）生产程序是固定的：“……运行熔炉可使用的废料比例是固定的；生铁的质量是有规定的；除特定情况外，炼铁工人不得使用砖和火泥；助手的具体工作内容也是规定好的”。

（5）技术工人不得向其他工人传授技能，推测是为了完善和维持对职位的垄断。

（6）未经工会执行委员会批准，不得对实体厂房进行改造，因此公司无法通过重组或机械化来提高劳动生产率。

（7）节省劳动力的创新被抑制："1860 年至 1890 年间引入的许多创新，其中最引人注目的是贝塞麦转炉（Bessemer converter），增大了熔炉和磨机的规模和容量，但这些创新都没能以机器代替人。"

由此产生的无效率对公司来说是显而易见的。因此安德鲁·卡耐基（Andrew Carnegie）和亨利·克莱·弗里克（Henry Clay Frick）下定决心挑战卡耐基钢铁公司霍姆斯特德分厂的工会，该厂当时有整个联合会中最强大的分会。工会于 1892 年下令停工，而后弗里克宣布工厂将摆脱工会运营，暴力事件随之发生，工会成员与工贼和平克顿特工发生了严重冲突。最终在州政府和联邦政府的支持下，卡耐基和弗里克取得了胜利。也许是受到了卡耐基和弗里克的成功的鼓舞，或是意识到了他们的生存取决于能否摆脱联合会，其他钢铁公司也挑战并击败了工会。联合会会员从 1892 年的 25 000 人下降到了 1898 年的 10 000 人。到 1910 年，整个钢铁行业都摆脱了工会。斯通（Stone，1974，p. 66）将技术工人权力瓦解带来的影响总结如下："在霍姆斯特德工会失利后的十年，炼钢业的每个阶段都迎来了前所未有的发展。钢铁行业的创新速度更是前所未有。电动手推车、生铁浇铸机、琼斯搅拌机（Jones mixer）和机械铁水罐车改造了高炉。贝塞麦转炉中的电动移动式起重机以及开放式炉膛中的威尔曼送料机（Wellman charger）消除了钢铁生产的几乎所有手工环节。电动车厢和升降台使得轧机可以连续不停地运转。”

然而，虽然工会对生产过程的控制已被打破，但并不能保证从此炼钢业的劳动力组织就有效率了。必须设计出新的制度结构才能改善效率。所采取步骤的目标主要是：（1）以正向激励提高生产率；（2）将工人利益与公司利益长期结合起来；（3）对没有经验的工人进行必要的工作技能培训；（4）在组织工作时牢牢把握住控制权。虽然斯通将实现上述目标的步骤视为邪恶的，并将其作为工人和雇主之间持续的阶级斗争的证据，但我的重点不同：对工会的挑战和随后对工人的组织主要是为了提高效率，效率提高带来的收益会随着新方法被竞争对手模仿以及回报率降至竞争性水平而在整个社会分散。

同样值得注意的是，斯通称，如果没有层级制度的负面压迫作用，上述收益或重组就可以实现。斯通又称：“工作轮换制度，即工人自己安排工作的制度，将是组织生产的合理、有效的方式”（Stone，1974，p. 66）。虽然斯通没有对组织安排的细节进行描述，但这种轮换制度似乎与第 3 节中的公共-emh 模式相合。[①] 公共-emh 模式在本文研究的六种模式中具有最差的效率属性这一点可能值得商榷。但我认为，它确实具有很大的负向激励和适应不良的属性，这一点无可否认。

最后来看合作运动。鲍尔斯和金蒂斯（Bowles and Gintis，1976，p. 62）发现，工人合作社（应该是同侪团队模式）是替代权威关系模式的一个可行模式，并且“早在 19 世纪 40 年代就已成为工人运动中广泛而有影响力的部分……合作运动在内战后不久达到顶峰，但由于无法筹集到足够的资金而失败”。他们接着引用格

① 但是，斯通有可能指的是具有轮换安排的同侪团队。

罗布（Grob）的话如下（Bowles and Gintis，1976，p. 62）：

> 即便资金充足，对利润的渴求经常也会变得过于强烈，以至于许多合作社都变成了股份公司，而后股东就故意压低工资。另外还有，竞争对手由于害怕合作社取得成功也对其实施歧视。

虽然在本文中我无法就合作运动的历史进行考察和做出解释，但我认为：(1) 工人合作社的确很接近极端理想化的工作组织；(2) 工人合作社对工人有吸引力，也具有明显的可行性[①]，但它却一再失败，这需要解释；(3) 资本短缺的假设是不成立的。

首先，被吸引到合作社的工人多半会接受较低的工资，因为权威关系中的压迫性消除了，于是就提高了利润率，合作社可以凭借留存收益实现滚动发展。此外，正如格罗布所示，对利润的渴求才是许多成功的合作社消亡的原因，而非资本短缺。虽然这提出了一个棘手的动机问题[②]，但正如我们所知的，对人性的尊重应该反映在任何严肃的社会改革提案中。

5.2 工作满意度/疏离感

学者在阅读激进经济学家的文献和研究工作社会学时，一定会感受到工作组织有时是压迫性的，并且有必要采取补救措施。但大部分这类文献也有缺少实证检验的缺陷。因此，许多社会评

---

① 请注意，同侪团队在 4.2 小节中的综合效率排名中表现得相当好。然而，随着公司规模的扩大，同侪团队会出现严重的局限性。参考 Williamson（1975，Chapter 3）。

② 显然，对这种转变的解释是贪婪：成功合作社的原始成员决定攫取而不是分享收益。我不确定这个因素在解释合作社的生命周期中有多重要。然而，激进的经济学家似乎不愿面对奈特（Knight，1965，p. 270）提出的“我们所知的人性”。仅在具有高度积极成员的小社区中可行的组织模式对于组织整个社会范围的经济活动来说几乎没有意义。改善社会状况的愿望固然值得称道，但人性能在多大程度上被重塑尚不确定。

论家过于重视问卷调查结果，即使工人在调查问卷中的回答与其现实行为不符。[①] 相比之下，大部分经济学家认为，现实选择才能揭示偏好。下面是埃齐奥尼（Etzioni，1975，pp. 34 - 35）对马萨诸塞州通用汽车装配线工人的研究：

> 对工人以前工作满意度（分为六个等级）的调查表明，工人感觉以前的工作要好得多；87.4%的人以前的工作节奏是由自己决定的；72%的人从事的是不重复的工作；大约60%的人从事的是需要一些技能和培训的工作；62.7%的人可以完全或部分地自由决定应该如何完成他们的工作……结果他们选择了离职，然后从事令他们难受的装配线工作，仅仅是因为新工作提供了更高和更有保障的收入。四分之三的工人称，进厂主要出于经济原因。前后工资差异约为30%，现在是每小时1.51美元，而之前是每小时1.05美元。

当然，更高的工资和更好的工作条件是所有人都希望得到的。然而鱼与熊掌不可兼得，当面临取舍时，就要在边际上对价值属性进行调整。除非可以证明现存工作组织形式较差，因而可以在不牺牲效率的情况下设计出更令人满意的工作模式，否则对现行工作模式（工人为了更高的报酬而自愿牺牲工作满意度）的

---

① 例如，参见《在美国工作》（*Work in America*，1973，p. 13）。有这样一种感觉，当观察者没能在一开始得到他们想要的答案时，问题会被重新构造，答案会被重新解读，直到获得预期的结果（*Work in America*，1973，pp. 14 - 15）。像林肯电气这样的创新项目——已经有40年的成功历史——据称（*Work in America*，1973，pp. 107 - 108）从未正面回应这样的问题：比如林肯电气的员工是否为总人口的随机样本？或者林肯电气为什么不利用这种成功的组织创新（又或者为什么没有人效仿这种创新）来实现多样化，并成为美国商业舞台上的一个决定性角色？"常规"模式的问题，如通用汽车在洛兹敦的案例（*Work in America*，1973，p. 19，p. 38），被称为通往未来的窗口。但如果这些问题如同洛兹敦案例一样得以减轻，人们就不会再对其加以注意。同样地，尽管沃尔沃卡尔马工厂的汽车组装流程的重组案例在一开始就得到了广泛的报道，但随后的情况却鲜有报道。

指责就是无的放矢。[1] 保罗·布隆伯格（Paul Blumberg）有一个被广泛引用的论点："所有的相关文献几乎都证明了满意度……或生产率的提高缘于工人决策权的真实提高。我认为，这种高度一致的发现在社会研究中是很少见的……决策参与者即是利害相关者［引自 Bowles and Gintis（1976，pp. 79 - 80）］。但奇怪的是，将工作满意度与生产率联系起来的证据显示两者之间几乎没有关联（March and Simon，1958，p. 48，p. 50；Vroom，1964，pp. 181 - 186；Katz and Kahn，1966，p. 373；Gallagher and Einhorn，1976，p. 367，p. 371）。加拉格尔和艾因霍恩（Gallagher and Einhorn，1976，p. 373）对他们做的文献研究如此总结，"我们认为扩大工作范围和丰富工作内容可以成为有用的管理工具。但悬而未决的重要问题不是这些计划是否有效，而是它们**在什么条件下**最有效"（重点由笔者标明）。贡兹伯格（Gunzberg）对瑞典的工作模式变化进行调查得出的结论是，参与型决策实践的经济后果难以评估。因此，虽然贡兹伯格认为它们产生了社会/心理收益，但它们"不会增加商品和服务的价值，而是会增加它们的成本"（Gunzberg，1978，p. 45）。

我认为，最优的工作设计极少需要消除层级制度，而是需要消除层级制度的不合理性，并为认可层级制度的工人提供更多的参与感。但是层级制度的无处不在并非偶然。这不仅适用于私人营利性公司，也适用于非营利组织和政府机构，而且不分国别，

---

[1] 由于汽车装配是一项非常循规蹈矩的工作，大多数汽车工人必然会对前一工作的满意度更高。但须知基本的一点是，对工作的综合评价是工资、工作保障和工作满意度的函数。只关注工作满意度就会忽略取舍。通用汽车的员工如果没能在工资和工作保障方面获得补偿，显然就不会接受工作满意度更低的工作。尽管这种补偿的充分性可能存在争议，理由是工作满意度的社会估值超过了私人估值，但这是一种高度推测性的论点。

独立于政治制度。简言之，对层级制度的抨击只是空谈；效率逻辑和历史证据都表明，非层级制度的模式都是转瞬即逝。

6. 结束语

工作组织问题主要是交易成本问题。这并不意味着所有值得研究的工作组织问题都可以用交易成本方法来研究，虽然大多数确实可以。特别是，层级结构应该从效率维护特性这方面去理解，还是应该从权力的角度去理解？除非引入交易成本，否则这个问题难以回答。这个问题还需要使用比较制度分析方法，具体需要：

（1）确定交易在何处可行，在何处不可行。这要求对任务的描述有足够的微观细节，以揭示任务的哪些部分在技术上是可分离的。

（2）确定备选工作模式，并充分描述其操作，以便评估其交易成本属性。

（3）确定待评估的备选模式的相关绩效维度集。

本文证明了这些步骤中的每一个都可以实现，并且可以避免先前研究的零碎缺陷（因为接口未被识别，因为模式的比较受到不必要的限制，或者部分相关绩效维度被忽略）。虽然我只关注了一项非常简单的工作——大头针制造，但考虑到有关工作模式的历史文献，这个案例还是很有参考意义的。事实上，如果不研究大头针制造案例，我的研究肯定与以往研究不可比。

然而，研究案例的不可比性不应该被夸大。任何进行批量生产活动的组织都有非常相似的交易成本问题。此外，尽管在考虑非批量生产的组织时，技术可能或多（如石油精炼）或少（如律师事务所）地决定工作模式，但评估工作模式的微观分析方法同样普遍适用。微观分析方法需要确定相关的交易成本维度，描述用于组织交易的备选模式，并进行比较制度分析。因此，尽管模式和交易成本属性会因活动而异，但本文采用的微观分析方法和比较制度研究策略具有广泛的适用性。

本文的一个重要结论是所有权与层级制度只有微弱的相关性。这一点对契约性和指挥性的层级制度都适用。此外，如果只考虑简单的效率总分，绩效属性最差的模式就是那些层级性最弱的模式。因此，从层级制度或消灭层级制度的角度来研究最优工作组织的问题是不恰当的。应该转而关注对层级制度的依赖是否过度（产生不利的副作用），以及对层级职位的任命是否既能提高效率又能普遍赢得尊重。

马格林（Marglin，1974，p. 33）提出的关于工作组织的问题是：在一个复杂的社会中，工作是否有可能促进个人发展，或者说异化的工作是否为实现物质繁荣必须付出的代价？我想把这个问题重新表述为：是否有什么障碍阻止了**必要的结构组合**出现，结果剥夺了人们以物质回报换取个人发展的机会？一个运转良好的系统应能以一种有区别的方式将工作模式与工作属性和工人偏好相匹配。由于非层级制的工作模式普遍存在交易成本缺陷，选择这类工作模式往往意味着要牺牲工资。

参考文献

Alchian，A. A.，and H. Demsetz. 1972. “Production，Information Costs，and Economic Organization.” *American Economic Review* 62：777－795.

Ashton，T. S. 1925. The Records of a Pin Manufactory—1814 - 21，*Economica*，Nov.，281 - 292.

Babbage，C. 1835. On the Economy of Machinery and Manufacturers (London).

Baines，E. 1835. *History of the Cotton Manufacture in Great Britain* (London).

Barnard，C. I. 1962. *The Functions of the Executive*，2nd ed. (Harvard University Press，Cambridge，MA).

Bowles，S.，and H. Giniis. 1976. *Schooling in Capitalist America* (New York).

Braverman，H. 1974. *Labor and Monopoly Capital* (New York).

Buttrick，J. 1952. "The Inside Contracting System." *Journal of Economic History* 12：205 - 221.

Demsetz，H. 1962. "Toward a Theory of Property Rights." *American Economic Review* 57：347 - 359.

Etzioni，A. 1975. *A Comparative Analysis of Complex Organizations* (New York).

Fox，A. 1974. *Beyond Contract*：*Work*，*Power*，*and Trust Relations* (London).

Freudenberger，H.，and F. Redlich. 1964. "The Industrial Development of Europe：Reality，Symbols，Images." *Kyklos* 17：372 - 403.

Furubotn，E. 1976. "Worker Alienation and the Structure of the Firm，" in S. Pejovich，ed.，*Governmental Controls and the Free Market* (College Station，TX) 195 - 225.

Gallagher，W. E.，Jr.，and H. J. Einhorn. 1976. "Motivation Theory and Job Design." *Journal of Business* 49：358－373.

Gordon，R. A. 1976. "Rigor and Relevance in a Changing Institutional Setting." *American Economic Review* 66：1－14.

Gunzberg，D. "On-the-job-democracy." *Sweden Now* 12，no. 4，42－45.

Katz，D.，and R. Kahn，1966. *The Social Psychology of Organizations* (New York).

Klein，B.，R. G. Crawford，and A. A. Alchian. 1978. "Vertical Integration，Appropriable Rents，and the Competitive Contracting Process." *Journal of Law and Economics* 21：297－326.

Knight，F. H. 1965. *Risk，Uncertainty and Profit* (Harper and Row，New York).

Landes，D. S.，ed. 1966. *The Rise of Capitalism* (New York).

Lindblom，C. E. 1977. *Politics and Markets* (New York).

Mandel，E. 1968. *Marxist Economic Theory* (translated by B. Pearce)，vol. 2，Rev. ed. (Monthly Review Press，New York).

March，J，G.，and H. A. Simon. 1958. *Organizations* (Wiley，New York).

Marglin，S. A. 1974. "What Do Bosses Do? The Origins and Functions of Hierarchy in Capitalist Production." *Review of Radical Political Economics* 6：33－60.

Marx，K. 1967. *Capital*，vol. 1 (New York).

Meade，J. E. 1972. "The Theory of Labour Managed Firms and of Profit Sharing." *Economic Journal* 82：402－428.

Report of a Special Task Force to the Secretary of Health, Education and Welfare. 1973. *Work in America* (MIT Press, Cambridge, MA).

Samuelson, P. A. 1957. "Wage and Interest: A Modern Dissection of Marxian Economic Models." *American Economic Review* 47: 884 - 912.

Sen, A. 1975. *Employment, Technology and Development* (Oxford).

Simon, H. A. 1957. *Models of Man* (Wiley, New York).

Simon, H. A. 1961. *Administrative Behavior*, 2nd ed., 9th printing (Macmillan, New York).

Smith, A. 1904. *The Wealth of Nations* (London).

Stone, K. 1974. "The Origins of Job Structures in the Steel Industry." *Review of Radical Political Economics* 6: 61 - 97.

Udy, S. H., Jr. 1970. *Work in Traditional and Modern Society* (Englewood Cliffs, NJ).

Unwin, G. 1904. *Industrial Organization in the Sixteenth and Seventeenth Centuries* (Oxford).

Vanek, J. 1970. *The General Theory of Labor Managed Market Economies* (Ithaca, NY).

Vroom, V. H. 1964. *Work and Motivation* (Wiley, New York).

Williamson, O. E. 1971. "The Vertical Integration of Production: Market Failure Considerations." *American Economic Review* 61: 112 - 123.

Williamson, O. E. 1975. *Markets and Hierarchies: Analysis and*

Antitrust Implications (The Free Press, New York).

Williamson, O. E. 1976. The Evolution of Hierarchy: An Essay on the Organization of Work, Fels Discussion Paper no. 91 (University of Pennsylvania, Philadelphia, PA), July.

Williamson, O. E. 1979. "Transaction Cost Economics; The Governance of Contractual Relations." *Journal of Law and Economics*, Oct.: 233 - 261. *

---

* Williamson, Oliver E. 1980. "The Organization of Work: A Comparative Institutional Assessment." *Journal of Economic Behavior & Organization* 1 (1): 5 - 38.

复杂性、灵活性和自产-外购决策*

史蒂文·塔德利斯

科斯（Coase，1937）提出了这样一个问题——公司应该在内部组织生产还是交由外部市场来完成，并提出了“自产-外购”决策这一概念。威廉姆森（Williamson，1975，1985）将这个问题置于中心位置，并进一步发展出了交易成本经济学（transaction-costs economics，TCE)，认为受机会主义、信息不对称和有限理性所累的不完全契约和特定关系将会导致纵向一体化。克莱因等（Klein et al.，1978）用敲竹杠问题进一步拓展了交易成本经济学：当存在不完全契约、资产专用性和投机行为时，一体化有助于提高事前投资激励。

交易成本经济学的主要假设已得到实证支持：专用性（以锁定程度衡量）和不完全契约（以交易的复杂性衡量）会导致纵向

* 在此感谢 Oliver Hart、Paul Milgrom、John Roberts、Ilya Segal 和 Michael Whinston 提供的有益评论，特别感谢 Jon Levi 的多次讨论。这项研究得到了美国国家科学基金会的资助，资助号为 SES-0079876。

一体化（Monteverde and Teece，1982；Masten，1984；Joskow，1985）。然而，交易成本经济学仍然是一个非正式且包容的理论，很难进行建模并进行精准预测。

形式主义（formalism）是格罗斯曼和哈特（Grossman and Hart，1986）深刻理论的产物，后来由哈特和穆尔（Hart and Moore，1990）完善。这就是产权理论（property-rights theory，PRT）（Hart，1995）。产权理论正式对敲竹杠问题进行了建模，通过所有权和剩余控制权对一体化进行了精确的定义，并统一分析了一体化的成本和收益。然而，产权理论将自产-外购问题限制在了交易成本的单一方面：敲竹杠问题。

本文关注的是另一类交易成本：当契约不完全时，由事后变更和适应引起的议价和摩擦。与契约不完全性相关的交易复杂性水平将是决定激励方案和一体化决策的可变参数。这一关注点源于对工业采购决策的细致考察，具有很强的实证背景，因为外生变量（复杂性）似乎比专用性更容易衡量。[①]

我和帕特里克·巴贾里（Bajari and Tadelis，2001；以下简称 BT）探讨了市场采购的一个特定方面：是什么决定了产品的采购契约应该是固定价格契约还是成本加成契约？BT 认为，买家向卖家提供完全契约的成本越高，项目越复杂。该模型特意将契约设计的完全性内化为对复杂性的回应，并确定了一个简单的权衡：对卖家来说，强烈的成本激励有利于降低事前的生产成本，但不利于降低事后的重新谈判成本。BT 将固定价格契约与成本加成契约进行了比较，并表明简单的项目（设计成本低）会

① 产权理论提供了关于契约不完全性影响的一般理论，但不易进行实证检验（Whinston，2001）。

通过固定价格契约采购，并具有高度的设计完全性（事后需要调整的可能性低）。相比之下，复杂的项目会使用设计完全性低的成本加成契约进行采购。以上结论与来自若干行业的经验证据一致。

本文首次尝试拓展 BT 模型以解决自产-外购问题。这应该是自然而然的一步，因为一体化可以被视为成本加成契约的极端情形。①

1. 复杂性、灵活性和激励

本节构建了一个基于 BT 模型的简化的契约选择模型。BT 受建筑行业的启发，重点关注项目复杂性（外生参数）对买家两种内生选择的影响。第一种选择是事前需要做多少设计，事前设计越多事后重新谈判就越少（更多的设计意味着更完全的契约）。第二种选择是卖家应该得到什么样的激励，更高的激励意味着卖家要承担更多的生产成本。

现在考虑买家（B）希望从卖家（S）处采购一个项目。$\tau \in [0, 1]$ 表示事后发生的意外事件被契约设计所涵盖且无须事后适应的概率。因此，τ 代表的是项目设计的**完全性**。在 BT 模型中，内生的设计完全性与项目复杂性相对，完全性内生地与复杂性成反比。也就是说，项目越复杂，设计完全性就越低，事后产生适应需求的可能性也就越高。我将 BT 模型的两个变量（复杂性和设计完全性）合并为一个变量，并将 τ 视为外生变量。为明确概念，

① 参见赖尔登（Riordan，1990），他将一体化定义为成本加成契约，以及买方监控上游投入成本的能力。沃纳菲尔特（Wernerfelt，1997）侧重于事后适应及其对公司范围的影响，但对明确的激励进行了抽象化。

我把 $1-\tau$ 定义为产品的**复杂性**。留给买家的选择决定卖家面临的成本激励。设 $z\in[0,1]$ 为卖家承担的成本比例。例如，$z=1$ 是固定价格契约，而 $z=0$ 是成本加成契约。

如果契约设计表现良好（发生的概率为 τ），那么 B 获得的收益为 $\overline{v}$，付出的成本为 $c(z)$。更强的激励意味着更低的生产成本，其中部分由买家在事前通过竞争获得，因此 $c'(z)<0$。[①] 如果设计失败而需更改（发生的概率为 $1-\tau$），则 B 仍会付出成本 $c(z)$，但会获得较低的收益 $\underline{v}(z)<\overline{v}$，其中 $\underline{v}'(z)<0$。这是 BT 理论的核心组成部分。BT 的研究表明，在信息不对称条件下，激励会引发代价高昂的重新谈判而导致事后盈余的耗散。于是引出 B 的目标函数：

$$u_B(z;\tau)=\tau\overline{v}+(1-\tau)\underline{v}(z)-c(z)$$

很容易证明这个目标函数对于 τ 和 z 具有递增差分（increasing difference）性质［即 $\partial^2 u_B/(\partial z\partial\tau)>0$］，于是这两个变量的单调比较静态分析（Milgrom and Shannon，1994）为：随着 τ 的减小（即产品变得越来越复杂），卖家所面临的激励强度（z）也将减小。[②] 这与经验证据一致，也与威廉姆森（Williamson，1985，p. 140）的观点一致。他写道："低能激励具有广为人知的适应性优势。"BT 模型有助于梳理关于采购问题的思路，并阐明解释经验规律所需的条件。[③]

---

① 在 BT 的研究中，这是由道德风险模型引发的，当付款方式接近固定价格契约时，卖方将有更强的动机降低成本。

② BT 研究中的比较静态更为复杂，因其表明设计和激励对复杂性都是单调的。

③ BT 表明，产生事后摩擦的必要条件是，变更成本难以与其他项目成本区分开来。巴泽尔（Barzel，1982）指出，度量问题是交易成本的另一个来源。

2. 一体化的成本和收益

按照产权理论的精神，用**一体化**（或**自产**）表示B拥有生产所需的设施和资产的情况。用**非一体化**（或**外购**）表示S拥有这些设施和资产的情况。不失一般性地，将比较分析局限于一体化给B带来的成本和收益（B是下游单位，也是事前决策者）。

本文假设一体化的收益是B的事后价值在有变更的需要时的增量。有两个来源可以证明这一假设是正确的。首先，根据交易成本经济学理论，这可以减轻威廉姆森所说的事后“根本性转变”，因为如果谈判破裂，替换S的成本会更低。由于B只需要找有能力的人来完成工作，因此**时间锁定**减少了。其次，根据产权理论，所有权赋予了B更多的剩余控制权，使其可以按照自己的方式修改契约。例如，假如可以通过两种方法进行修改，其中一种更适合B的下游流程，那么B可以指示S选择正确的方法。

本文假设一体化的成本是很难为S提供降低成本的激励。这一假设有两方面的支持。首先，霍姆斯特龙和米尔格罗姆（Holmström and Milgrom，1991，1994）的关于多任务并行（multitasking）的著名文献表明，当B拥有生产性资产时，激励是有害的。如果S受雇于B并使用B的资产，那么当S面临降低成本的激励时，他将以滥用资产的方式降低成本，从而降低B的价值。其次，如威廉姆森（Williamson，1985，p.139）所指出的，“有关会计规则的责任集中于资产所有者。尽管有明确的协议来限制会计自由裁量权，但在供应阶段仍存在成本重置的风险，对其不利”。根据产权理论，如果B拥有事后的剩余控制权，并能通过改变资产配置来使S很难降低成本，这一点更易成立。

因此，S应该不太会对事前的成本降低激励做出反应。

正式表述如下，令 $x\in[0,1]$ 表示一体化决策，其中**自产**为 $x=0$，**外购**为 $x=1$。生产成本由 $c(z,x)$ 表示，其中 $c_z(z,x)<0$，如前所述，如果有变更的需要，则B获得的价值为 $\underline{v}(z,x)$，其中 $\underline{v}_z(z,x)<0$（下标表示偏导数）。

一体化的收益（可以抑制“根本性转变”并使B拥有更多的剩余控制权）由 $\underline{v}(z,0)>\underline{v}(z,1)$ 表示。一体化的成本（导致多任务并行并使B对变更拥有更多的控制权）由 $c(z,1)\leqslant c(z,0)$、$c_z(z,1)\leqslant c_z(z,0)$ 以及 $\underline{v}_z(z,0)\geqslant\underline{v}_z(z,1)$ 表示。前两个条件与多任务并行相关：$c(z,1)\leqslant c(z,0)$ 表明在一体化下，相同的激励水平 z 带来的收益较小；$c_z(z,1)\leqslant c_z(z,0)$ 表明在一体化下，增加激励获得的效果较差。第三个条件 $\underline{v}_z(z,0)\geqslant\underline{v}_z(z,1)$ 与谈判中的事后摩擦有关，并且与BT模型一致。它表明，当B处于更强的议价地位时，激励对事后谈判成本的边际效应会增加。于是B的目标函数为：

$$\max_{z,x} u_B(z,x;\tau)=\tau\bar{v}+(1-\tau)\underline{v}(z,x)-c(z,x)$$

上述假设表明该函数对于 τ、z 和 x 具有递增差分性质，其单调比较静态分析如下：

结果： 更复杂的产品更有可能在内部采购（**自产**），上游供应商面临较低的激励；而更简单的产品更有可能通过市场采购（**外购**），上游供应商面临较高的激励。

这一结果直接来自对 $c(z,x)$ 和 $\underline{v}(z,x)$ 的假设［这保证了 $\partial u_B/\partial z$ 和 $\partial u_B/\partial\tau$ 随 x 的增大而增大，并且还保证了 $\partial^2 u_B/(\partial z\partial\tau)>0$］。然而，本文一些重要的性质是从BT的研究中更坚实的微观基础推导而来，附加的假设也遵循产权理论、交易成本经济学以及霍姆斯特龙和米尔格罗姆（Holmström and Milgrom，1991，1994）的理论精髓。

更重要的是，我认为可以对比较静态分析进行有意义的实证检验。事实上，蒙特维德和提斯（Monteverde and Teece，1982）以及马斯滕（Masten，1984）的重要实证研究表明，系统（子部件）越复杂，就越有可能从内部购买。

3. 进一步研究方向

上述分析似乎忽略了关系专用性（relationship specificity）。事实上，就一体化而言，我明确考虑的是资产和设施通用的情况（例如地上空间、简单工具和标准设备）。但在谈判破裂（在我的模型中是事后摩擦的来源）的情况下，即使是通用资产的所有权也应该有助于下游单位。尽管如此，本文的模型确实有专用性的一席之地：当存在事后变更的需求时，专用性会引发摩擦。事实上，如果不存在时间锁定，下游单位总是可以找来大量上游单位来对所需的变更进行竞标，从而防止盈余损失。

交易成本经济学和产权理论认为，更高的关系专用性会导致锁定，这有利于一体化。马斯滕（Masten，1984）的实证研究表明，更高的专用性和更高的复杂性水平都会导致更频繁的一体化。此外，专用性和复杂性似乎是互补的：每个变量的影响随着其他变量的增加而增加。

为了把专用性引入模型，将其定义为变量 s，然后将生产成本定义为 $c(z, x, s)$，将在出现问题时 B 的报酬定义为 $\underline{v}(z, x, s)$。于是 B 的目标函数为：

$$\max_{z,x,s} u_B(z,x,s;\tau) = \tau\bar{v} + (1-\tau)\underline{v}(z,x,s) - c(z,x,s) \quad (1)$$

接着可以列出式（1）中关于（z，x，s，τ）的交叉偏导条件，并得出与马斯滕（Masten，1984）的发现相符的关系。然而，用交易经济学理论来证明这一点可能需要付出极大的努力。

更有效的方法是在更多行业中进行更严格的实证检验，以“逆向工程”的方式确定有助于为理论提供信息的相关性：实证结果将说明哪些相关性是常见的，以及关于式（1）中交叉偏导数的哪些假设是得到满足的。而后，在此基础上可以发展更基本的微观经济学理论，以得出其他可验证的含义。

本文使用的模型采用最简化的形式，但中心部分是建立在更细致的微观基础上的。然而，由于这些微观基础的正式整合尚未完成，研究尚有巨大的空白，内生专用性如何影响一体化的微观基础则是完全缺失。更正式的理论有助于重点分析一阶效应，并澄清曾经模糊的问题。产权理论一直是解决自产-外购问题的主导理论，但本文认为产品复杂性和由此产生的交易成本也是问题的重要组成部分。当然还有更多问题，例如本文忽略了交易频率。未来仍有大量工作需要完成（Holmström and Roberts，1998）。

参考文献

Bajari，Patrick，and Tadelis，Steven. 2001. “Incentives Versus Transaction Costs：A Theory of Procurement Contracts.” *Rand Journal of Economics* 32（3）：387－407.

Barzel，Yoram. 1982. “Measurement Cost and the Organization of Markets.” *Journal of Law and Economics* 25（1）：27－48.

Coase，Ronald. 1937. “The Nature of the Firm.” *Economica* 4

(16): 386 - 405.

Grossman, Sanford, and Hart, Oliver. 1986. "The Costs and Benefits of Ownership: A Theory of Vertical and Lateral Integration." *Journal of Political Economy* 94 (4): 691 - 719.

Hart, Oliver. *Firms, Contracts and Financial Structure*. Oxford, U. K.: Oxford University Press, 1995.

Hart, Oliver, and Moore, John. 1990. "Property Rights and the Nature of the Firm." *Journal of Political Economy* 98 (6): 1119 - 1158.

Holmström, Bengt, and Milgrom, Paul. 1991. "Multitask Principal-Agent Analyses: Incentive Contracts, Asset Ownership, and Job Design." *Journal of Law, Economics, & Organization* 7: 24 - 52.

——. 1994. "The Firm as an Incentive System." *American Economic Review* 84 (4): 972 - 991.

Holmström, Bengt, and Roberts, John. 1998. "The Boundaries of the Firm Revisited." *Journal of Economic Perspectives* 12 (4): 73 - 94.

Joskow, Paul. 1985. "Vertical Integration and Long-Term Contracts: The Case of Coal-Burning Electric Generating Plants." *Journal of Law, Economics, & Organization* 1 (1): 33 - 80.

Klein, Benjamin; Crawford, Robert, and Alchian, Armen. 1978. "Vertical Integration, Appropriable Rents, and the Competitive Contracting Process." *Journal of Law and Economics* 21 (2): 297 - 326.

Masten, Scott. 1984. "The Organization of Production: Evidence from the Aerospace Industry." *Journal of Law and Economics* 27 (2): 403 - 417.

Milgrom, Paul, and Shannon, Christina. 1994. "Monotone Comparative Statics." *Econometrica* 62 (2): 157 - 180.

Monteverde, Kirk, and Teece, David. 1982. "Supplier Switching Costs and Vertical Integration." *Bell Journal of Economics* 13 (1): 206 - 213.

Riordan, Michael H. 1990. "What Is Vertical Integration?" in Masahiko Aoki, Bo Gustafsson, and Oliver E. Williamson, eds., *The Firm as a Nexus of Treaties*. London: Sage, 94 - 111.

Wernerfelt, Birger. 1997. "On the Nature and Scope of the Firm: An Adjustment-Cost Theory." *Journal of Business* 70 (4): 489 - 514.

Whinston, Michael D. 2001. "Assessing the Property Rights and Transaction-Cost Theories of the Firm." *American Economic Review* (*Papers and Proceedings*) 91 (2): 184 - 188.

Williamson, Oliver E. 1975. *Markets and Hierarchies*. New York: Free Press.

——. 1985. *The Economic Institutions of Capitalism*. New York: Free Press. *

---

* Tadelis, Steven. 2002. "Complexity, Flexibility, and the Make-or-Buy Decision." *American Economic Review* 92 (2): 433 - 437. Translated and reprinted by permission of Steven Tadelis.

不完全契约理论：我们身处何方？*

让·梯若尔

本文综述了不完全契约理论前沿的研究进展和方向。首先，本文举例说明了不完全契约理论的主要思想。其次，本文对不完全契约标准建模方法提出了方法论方面的见解。特别讨论了文献中的两个假设之间的矛盾，即理性和交易成本。本文不同于传统观点，认为完全契约方法论不一定不能解释标准制度，例如权力和所有权等。最后，本文对研究计划进行了讨论总结。

---

* 1994年作者在魁北克市举行的计量经济学会北美夏季会议上发表的瓦尔拉斯-鲍利演讲。

我有幸与数位研究人员群策群力，才使这篇论文得以诞生。本文建立在奥利弗·哈特关于不完全契约和埃里克·马斯金（Eric Maskin）关于实施理论的重要见解之上。我也从与 Philippe Aghion、Mathias Dewatripont、Bengt Holmström 和 Jean-Jacques Laffont 一起研究演讲主题的过程中获益匪浅。我非常感谢 Jean-Jacques Laffont 和 Eric Maskin 在论文准备过程中的倾心投入。我还要感谢 Philippe Aghion、Bernard Caillaud、Oliver Hart、Martin Hellwig、Bruno Jullien、Bentley MacLeod、Eric Rasmussen、Patrick Rey、Steve Tadelis，以及一位合编人和三位推荐人的有益评论。

1. 引　言

本文旨在总结不完全契约理论前沿的研究进展和方向。① 本文强调的是方法论，而非不完全契约模型的经济意义。不完全契约理论可以说是经济学和其他社会科学中某些关键问题的基础，但它也确实在很大程度上没有得到充分的探索和理解。近年来，在我们的专业领域，在方法论上出现了分歧。一派主张实用主义，建立简单的模型来捕捉现实的各个方面；另一派则怀疑这些模型的基本原理和稳健性，并担心缺乏像 20 世纪 70 年代关于道德风险和逆向选择范式这样的建模共识。（关于这两点我个人有同感。）

大多数经济学家都同意，现实契约似乎是或者的确是相当不完全的。许多契约的多个重要特征都是含糊或者缺失的。政治活动组织就是典型的例子。在行政部门，各部门和机构被赋予了宽松的目标，如“促进美国的长期安全和福祉”（美国国务院）、“培育、促进、发展美国工薪阶层的福利”（美国劳工部）、“为电力或通话制定‘公正合理的费率’”（公共事业委员会）。然而，可能影响部门最优选择的意外事件以及如何应对这些意外事件却没有人提。同样，政府的立法部门的设立目的是分配权力和投票权，并制衡两院，而不是一种规定公共政策决定如何响应经济社会信息的契约。事实上，我认为在不完全契约理论的概念化和模型化中存在的困难，在一定程度上解释了为什么在过去两个世纪

① 自哈特就这一主题的费舍尔-舒尔茨演讲发表以来［见 Hart（1989）］，已经过去 10 年；自哈特（Hart，1987）和霍姆斯特龙（Holmström，1987）在世界大会上对契约理论进行考察（其中也涉及不完全契约）以来，已经过去 12 年。此后，该领域展开了许多活动，均有这两位作者的重要贡献。

里，18 世纪政治学家的规范性计划（即政治制度应该如何建立）进展甚微。[①]

不完全契约被认为是理解许多经济问题的关键。以专利制度为例，人们早就认识到专利是一种低效的激励创新的方法，因为专利赋予持有人垄断权。信息是一种公共产品，对整个社会来说，奖励创新者并以低廉费用传播创新成果才是事后最优选择。但事实证明专利制度是一种令人出乎意料的强健制度。没有更好的替代方案，大概是由于以下事实：首先，很难事先描述创新的社会价值的决定变量，也就无从决定应该支付给发明者多少奖金；其次，我们不相信一种由法官或仲裁者来事后决定创新的社会价值的制度（可能是由于法官不称职，或者缺乏了解情况的动机，或者与发明者勾结而夸大创新的价值，或者与政府勾结而低估创新的价值）。专利制度有明显的优势，即不依赖于这种事前或事后的描述（但专利范围的定义会依赖）。

研究不完全契约模型的热潮主要是由组织问题引起：是什么决定了公司的规模，公司内部权力是如何分配的，以及公司章程和财务结构（投票权、[②] 董事会的权力、收购的可行性、资本结构[③]）如何实现外部人对内部人的控制。正如西蒙（Simon，1951）的定义，一方所拥有的决策权是指该方在得到允许的一组决策中做出决定的权力。**产权**（property right），即所有权，是一组决策权。哈特（Hart，1989，p. 1765）认为："资产所有权总是伴随着对资产剩余控制权的拥有；只要不违背先前的契约、惯

① 在过去的 20 年里，通过将经济学技术应用于政治学取得了实质性进展，但这种进展主要局限于积极方面，即解释人在特定的投票和议程设置机构下的行为。

② 参见 Grossman-Hart（1988）、Harris-Raviv（1988）和 Gromb（1993）。

③ 参见 Aghion-Bolton（1992）、Dewatripont-Tirole（1994）和 Hart（1995）。

例或任何法律，资产所有者有权以任何方式使用该资产。”瓦尔拉斯（Walras，1898；1990，pp. 177－178）认为所有权是一组权利的载体，包括使用权、出售权和收益权。大量的组织理论和公司金融方面的文献都是围绕着这些权利和产权概念展开的。最后一点，不完全契约也是许多法律问题的基本问题。例如法院对私人契约的强制执行[①]、信托义务[②]、反垄断政策等。

尽管“不完全契约”如此重要，但遗憾的是文献中并没有对它的明确定义。虽然不完全契约一看就能认出来，但其定义界限却不甚分明；目前，不完全契约被定义为对给定模型中可行契约集的临时约束（ad hoc restriction）。当然，“临时约束”的概念是主观的：为了赋予其内涵，我们将在第 3 节采用契约理论的标准方法作为基准。在过去 30 年里发展起来处理道德风险、逆向选择和实施问题的方法，为激励约束条件下的可行结果[③]提供了一个明确的划分标准。于是，不完全契约理论就涉及通过对得到允许的契约集施加限制，从而只关注可行结果的子集。请注意，通过观察结果，我们不一定会将“简单契约”的使用与不完全契约方法联系起来：事实上，如果这个简单契约最终交付了双方所期望的可行结果，那么这个简单契约就无所谓完不完全，尽管它“显然不完全”。

在相关研究中，在建立不完全契约模型之前通常会提及**交易成本**，即以下三种要素中的一种或几种：

---

① 关于这一点，详见 Schwartz（1992）以及 Hart（1990）和 Tirole（1992）的讨论。

② 参见 Barca-Felli (1992) 和 Hart (1993)。

③ 正如 Hellwig（1996）所强调的，它并没有限定可行契约集。事实上，总是有无穷多的契约会产生相同的可行结果。另外，经济行为人只关心结果而不关心契约本身。

不可预见的意外事件（unforeseen contingencies）："各方无法在事前确定以后可能发生的意外事件（或可行的行动）。因此，他们只能达成一种没有明确规定这些意外事件的契约，例如权力或所有权关系，或者压根不签订任何契约。"

契约成本（cost of writing contracts）："人们即使可以预见所有的意外事件，也会由于事件数量过多而使在契约中描述它们的成本过高。"

执行成本（cost of enforcing contracts）："为了执行契约，法院必须理解契约条款，并对契约规定的意外事件和行动进行核实。"

尽管大多数学者都同意上述这种"大而化之"（hand-waving）的做法，但很少有人会感到满意。本文将使用马斯金-梯若尔的研究（Maskin and Tirole，1999a）来分析最常见的导致契约不完全的因素，即不可预见的意外事件，另外两个因素将在结论中讨论。

关于不可预见的意外事件，毫无疑问我们不会在制定契约之前就此遍历整棵"知识之树"（tree of knowledge）。在同意发表演讲之前，我当然没有细想过这次演讲是什么样子。我不确定我能否就某些领域呈现我的想法（不幸的是，现在我仍不确定）。更为重要的是，我对如何构造关于该主题的瓦尔拉斯-鲍利演讲的内容不甚明了，只明确了一个空泛的目的，即写一篇适合普通读者的论文以及就未来研究提出见解。

然而，**就目前情况而言**，不可预见的意外事件对于不完全契约模型来说不是一个好理由。原因很简单，在不完全契约文献中，当事人被认为是理性的［如哈特（Hart，1990）所强调的］。

缔约各方选择契约（如产权的分配），以及后续的变量（如投资），以使他们的预期效用最大化。至少，缔约各方也知道初始契约和投资会如何影响他们的收益。换句话说，即使假设各方不知道如何以及在什么情况下实现这些收益，动态规划方法也隐含着最低限度的收益可预见性。由于这一结论对当事人的事前知识设定了一个下限，因此也限制了当事人通过契约所能实现的目标。我们提出了充分的条件，在这些条件下，意外事件的不可描述性不能限制各方可通过契约实现的收益结果集。（根据激励约束的性质，该集合可以是最优集或次优集。）

本文的结构安排如下。第 2 节通过一个简单的研发实例说明不完全契约文献的主题。首先，该节描述了是否含有可描述的意外事件，以及是否含有事后重新谈判可能性的最优完全契约方法。其次，该节提供了一种基于产权分配（以专利所有权为例）的替代契约方法，并得出了产权方法的一些经济学含义。最后，该节应用这个研发实例介绍了关于使用不完全契约模型的一些普遍争议。第 3 节总结了马斯金-梯若尔（Maskin and Tirole, 1999a）对不完全契约建模方法的批判。第 4 节分两步讨论了研究计划。首先，该节认为标准的完全契约方法可能被过于草率地否定了，因为它无法解释导致不完全契约的现象。其次，该节认为完全契约方法可以提供实质性见解，说明简单的制度何以、何时表现得更好并占据主导地位。第 4 节末尾指出，虽不可急切地抛弃标准方法，但也不能因噎废食而阻碍了其他研究范式中的概念创新。

2. 格罗斯曼-哈特方法的例子：研发博弈

为阐明不完全契约文献中的假设和主题，现在考虑阿吉翁-

梯若尔（Aghion and Tirole，1994）创新管理模型的一个基础的（且经济意义微小的）版本。该模型是格罗斯曼-哈特（Grossman and Hart，1986）模型的一个变体，引入了现金约束和可核实的利润份额。这些模型涉及双边道德风险，但是为了简化讨论并便于与标准的、完全的契约委托代理模型进行比较，我们将集中讨论单边道德风险。（我们也可以选择阐述双边道德风险框架。）

2.1 模型及其完全契约解

作为研究单位的代理人（agent，简称 A）打算向用户即委托人（principal，简称 P）提供具有确定性价值 $V>0$ 的创新成果。在第一阶段，代理人付出的努力给他带来了无法观测到的负效用 $g_A(e)$，其中 $g'_A>0$，$g''_A>0$，$g'_A(0)=0$，$g'_A(1)=\infty$。努力 e 被正规化为完成（有用）创新的概率。最优努力水平满足 $g'_A(e)=V$。用 $e_0\geqslant 0$ 表示代理人在偷懒不被发现的情况下可实现的最小努力水平。[①] 在第二阶段（事后），双方都能观察到是否产生了（有用）创新。暂时假设由法院来核实代理人是否实现了对委托人具有价值 V 的创新（或能创造价值 V 的特征）。代理人没有资源，受有限责任保护；收入超过一定水平就是风险中性的。[②] 委托人是风险中性的；他挑选代理人并选择激励方案。

该模型对完全契约的处理来自“效率工资”（efficiency wage）文献。契约指定创新并规定，若代理人实现了指定的创新则将获得回报 y，若失败则（在最优条件下）将获得 0。回报 y 可以取任意非负值，并完全决定了对代理人的激励水平。假设不存在折

① 另外，e_0 可以表示当代理人没有得到任何金钱激励，只是由求知欲、自我实现和职业操守驱动时所付出的努力。

② 所以，代理人的效用来自收入 y：对于 $y<0$，$u_A(y)=-\infty$；对于 $y\geqslant 0$，$u_A(y)=y$。

现且存在内点解（$e^* > e_0$），最优完全契约，即最优回报 y^*，由下式给出：

$$\max_{\{e,y\}}\{e[V-y]\} \quad \text{s.t.} \quad g'_A(e)=y$$

次优解满足 $0<y^*<V$。委托人需要在保证发明的高概率（高回报）和付给代理人的低租金（低回报）之间进行权衡。

在实践中，当事人不可能在事前契约中准确描述创新的具体内容，因为研究过程就是要找到这些具体的内容。但是，当事人可以事后宣布。但没有准确的描述也很麻烦，因为代理人可能会把无价值的创新成果交付委托人，所以需要设计一种机制，在事前不描述创新成果的情况下保证代理人交付有价值的创新成果。

那么，这种情况就涉及**不可描述的意外事件**。但关键是，对于理性行为人，即使事件无法在事前描述，它也不是不可预见的。针对该问题的一个思路是，双方设想在日期 2 存在 $n \geq 1$ 项可能的技术，他们事先将这些技术标记为 1 到 n 以便于描述。双方知道如果产生了创新成果，那么其中一项技术对委托人有价值 V，而其他技术则没有价值。在没有创新的情况下，现有的全部技术对委托人都没有任何价值。

意外事件虽然不可描述，但委托人还是能够获得与事前对创新进行描述的情况下相同的收益结果。考虑以下有关研发博弈的公开契约（“公开”表示契约已提交给法院或仲裁者）：

> （1）代理人在事后描述了一项要转让给委托人的技术。（2）委托人接受代理人转让的技术并向代理人支付 $y=\lambda V$，其中 $0 \leq \lambda \leq 1$，或者拒绝接受并且不支付任何费用。（3）双方不得就契约重新谈判或进行任何其他交易。

只要契约是可信的，各方就能实现任何他们想要的回报，即便创新无法在事前描述。

2.2 完全契约和重新谈判

在研发博弈中，如果初始契约是最终的且不能重新谈判，创新的不可描述性就不会影响收益。如果各方能够在事后重新谈判，情况就会不同。假设在初始契约设计的机制发挥作用后，如果预设的结果效率太低，双方可以重新谈判以使彼此都受益。我们假设各方协商会达到纳什均衡，在均衡中各方同等分享重新谈判带来的收益。

如果代理人的绩效可以在事前描述且可以在事后核实（第一种情况），重新谈判的可能性就是不相关的，因为契约已经规定了创新成果（如果有的话）必须转让给委托人，实现了事后的有效分配。

如果技术在事前不可描述，如果上述公开契约规定的转让价格为 $y>V/2$，就不能避免重新谈判。假设代理人创新了，但委托人拒绝接受代理人描述的创新成果，这隐含着委托人假装代理人没有发明任何有用的东西。这样，交易的收益就不会耗尽，双方就有了签订第二份契约的动机。在纳什谈判解中，委托人只需支付 $V/2$。相反，当 $y<V/2$ 时，代理人可以通过向委托人提供无用的创新成果来强行重新谈判，委托人一定会拒绝代理人的提议。因此对于该契约，在重新谈判的情况下唯一可行的分享规则是 $\lambda=1/2$，而在没有重新谈判的情况下，所有的 $\lambda\in[0,1]$ 都不可行。

另外，可能某些契约可以兼容不可描述性，因而在重新谈判的可能性下比公开契约表现得更好。如附录 1 所示，在双方责任有限的情况下，确实有可能实施其他分享规则，但重新谈判仍有成本：**在发生不可描述的意外事件和重新谈判的情况下，可行的分享规则一定是落在［0，1/2］中的 λ**[①]；如此，处于（1/2，1］中的 λ 就被排除了，因为各方必须起草新的契约（该结果也被证明可以推广到将第三方引入契约的情况）。这一结果的直观意义是，在有所创新的情况下，委托人总是可以在事后假装没有实现创新。意外事件的不可描述性使得契约无法识别委托人的这种战略行为，并使得委托人在重新谈判前总能获得与没有实现创新时相同的收益。因此，重新谈判的可能性保证了委托人至少能获得创新带来的盈余的一半。在某种意义上，该证据反映了哈特-穆尔假设的思想（Hart and Moore，1988），即在没有交易的情况下法院无法查明是谁的错。

这个结果的含义是，如果在不存在重新谈判的情况下，最优完全契约会将大部分盈余分配给代理人（$\lambda^* > 1/2$），那么在存在重新谈判的情况下，**双方均不能从契约关系中获益**；也就是说，不签订契约会产生可行的分享规则（$\lambda = 1/2$），此时的 λ 最接近不存在重新谈判时的最优分享规则。

注：研发博弈是“合作投资博弈”的一个特例。粗略来说，如果一项投资对交易伙伴盈余的影响大于对投资方盈余的影响，那么这项投资就是合作的。在此处，代理人的投资影响委托人的盈余，但不影响代理人的事后生产成本，后者等于零。切-豪施（Che and Hausch，1998）的结论更一般地表明，在存在重新谈判的情况下，即使是通过最优契约，合作投资也难以得到保护。他

---

① 如果代理人可以在执行阶段“隐藏”有用的创新，然后在重新谈判阶段向委托人披露，那么分享规则 $\lambda < 1/2$ 也是不可行的；而双方只能实施分享规则 $\lambda = 1/2$，与不签订契约的情况相同。

们指出了一系列情况，在这些情况下最优契约不会比完全没有契约更好。切-豪施的结论与此处的结论不依赖于巨大的商品数量，这与西格尔（Segal，1999）和哈特-穆尔（Hart and Moore，1999）关于“自私投资”（即主要影响投资方盈余的投资）的类似结论形成了对比。参见西格尔-温斯顿（Segal and Whinston，1998）对各种结论的综合。

2.3 不完全契约

不完全契约方法对可行机制的类别进行假设。本文假定：

• 一方可以将**任何**创新成果的一般产权或专利转让或不转让给另一方。也就是说，我们设想代理人提出创新蓝图，然后归他自己或委托人所有，双方拥有使用或出售它们的明确权利。如果委托人拥有创新成果，她可以自由使用（那么代理人就是受雇的研究人员），但如果代理人拥有创新成果，委托人必须从代理人那里购买（那么代理人就是独立的研究人员）。在后一种情况下，许可费 y 是根据一系列连续的议价过程确定的。本文根据相关文献假设议价的结果是纳什谈判解（$y=V/2$）。

• 转让给委托人的任何创新成果的实现价值（0 或 V）在第二阶段双方都可以观察到，但法院无法核实。[①] 相比之下，与研究单位的利润相等的许可费是可核实的，委托人和第三方可以在代理人的收入中预先获得份额。

综上所述，此处将不完全契约定义为对创新成果产权的分配以及对代理人所受许可费的分享规则。很明显，在**只有两方**的所

① 它也可以是委托人的私人利益，因为它节约了委托人的精力，否则就得投到委托人的大量活动中。如果创新对用户利润的影响是可衡量的，那么产权往往是不相关的。参见 Anton-Yao（1994，p. 202）。

有权契约下，分享规则是无效的［正如哈特-穆尔（Hart and Moore，1990）所预期的那样］。要么委托人拥有创新成果，并且没有许可费可供分享；要么代理人拥有创新成果，并且（在任何连续的议价过程中）双方就**实际**许可费（即名义许可费减去返还给委托人的份额）进行协商。[①]

如此，只有产权问题待解决了。代理人为所有者产生 $y=V/2$，委托人为所有者产生 $y=0$。更一般而言，在日期 2，经过适当选择的产权随机分配会产生任何（预期的）$y\in[0, V/2]$。因此，如果完全契约方案的解 y^* 满足 $y^*>V/2$，那么产权契约就会造成委托人的福利损失。但要注意的是，此时的可行分享规则集与完全契约和重新谈判情况下的规则集是相同的。

注：产权的随机分配可由另一种方式替代，即赋予代理人确定的产权并使第三方持有代理人利润之（$1-2y/V$）的份额。第三方可以是金融家（银行、风险投资者等），他们不使用创新成果，只是共同出资并获取部分许可费。[②] 在代理人也不可或缺的情况下，这种替代方式优于产权的随机分配。因为委托人无法获得蓝图，即使由委托人拥有创新成果，也必须与代理人协商才能完成一项创新（Hart and Moore，1994）。那么，在没有共同出资的情况下，唯一可能的分享规则是 $y=V/2$；而在共同出资的情况下，任何分享规则 $y\in[0, V/2]$ 都可行。

---

① 详情见 Aghion-Tirole（1994）。

② 此处假定第三方——在与委托人议价时有着和代理人一致的利益——不参与议价过程。另外，很明显，第三方持股有助于获得独立代理人的部分租金，这一观点也适用于第三方被引入议价过程的情况，抛开极端情况（其中代理人能够令人信服地承诺不与委托人讨价还价，除非第三方无偿地把自己的份额分给委托人）。

2.4 不完全契约文献的一些主题

我们可以用研发博弈加上简单的扩展来阐述不完全契约文献中的一些主要观点。

第一个主题，主要源自格罗斯曼-哈特（Grossman and Hart，1986）、哈特-穆尔（Hart and Moore，1990）和威廉姆森（Williamson，1985）等人的研究，即**产权的分配决定了事后确定交易条件的议价能力**，产权持有者的专用性投资得到了一定程度的保护，投资被侵占的风险得以降低。据此，产权可以提高持有者的投资动机。在研发博弈中，所有权的分配隐含地定义了一个分享创新收益的规则，并影响到代理人在日期 1 的行为。作为雇员，他没有动力付出超过 e_0 的努力，而作为一个独立研究者，他的努力 e 由 $g'_A(e)=V/2$ [假设 $g'_A(e_0)<V/2$] 给出。因此，所有权提高了代理人的创新动机。

第二个常见的主题是**产权的行使受到在事后生产过程中另一方不可或缺的限制**（Hart and Moore，1994）。在研发博弈中，即使代理人拥有创新成果，委托人不可或缺也会将代理人的份额限制在 50%（或更普遍的是双方协商得出的份额）。相反，假设存在创新成果的其他潜在用户，他们愿意为排他性许可支付 $V'\leqslant V$（没有潜在用户愿意为非排他性许可付出任何价值）。潜在用户之间对创新成果的竞拍产生 V'。收益 V' 可以在代理人和委托人之间以任意方式被分享。并且，当 $V'=V$ 时，任何分享规则都可以通过拍卖和持股相结合的方式来执行。

事后竞争为代理人提供了保护，使其免受不完全契约下委托人机会主义的影响。然而，如果代理人针对委托人的需求做出专用技术选择，事后竞争可能会增加成本 [以下内容改编自霍姆斯特龙-梯若尔（Holmström and Tirole，1991）；另见西格尔-温斯顿（Segal and Whinston，1997）]。假设在研发过程中，代理人不仅要选择发明的概率，还要在特定努力水平下选择两种具有相同成功概率的研究技术中的一种。如果专用技术获得成功，会对委托人产生效用V，而对任何其他潜在用户产生零效用。如果通用或灵活的技术获得成功，则对任何其他潜在用户都会产生效用$v\in(V/2,V)$，对委托人则产生效用$\widetilde{v}\in(v,V)$。假设代理人拥有对未来创新成果的产权，代理人的最优选择是灵活技术。假设存在"外部选择权"（outside option）的议价过程和宾默尔等（Binmore et al.，1986）描述的情况一样，代理人在创新成功的情况下得到$v>V/2$，而委托人得到$\widetilde{v}-v$。在这个意义上，市场（定义为对创新成果的事后竞争）比排他性关系更清楚代理人的业绩。竞争使代理人的份额从$V/2$提高到v，但也会产生$V-\widetilde{v}$的社会代价。显然，如果v和$\widetilde{v}$接近$V/2$，竞争并不能大大提高激励，反而纯粹是浪费。相反，如果$\widetilde{v}$接近V，并且对代理人的高能激励是至关重要的，那么竞争是可取的。① 因此，如果委托人和代理人是同一家公司的两个部门，那么公司总部在后一种情况下会允许代理人在公司外部交易，在前一种情况下则不允许。②

相关文献的第三个主题是**决策权的分配可能影响事后交易的效率**。众所周知，信息不对称下的谈判③会导致低效议价和次优交

① 此处的推论假设委托人不持有代理人的利润份额。当委托人持有份额λ时，在创新的案例中，代理人的报酬对于专用技术来说仍然是$V/2$，而对于灵活技术来说则是$\min(\widetilde{v}/2,(1-\lambda)v)$。只要需要高能激励，这些结果对引入委托人的份额是稳健的。

② 正如Williamson（1975）和关于M型与转让定价的企业管理文献所强调的，主要的问题是，总部是否可以建立这样一种声誉：只有在竞争是浪费的时候才行使这种权利，而在缺乏专业化的代价不大且从激励的角度看竞争是可取的时候才放弃使用这种权利。

③ 当效用在各方之间不可转让时，决策权的分配也会影响决策。

易。将权力赋予当事人中的一方或赋予第三方（仲裁者、总部等）可以消除这种无效率。科斯（Coase，1937）和威廉姆森（Williamson，1985）认为减少了讨价还价是“一体化”的主要好处。

在上述信息对称情形下的研发博弈中，不管所有权结构如何，日期 2 的决策（关于创新成果的转让）都是有效率的。但在信息不对称情形下，这种情况通常不复存在。比如说，如前将产生（具有正的价值的）创新成果的概率设为 e，不产生创新成果的概率设为 $1-e$。创新的价值是落在 $(0, \infty)$ 上的连续分布，均值为 V，这部分信息只有委托人知道。这在委托人为所有者的情况下没有发生变化。但是，在信息不对称情形下谈判的一般结果[①]表明，对于代理人为所有者的大多数谈判过程，谈判可能导致无效率的交易（此时许可太少或太迟）。所以基于代理人为所有者的谈判过程很可能是无效率的，而在委托人为所有者的情况下则是有效率的。

文献的第四个主题与第一个主题相关，**即多个决策权的集中和分割是由激励因素决定的**。例如，哈特-穆尔（Hart and Moore，1990）和哈特（Hart，1995）认为，高度互补的资产应该共同拥有。因为这种权利在孤立的情况下没有价值，分割互补性资产不能使任何人的专用性投资在事后议价中不被侵占。将权利集中在一方手上可以减少敲竹杠行为。

在研发博弈中，假设利用创新成果需要使用两种互补的实物资产，即 a 和 b。在委托人和代理人之间分割这两种资产，相当于把它们都给了代理人，因为这两种安排在谈判之前预示着相同的现状，即委托人无法利用创新成果。所以共同所有权是（弱）

① 参见 Myerson and Satterthwaite（1983）以及 Laffont and Maskin（1979）。

最优的。那么，引入第二个委托人（如金融家）并在两个委托人之间分割 a 和 b 的所有权是否为最优选择？考虑一个有趣的情况，其中激励因素要求代理人拥有创新成果。如果两种实物资产的所有权在两个委托人之间分割，那么使用创新成果就需要三方（一个代理人和两个委托人）的同意，而不是两方。代理人可能只会在议价中获得 $V/3$。相反，如果两种实物资产都由一个委托人拥有，那么代理人就有可能在议价中获得更多，例如 $V/2$。互补性资产的共同所有权降低了侵占的程度，从而提高了代理人在创新收益中的份额。[①]

此外，可以分割产权以对激励进行合理分配。在研发博弈情形中，产权分割可能是不同类型的创新成果的产权在代理人和委托人之间的分配。产权分割是由“创造价值的比较优势”[②] 这一直接标准决定的。

2.5 研发博弈情形下的不完全契约争议

对 2.3 小节中方法的质疑主要有：我们关注的契约类型的范

---

① 我们在此处假设产权是无条件的，即产权是在初始日期分配给一方或双方的。更一般地说，产权可以根据各方释放出的购买意愿进行事后分配［例如，见 Hart（1995）和 Maskin and Tirole（1999b）］。

② 为了说明这一点，假设有 n 种类型的创新，产权可以根据创新的类型进行区分。产生创新 k 的概率是 $e+\theta_k$。用 V_k 表示创新 k 的价值，用 $\alpha_k V_k \in \{0, V_k/2\}$ 表示代理人在创新 k 的价值中所占的份额。如果委托人拥有创新 k，则 $\alpha_k=0$，如果代理人拥有创新 k，则 $\alpha_k=\frac{1}{2}$。产权的最优分割是在给定代理人的边际激励水平 $\sum_k \alpha_k V_k$ 时，最大化委托人的预期回报 $\sum_k (e+\theta_k)(1-\alpha_k)V_k$。在最优情形中，代理人应该拥有低 θ_k 的创新，而委托人则拥有高 θ_k 的创新。

这种直观的推论可以合理化人们熟知的关于创新所有权的商业和法律制度，例如雇员发明实施权（shop rights）（即雇员拥有创新，但雇主享有免费的、非排他性的和不可转让的许可）、拖尾条款（trailer clause）和“受雇于人”（hired-for）原则（即雇主和雇员之间的产权分割由创新的日期或性质决定）。更多细节见 Aghion and Tirole（1994）。

围是否过窄？产权制度会不会是我们建模的一个伪命题？显然，产权制度的广泛应用鼓励人们朝这一方向探索，但这本身并不是假设这一方向的理由。产权不能是无源之水。让我们想象一个“不完全契约论者”和一个不完全契约方法的批评者（为方便起见，称其为“完全契约论者”）之间的对话。为了更好地突出论点，我自作主张把双方的立场进行了对立化。

完全契约论者：“我认为在研发这样的情况下，很难在事前对研发内容进行准确的描述。但是，不完全契约论者缺乏这样一个相干模型，它可以从第一原则（制定契约的成本等）出发，明确地定义一组可行的契约，并以这个集合为基础进行最优化。例如，我对‘可观察但不可核实’的假设表示担忧，即假定自然状态是由各方（至少在此处是委托人和代理人）在事后观察到的，然而对这一假设的推导却采用了粗糙的形式，表现为在代理人为所有者情况下的不受控谈判，而在委托人为所有者的情况下则完全没有推导。

另外，我想知道相对于完全契约范式，不可描述性假设是否真的约束了可行契约集。实际上，2.1 小节所述的公开契约就是一个很好的例子，代理人在事后描述要转让的技术，然后委托人可以按照预先规定的价格自由购买。我们可以看到，得出的结果与意外事件可描述时是相同的。因此产权让位于标准的分享协议。”

不完全契约论者：“你提出的这个契约似乎是不合理的，有如下原因。首先，我怀疑这个契约对委托人估值不确定性的稳健性。如果委托人对创新成果的实际支付意愿低于回报 y，就会导致无效率。其次，更重要的是，我认为法院不会强制执行这个契约，而是会主张双方重新开展互利的谈判，即使当事双方已明确拒绝重新谈判。在契约导致交易失败后，法院之所以希望促成继续交易（只要是自愿的），是因为交易必然能改进各方福利。因此，即使未来不再交易的承诺是事前社会最优的，它也不是事后社会最优的。

我们接着讨论法院不愿强制执行的动机。当事双方之间可能存在其他意想不到的合意交易，但法院很难将其与重新谈判所达成的交易区分开来。因此法院不愿阻止这些交易。另外，如果未来交易通过与第三方的复杂交易进行伪装，法院可能也无法阻止。

正如 2.2 小节和 2.3 小节所述，研发博弈中的重新谈判对可以实施的内容有相当大的影响。事实是，在这种情况下，各方若只关注所有权契约则不会遭受损失。”

完全契约论者：“我承认我提出的契约有些不切实际。关于不同回报设定的稳健性问题，我认为针对回报的不确定性可以而且应该明确建模。关于重新谈判，我认为如果法院能够承诺强制执行契约（正如不完全契约文献所假设的），那么法院也能够承诺阻止任何被契约明确排除的重新谈判。在这两种情况下，法院的声誉承载着它的承诺。即使重新谈判符合双方的利益，这也不能成为法院不强制执行契约的理由。毕竟，法院必须严格按照法律行事，即使会导致事后社会的无效率。

虽然我赞同实践中双方在事前并不愿意排除事后可能对双方有利的重新谈判（这一点再加上商业保密的优点，可能就是契约很少公开，因此易于修订的原因吧），但不完全契约理论中那些神秘的、不可预见的、无法区分的未来交易让我很难受。还是更精确的建模更让人舒服。”

不完全契约论者：“即使我们认为法院强制执行在它那里登记的契约是理所当然的，但你是假设存在一个中央法院系统，或者至少双方有可能签订一份契约，声明在其他法院或仲裁者那里登记的其他协议（直接或间接通过第三方）都是不可执行的。我认为这很不现实。”

让我们就此结束这番对话，然后更详细地分析不完全契约方法论。

3. “不可预见”的意外事件和不完全契约

3.1 完全契约

由于缺乏更好的定义，我们可以认为，如果一份契约没有穷尽完全契约文献所设想的契约可能性，那么这份契约就是不完全的。也就是说，我们对不完全契约的基准是完全契约范式，如拉方-马斯金（Laffont and Maskin，1982）和迈尔森（Myerson，1982）等在一般环境中的定义一样。[①] 完全契约的重要特征为：完全权变契约的唯一障碍是代理人在订立契约之日可能拥有私人信息（逆向选择），未来收到的信息不能直接向契约执行机构核

① 例如，回顾一下迈尔森的表述。有 n 个当事人（$i=1$，…，n）和 T 个时期（$t=1$，…，T）。n 个当事人最初签署一份契约，其中他们授权一个调解人（一个中心或一台机器）接收信息，做出决定（可能包括当事人之间的转让决定），并向当事人提出“建议”。更确切地说，(i) 在每个时期的开始，当事人私下收到新的信息（存在隐性知识）。(ii) 然后当事人将他们的信息传达给调解人。(iii) 在这些信息的基础上，调解人做出决定并向每个当事人发送私密消息。调解人做出的决定和发出的消息与他收到的信息之间的关系由契约决定；这些消息可解释为对当事人在下一阶段应该发挥的作用的建议。(iv) 根据从调解人那里收到的私密消息，每个当事人私下选择行动（存在道德风险）。照例，显示原理（revelation principle）意味着人们可以把分析局限于使当事人在每个时期都真实地披露信息的机制，也可以局限于使调解人的建议被当事人完全遵循的机制。

实，该信息可能是个人信息（隐性知识），以及代理人可能会采取无法核实的行动（道德风险）。对双方预见意外事件、制定契约和执行契约的能力没有限制。

不完全契约模型通常假设信息在各方之间是对称的。因此我们只关注信息对称环境，但应该指出信息对称并不是完全契约和不完全契约之间争论的核心。**对称信息实施文献**研究了一类重要的完全契约模型，其中代理人不拥有私人信息。也就是说，有很多可能的自然状态可以在契约中进行事前描述。契约各方最初并不知道哪种自然状态将占上风。事后他们都可以观察到自然状态的实现。何种状态最终得以实现是法院无法核实的，必须从当事人处得知。最优契约会指定状态依存的分配。因此，挑战在于以什么方式从当事人那里得知自然状态，从而实施状态依存的分配。

从马斯金（Maskin，1999）的开创性贡献开始，学界取得了一系列强有力的成果。本文不讨论也不介绍纳什均衡实施理论。可参见穆尔（Moore，1992）的优秀调查报告，这是一份具有教学性又相对详尽的报告，也可参见奥斯本-鲁宾斯坦（Osborne and Rubinstein，1994，Chapter 10）的更简洁明了的讨论。得出何种结果取决于采用何种最优解——马斯金给出的纳什均衡实施的初始条件已通过改进纳什均衡（如子博弈精炼、颤抖手完美均衡），或通过允许近似实施来放宽——并取决于当事人的数量——当有两个以上的当事人时，更容易发现其中一人是骗子。

本文的基本假设是，信息无法由法院核实一般来说并不妨碍与该信息有关的契约的执行，只要该信息可被当事人共同观察到。限定词“一般来说”的大致意思是：不再**与收益相关**的信息——也就是说它不会改变当事人在博弈过程中的冯·诺依曼-摩根斯坦（VNM）效用函数——不能作为一个独特的结果被探出（elicited）。因此，例如，雇员过去为公司提供的不可衡量的服务若对雇员和公司的持续收益没有影响，就不能作为独特信息被探出。根据定义，与收益无关的信息对效用的影响是“沉没的”，因此该信息不能被如实探出。所以，这种信息只有在执行机关可以核实的情况下才能在契约中使用。

这一点阐明了完全契约的关键内容之一：变量是“可观察但不可核实”的概念。“可观察但不可核实”概念是由不完全契约论者使用的，这不仅意味着变量对所有缔约方可观察，而对法院不可观察（因此是不可核实的），而且意味着可使其被法院核实的探出机制不存在（因此，在通常的用法中，“可观察但不可核实”的含义比它的正式含义要丰富）。完全契约理论实际上对上述假设何时成立提供了线索：当事人可观察到但法院不可观察到的变量如果在当事人得知它时与回报无关，则无法被探出。

相比之下，影响对备选决策的偏好的信息通常可以探出；例如，我们可以通过让当事人为决策 x 支付一笔附加费用来评估该当事人对决策 x 而非 x' 的支付意愿。此外，在当事人之间信息对称的情况下，这种附加费用的水平可以由第二个当事人评估。根据假设，第二个当事人知道第一个当事人对决策 x 而非 x' 的支付意愿。

在实践中使用的简单的“马斯金式”探出机制主要包括拍卖、金融市场和期权契约，因为此类机制会迫使当事人显示他们对商品和服务、金融收入流、控制权等的支付意愿。简单的探出机制在特定的经济环境中是够用的，但实施理论研究却不得不建立复杂的机制以证明基本思想的一般性。因此，本文的目的不是建议将此类（抽象且不现实的，为很一般的环境设计的）机制应用于具体的经济问题，而是通过一些熟悉的制度（例如拍卖和期权契约）来展示其中体现的探出概念的稳健性。

为明确思路，我们将在第 3 节的余下部分考虑标准的三阶段模型（见图 1）。各方（$i=1, \cdots, n$）在日期 0 缔约。在日期 1，每个人都选择了一个无法核实的努力或投资水平 e_i，令 $e=\{e_i\}_{i=1,\cdots,n}$。在日期 2，自然状态 ω 得以实现（根据一个取决于 e 的分布）。然后必须做出一个决定 $a=(x,y)$，包括实际行动 x（处于由 ω 定义的可行集）和货币转移 $y=\{y_i\}_{i=1,\cdots,n}$（使得 $\sum_i y_i=0$）。双方对 x 和 y 有状态依存的偏好，其 VNM 效用函数是 $u_i^{\omega}(x,y_i)$（努力的影响可以归入 ω）。本节剩余部分给出了关于马斯金-梯若尔（Maskin and Tirole，1999a）的非正式描述。

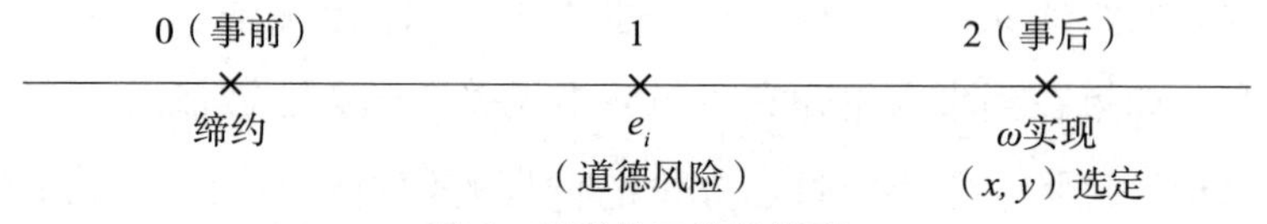

图 1　标准的三阶段模型

3.2　不可描述的意外事件和不相关定理

如同不完全契约文献，我们假设各方都是理性的。因为他们即使无法想象产生收益的实际情况，也可以计算出他们缔约和投资的**收益**结果。本文的一个简单但关键的结果是，**对于理性主体来说，意外事件永远是不可预见的；“在最坏的情况下”它们还是不可描述的**。至少，双方总是可以设想一系列行动，并在缔约日用编号标记这些行动以便描述并将这些行动映射到（货币或效用）收益。这就定义了“基于编号的收益函数”。与标准的“基于行动的收益函数”的唯一区别是，行动是用编号来标识的，而不是用客观特性来描述的。

在意外事件可描述时，每种自然状态 ω 都与一个可行的客观行动集 X^{ω} 和收益函数 $u_i^{\omega}(x, y_i)$ 相关联。在意外事件不可描述时，各方只需设想 X^{ω}（但非行动本身）中的（可能是无限的）$|X^{\omega}|$ 个行动，以及函数 $u_i(k, y_i)$，其中 $k \in \{1, \cdots, |X^{\omega}|\}$ 是整数；各方在这些函数上有一个概率分布，并且该分布对于每个投资向量 e，与基于行动的收益函数的分布一致。为了更好地理解我们的分析的经济含义，关键是**要将意外事件的事前不可描述性视为信息结构的错乱，并将该分析视为对信息结构错乱何时会影响契约效率的探究**。

根据经济学功利主义方法，当事人并不关心意外事件本身；他们只关心意外事件对收益的影响。那么，只有在约束契约收益集的情况下，意外事件的不可描述性才重要。这就是说，要研究以下问题：从意外事件事前可描述的情况开始，看看在这种情况下双方可以签订的最优契约。然后假设意外事件在事前变得不可描述，即它们只是编号（虽然如不完全契约文献所述，它们后来变得可描述)，那么各方是否还能通过签订契约获得与意外事件事前可描述时相同的预期收益?

答案其实非常简单。直观而言，意外事件的不可描述性意味着契约无法对引发相同偏好的两种自然状态（就收益而言）进行区分。更确切地说，考虑两种自然状态，基于编号的收益函数(取决于 VNM 效用函数的仿射变换）是相同的。因此行动本身可能不同，但取决于行动编号的偏好是相同的。因为双方事前无法区分这两种自然状态，而且 VNM 效用函数等价性进一步排除了事后的区分，所以契约在意外事件不可描述的情况下产生的收益必须是相同的（取决于 VNM 效用函数变换）。

相反，该契约能够在两种自然状态下实现不同的收益，而且这两种状态下的基于编号的收益函数不同。这一步骤需要对标准的可探出收益信息的实施结果进行扩展，以涵盖意外事件是事后可描述而不是事前可描述的情况。事实证明，事前不可描述性不会增加区分两种自然状态的难度；正如不完全契约文献所述，一旦各方能够设想到这些行动，就可以让他们在第二阶段自己提出（描述）行动：参见附录 2 的说明。

如果将上述步骤视为给定，就会发现不同自然状态下的收益差异可以从当事人那里探出。那么，不可描述性是否约束了契约收益集的核心问题可以归结为，在意外事件可描述且各方具有相同偏好的情况下，最优契约在两种自然状态下是否具有不同的收益。如果答案是否定的，那么不可描述性就是不相关的。

后一个问题是激励理论中的一个标准问题。直观地说，如果能在第二阶段为当事人提供**保险**，或在第一阶段加强对当事人的**激励**，当事人可能就会想要区分两种收益相等的自然状态 ω 和 ω'。但在以下两个假设下上述情况不会发生：

(a) **货币的边际效用之比的状态独立性**。在收益相等的自然状态下，两个当事人的货币边际效用之比是相同的。满足这一假设的偏好由以下式子给出

$$u_i^{\omega}(x,y_i)=w_i^{\omega}(x)+\alpha^{\omega}z_i(y_i)$$

风险中性偏好和风险厌恶偏好的一个子集满足这一假设，这就排除了所有可由跨等价状态的交叉保险带来的好处。对于两个收益相等的状态 ω 和 ω'，由于 $\alpha^{\omega}=\alpha^{\omega'}$，且由于状态对法院

来说可描述且可核实，因此契约是状态依存的，双方无法以跨状态互相提供保险的方式获益。因此，不可描述性并不损害保险机会。

(b) **努力的不可识别性**。对于任何两种收益相等的状态 ω 和 ω'，在事件 $\{\omega, \omega'\}$ 的条件下，ω 在第二阶段实现的概率与投资 e 无关。换言之，即使知道收益相等的状态 ω 和 ω' 哪一种实际发生了，也无法通过其推断关于投资的信息。也就是说，在意外事件可描述且可核实的情况下，初始契约无法通过区分 ω 和 ω' 来影响投资激励。因此，在意外事件不可描述的情况下，即使 ω 和 ω' 无法区分也不会影响各方提供激励的能力。

因此我们可以得出一个直观的结论，**在这两个假设**（以及一些无害的假设）**下，不可描述性是不相关的**（Maskin and Tirole，1999a）。在意外事件可描述的情况下能够获得的收益，在意外事件不可描述的情况下也能获得。读者也会注意到，这两个假设对于得出上述结果来说过强了。因为，即使收益相等的状态 ω 和 ω' 是可描述的，但如果它们不能被法院核实，就不能被区分开来[①]；因此，即使当事人想在状态 ω 和 ω' 下产生不同的收益以建立保险或提高激励，就算在意外事件可描述的情况下也是不可能的。下文将详细阐述这一点。

关于不完全契约的文献主要关注满足不相关定理的偏好和技术。下一节将探讨不满足这些假设的简单例子，并指出违反假设的后果。

---

① 我们假设可描述的自然状态不一定能被法院核实，因为法院可能无法观察到它们的实现。

3.3 不可描述性何时重要？它是否会引发一个新的范式？

如上所述，在某些条件下，不可描述性是不相关的。虽然不完全契约模型通常可以满足这些条件，但它们并不是无害的。下文将举出这些条件被违反的具体例子，以说明不可描述性是很重要的。

正如3.2小节所述，在没有重新谈判的情况下，不可描述性可能很重要，只有当状态可描述时，（i）法院可以区分（核实）两种收益相等的自然状态 ω 和 ω'，以及（ii）最优契约规定了这两种状态下的不同收益。后者提到的不同可能是出于这样的动机：在日期2为当事人提供保险，或希望提高当事人在日期1的激励。下文将分别说明这两种可能性。

保险动机可以通过下面的例子来说明，它违反了假设（a）——忽略日期1的投资。简单地说其中一方，即第1方，在日期2有一项随机收入。这一方具有指数（常绝对风险厌恶）效用，因此收入的实现对他的VNM效用函数没有影响（也就无法被探出）。收入是不可直接观察的。假设有两种自然状态 ω_1 和 ω_2。在自然状态 ω_1（ω_2）下，第1方的收入是低（高）的。如果自然状态可由当事人事前描述，并可由法院核实，则第1方可以与其他当事人签订保险契约，并将在自然状态 ω_1（ω_2）下获得（付出）收入。相反，如果自然状态是不可描述的，那么就不能提供保险，缔约就不能带来价值。有趣的是，请注意不可描述性相当于这样一种情况：ω_1 和 ω_2 是事前可描述的，但从自然状态到第1方收入的映射是未知的（也就是说，给定各方的事前知识，在两种状态下低收入的可能性是一样的）。在这个意义上，不可描述性可被视为一种信息结构错乱。

激励动机可由标准的委托代理模型（Mirrlees，1999；Holmström，1979；Shavell，1979）阐明。在这个模型中，代理人在日期 1 付出了不可观察的努力，并在日期 2 给委托人带来了一些随机的利益。在日期 2 没有实际行动。契约根据利益来规定从委托人到代理人的货币转移。因此，该模型假设委托人的利益是可描述且可核实的；如果委托人是风险中性的或者具有常绝对风险厌恶效用，则该模型不满足假设（b）：利益（即日期 2 的自然状态）是与收益无关的，但它包含了关于代理人努力的信息。因此，违反了努力不可识别的假设。

如果代理人的绩效无法在事前描述，或者绩效指标是可描述的，但努力与这些绩效指标之间的联系是未知的，那么就无法为代理人提供激励。那么，举例来说，若要从委托人的事后利益可描述且可核实的经典情况转变为不可描述且不可核实的情况，就要使委托人的福利遭受损失，因为其利益无法被事后探出。

保险和激励的例子表明，不可描述性的不相关性不应被视为理所当然。并进一步表明，不可描述性的影响实际上是众所周知的。信息结构错乱及其对契约价值的影响一直是完全契约文献的核心主题。因此，我们在模型中引入不可描述性似乎并不需要新的范式。但是，不可描述性也揭示了契约效力的一些局限性。

3.4 重新谈判

现在考虑就契约重新谈判的可能性。在各方履行契约后，可以“在第三阶段”签订新契约，从而撤销任何无效率的结果。对“重新谈判下的完全契约”的一般分析由马斯金-穆尔（Maskin and Moore，1999）提出，并由格林-拉方（Green and Laffont，1992，1994）和西格尔-温斯顿（Segal and Whinston，1998）完善。区分两种可能的意见十分重要：

● **“重新谈判可能会限制在特定环境下所能取得的成果。”** 例如，对于研发博弈来说，若创新可描述且可核实，那么重新谈判是无害的（2.1小节），但若创新不可描述且不可核实，重新谈判会约束可行回报集（2.2小节）。事实上，我们看到，由于某些参数的存在从而导致重新谈判会降低契约效率，双方无法从契约关系中获益。切-豪施（Che and Hausch，1998）从研究“合作投资”中得出了类似的结论，只是更为一般。西格尔（Segal，1995，1999）也阐释了重新谈判可以在实质上限制完全契约的权力。西格尔考虑了一种买家-卖家关系，其中有 n 种可能的商品，但只有一种可交易。商品事前可描述，但其收益在日期2才能得知。事后，$(n-1)$ 种商品对应不良交易，其中部分商品对买家没有任何效用，部分商品则是价格虚高。双方的投资只影响“相关商品”带来的收益。他们是“自私的”，因为一方的投资只影响他自己的盈余。双方都是风险中性的。西格尔表明，如果 n 很大，允许重新谈判时，完全契约几乎不比没有契约的情况（即事后协商）更好，而如果不允许重新谈判则会产生最优结果。同样，哈特-穆尔（Hart and Moore，1999）举了一个简单的例子，并得出了与西格尔相同的结论（允许重新谈判时契约没有价值，不允许重新谈判时产生最优结果）。最后，马斯金-梯若尔（Maskin and Tirole，1999b）在哈特-穆尔（Hart and Moore，1999）的基础上，描述了当各方不能承诺不会重新谈判时产权制度的最优情形。

● **“重新谈判可能会使不可描述性的不相关性无效。”** 第一个结论在特定环境下对允许和不允许重新谈判的收益结果做了比较。与之不同，第二个问题是把重新谈判视为给定条件，但对环境做出改变，以验证不相关性是否仍然有效。

马斯金-梯若尔（Maskin and Tirole，1999a）对于重新谈判的情形获得了两个结果。他们的定理 4 谈到了第二点并推导出了一些条件。在这些条件下，在状态可描述和重新谈判的情况下是可实现的，也可在状态不可描述和重新谈判的情况下实现。为简明起见，我们将集中讨论定理 3，该定理同时涉及这两点。相比于没有重新谈判情形下的假设，定理 3 提出了更强的假设。假设各方是严格的风险规避者，$u_i^{\omega}(x, y_i)=U_i(w_i^{\omega}(x)+y_i)$。转移 y_i 是不受约束的。假设只要状态 ω 和 ω' 是收益相等的，从无效率分配到效率分配的重新谈判所导致的各方之间的均衡货币转移就是相同的。在该假设和严格风险规避条件（以及其他无害假设）下，重新谈判的可能性和意外事件的不可描述性（就算结合在一起也）不会限制通过缔约可以获得的收益。虽然这一假设在不完全契约模型中通常能得到满足，但它并不是无害的，也不能由假设（a）和（b）保证：详见马斯金-梯若尔（Maskin and Tirole，1999a）。推出此结论需要更强的假设，这说明不可描述性在重新谈判时可能相对更重要。可能是由于重新谈判的存在给缔约施加了约束，意外事件的不可描述性所代表的信息结构错乱很难得到纠正。

4. 解释现实世界的契约和制度

4.1 完全契约模型的现实性

不完全契约模型最近兴起的部分原因是，委托代理模型及其变体所预测的契约被认为“过于强大”，因为它低估了在现实世界缔约的困难，从而缺乏现实性。然而，不完全契约的共同出发点，即意外事件的不可描述性，本身无法否定经典契约方法。因此，纯粹主义方法必须要么抛弃理性假设，要么思考为什么我们的模型预测的契约过于强大而且不切实际。我们将在本节和下一节讨论理论契约不切实际的问题。

在实践中，完全契约的效力受到限制的可能原因有很多。我们在此处列出若干原因，并讨论其中一部分：

（a）**意外事件的不可描述性**（indescribability of contingencies）。如上文所述，这是指对契约的执行机关核实意外事件能力的限制。

（b）**重新谈判**（renegotiation）。尽管有一个问题，为什么当事人没有找到方法来防止事后有利但事前有害的重新谈判呢？完全契约论者对这个问题的答案意见不一。

（c）**合谋**（collusion）[①]。当信息对称时，完全契约特别强大，可以使各方互相检查对方是否在说真话；而当信息不对称时，则需要成本更高的探出机制。但是，如拉方-马蒂莫特（Laffont and Martimort，1997）所述，信息对称也有助于组织成员之间合谋。准确地说，完全契约在不存在合谋的情况下最强大，但正因如此，它才会被合谋的可能性削弱。

（d）**财富约束**（wealth constraint）。财富约束限制了货币的使用，以探出双方对特定服务或决策的支付意愿。

（e）**自然人执行**（enforcement by human beings）。相关文献甚少关注执行机制。但实际上，契约是由自然人来执行的。法官可能面临道德风险（法官可能没有投入足够的精力去阅读和理解案件的细节）和逆向选择（法官可能没有适当的背景去理解当事

① 关于合谋对组织设计的影响调查，见 Laffont-Rochet（1997）和 Tirole（1992）。

人告诉他的内容；法官也可能有自己的偏好，以法律先例和原则的形式在他的决定中体现出来，有时会无视契约内容或当事人的要求)。法官、仲裁者也可能与当事人勾结。这意味着法官可能不会强制执行契约条款。而且，当契约条款不是非常明确时（通常情况[①])，法官可能不会按其实质强制执行契约。

不过有人可能会说，标准完全契约理论的假设**很少**引入仲裁者。让我们回顾有关信息对称、纳什均衡实施的文献。如 3.1 小节所述，当事人得知自然状态后，自然状态不再影响其 VNM 偏好，当事人共同观察到的自然状态也就无法被无成本地探出。以一个当事人为例，他过去对组织的贡献不再影响未来的收益。目前，总部和法院通常根据与收益无关的过去行为的价值来提供回报或指示各方之间的转移。这种情况似乎被实施理论排除了。因为实施理论在此类信息公开时要求均衡的唯一性，均衡集必须独立于与收益无关的信息。

这种差异应该如何解释？在实践中，具有权力的总部或法院在向当事人提供回报或指示各方之间的转移时可能**严格**倾向于“公平”选择这些回报或转移，因为它们多少要争取点处事公平的名声，这才能使它们在未来具有价值。“等等!”完全契约论者会立马指出，“对声誉的追求指向未建模的未来互动，也就指向了不同的博弈。若适当考虑未来互动，与收益无关的信息就会变得与收益有关——至少对仲裁者来说是这样——那么出于纯粹公平的考虑似乎就会导致完全契约理论将回报的存在合理化。”问题在于，纯粹主义方法需要将各方（包括仲裁者）与其他各方

① 制定成本当然与**执行成本**有关，因为对意外事件更精确的描述可以简化执行。如此，法院就不太需要去琢磨契约的精神。

（甚至未曾谋面）的所有未来互动，以及此方与彼方的所有未来互动等都置于初始契约的约束之下。这可能就过度延伸了完全契约。当然，问题是界限应该在哪里，也就是在哪里引入交易成本分析，以使完全契约更具有可操作性和合理性。

（f）**事前的信息不对称**（ex ante asymmetric information）。在过去的十年里，学者一直试图用逆向选择来为契约或度量的缺失找依据，从而证明表面上不完全的契约实际上可以是最优的完全契约。①

关于“内生不完全性”（endogenous incompleteness）有两个概念。第一个是**私人信息不可探出**（nonelicitation of private information）。这种现象通常被称为“扎堆”、“集中”或“无反应”，取决于具体情形。第二个是**契约不依赖于可核实变量**（lack of dependence of the contract on a verifiable variable）。例如，阿吉翁-博尔顿（Aghion and Bolton，1987）和赫马林（Hermalin，1988）认为双方无须让法院核实违约事件，即使这样做不需要任何成本。信息甄别或信号发送方面的研究排除了对违约的惩罚（或更准确地说，得出了一个没有任何惩罚的“角点解”），因此

① Aghion-Bolton（1987）认为供应商不对客户的违约做出效率惩罚规定，是在发出信号表明供应商相信竞争者不会进入他的产品市场。如此，供应商降低了契约效率，但从客户那里获得了更好的交易条件。Hermalin（1988，Chapter 1）认为工人和企业签订长期契约（同样规定了违约的惩罚措施）能够有效率地促进投资。然而，他们最终还是签订了短期契约，因为有能力的工人想表明他们不怕重返就业市场，而能力较差的工人为了不暴露自己的类型而被迫遵循这种策略。Diamond（1993）的短期债务对长期债务的模型也讨论了类似现象，信用良好的借款人发行低效率的短期债务，以表明他们随时可以到资本市场找资金。Aghion-Hermalin（1990）阐明，对私人契约的法律限制可以防止浪费性的信号发送行为［另见 Hermalin-Katz（1993）］。Spier（1992）认为保险市场存在高昂的状态核实成本。在均衡状态下，被保险人可能基于已实现的状态放弃保险，以避免发出存在高概率事故的信号。类似的观点在金融经济学的背景下也得到了发展：见 Allen-Gale（1994，pp. 144 - 145）。

对违约的度量是多余的。[①]

当然，处理信息不对称并不一定需要“简化”契约。首先，最优契约需要包含一个条款，规定当事人在签约后宣布自己的类型。但如果当事人类型是公共知识，则无须宣布。[②] 更有趣的是，发送信号或甄别信息的意愿可能会导致各方就一些特定变量签约，而这类变量在信息对称的情况下根本不会写入契约。例如，如果状态依存契约增加了信息甄别的可能性，各方都可能进行浪费性的状态核实活动。或者，斯宾塞模型（Spencian model）认为，入职培训是在签订劳动契约后进行的，而工资是根据培训水平决定的，但如果培训不能提高生产率而且在缔约阶段信息对称，那么入职培训根本不需要。

---

① 以下高度程式化的例子非常直观，表明了文献中更复杂而有趣的不完全契约理论的完全契约理论基础。有两个没有现金的双方 1 和 2，他们必须决定是否建立一种关系。好的关系会给双方带来严格的正收益 S_1 和 S_2。不好的关系会给双方带来严格的负收益 U_1 和 U_2。第 2 方知道建立好关系的概率为 $\theta\in[0,1]$。第 1 方对这个概率有严格为正的先验密度函数 $f(\theta)$。

假设现在有一份契约可以使不好的关系损失更小，并产生新的严格负收益 $\widetilde{U_1}\geqslant U_1$ 和 $\widetilde{U_2}>U_2$，由第 1 方选择是否签订契约（可能是一份签订概率为 x 的契约）。进一步假设第 2 方更希望建立这样的关系，即 $S_2/S_1>\max(U_2/U_1,\widetilde{U_2}/\widetilde{U_1})$。那么可以证明，如果 $\widetilde{U_2}-U_2$ 相对于 $\widetilde{U_1}-U_1$ 来说足够大，即使契约可以在事后提高缔约双方的效用，第 1 方也会选择不签订契约：假设当第 2 方希望建立关系时，第 1 方以 x 的概率提出契约。假设 $\hat{\theta}(x)$ 是成功的最小概率，以使第 2 方在给定 x 的情况下会想要建立关系。$\hat{\theta}(x)$ 的定义为

$$\hat{\theta}(x)S_2+[1-\hat{\theta}(x)][x\widetilde{U_2}+(1-x)U_2]=0$$

对下式进行最大化

$$\int_{\hat{\theta}(x)}^{1}[\theta S_1+(1-\theta)[x\widetilde{U_1}+(1-x)U_1]]f(\theta)d\theta$$

得出角点解 $x=0$。

② 详见 Maskin-Tirole（1992）。

在进一步探讨前，鉴于“不可预见的意外事件”和信息不对称之间可能存在有意义的相互作用，我们先总结一下关于信息不对称的讨论。一个严肃的问题是，如果当事人无法设想产生收益的意外事件和对应行动，他们如何形成对这些收益的概率分布呢？又如何在事前拥有共同的信念呢？当我们需要在不可预见的意外事件情形下做决定时，例如进行一项具有挑战性的研究项目，我们可以通过类比已知的过去情形，并将它与现实情况结合起来，从而实现对预期收益和风险的评估。如果这就是我们在无法预见意外事件时预期未来收益的方式，那么我们应该质疑缔约各方在签订契约时拥有对称的信息这个一般假设的有效性；因为各方一般会有不同的比较点，各方对于特定的类比可能会有不同的看法，比如类比可以推广到什么程度，过去的经验可以转化到什么程度。因此，在这种情况下，信息不对称是一种规则，不太可能通过协商或沟通而消失（也许，各方存在一致利益的情况除外）。

4.2　从代理模型到决策过程

古典契约理论因未能解释决策权的存在而广泛受到批评。本节将讨论，古典契约理论在这方面的内容其实比人们所见的更为丰富。

4.2.1　古典契约理论和决策权

古典契约理论较多地关注存在“隐性知识”和“道德风险”时的自由裁量行为。

隐性知识（hidden knowledge）是指一方在契约签订后收到的私人信息 $\theta \in \Theta$。最优完全契约处理隐性知识的方式是：允许收到私人信息的一方在预先规定的决策菜单 X 中选择决策（如产出和转移）。虽然以上讨论很接近西蒙对权力的定义（见引言），但我们的出发点完全不同，此处的决策权与信息优势有关。

道德风险（moral hazard）是指由一方采取而其他方无法观察到的行动。[①] 与隐性知识一样，信息优势方在某个集合 A 范围内做决策。这个包含隐性行动或努力的集合在道德风险问题中通常是外生的，而隐性知识情况下的集合 A——从 Θ 到 X 的函数集合，是通过选择 X 成为机制设计的一部分。

隐性知识和道德风险范式是权力理论的一部分吗？是，也不是。它们的确符合西蒙对权力的定义。然而，这两种范式并不完全与西蒙或科斯的成果相符。特别是缺乏层级制度的概念。它们是代理人拥有权力的委托代理范式！为什么我们的常识告诉我们要抵制代理模式的逻辑含义，即代理人是决策人因此可被视为“老板”？为什么说代理人有“自由裁量权”而非“权力”？

这个矛盾可以通过两种方法来解决。第一，要认识到权力的概念不止一个，而是两个：形式权力和真实权力。形式权力是人们希望看到的权力关系。例如，在隐性知识和道德风险范式中，一般来说委托人的理想做法是尽量减少代理人的自由裁量权；能使委托人缩小代理人的决策集 A 的任何可能性都受欢迎。而真实权力指的是按意愿行事。

存在隐性知识和道德风险的代理模型是一个没有任何（值得注意的）形式权力分配的真实权力模型。相反，控制权模型是形式权力模型，解决不了两种代理范式的真实权力问题。下一节将

① Hermalin-Katz（1991）强调了不可观察性的重要。在标准的道德风险模型中，如果委托人在产出或利润实现之前观察到代理人的努力，就可以得到最优（可核实努力）结果，这一结果与 3.1 小节回顾的纳什均衡实施文献非常一致。Edlin-Hermalin（1997）分析了在事后就契约重新谈判的可能性下，由卖方进行专用性投资的买家-卖家情形。此论文给出了期权契约能够实现最优结果的条件。

按照格罗斯曼-哈特-穆尔的方式，将代理模型和控制权模型结合起来。

第二，要考虑**双重道德风险**（double moral hazard）（或涉及两方以上的多重道德风险）。那么，委托人和代理人都在自己“能力范围”或“影响范围”内拥有（隐性知识或道德风险）自由裁量权。一般来说，双重道德风险只是部分地解决了这个矛盾，因为其没有明确定义层级制度。但在有些情况下可能会存在自然的层级制度解释。以德瓦特里邦-梯若尔（Dewatripont and Tirole，1994）的债务与股权模型为例。[①] 债务与股权模型是在阿吉翁-博尔顿（Aghion and Bolton，1992）的见解的基础上发展起来的，即公司的财务结构设计就是向公司的局外人分配（依情况而定的）控制权。债务-股权论文的观点如下：(i) 适当的激励措施要求公司局内人在业绩不佳时面对局外人的强硬行动（干预），在业绩良好时面对局外人的温和行动（被动）。(ii) 当强硬/温和行动无法被写入契约时，比如说因为它不可描述，就必须将控制权交给局外人以实施行动。因此局外人必须以利润流的形式获得适当的激励。这样一来，就出现了“双重道德风险”。控制权就与利润流有关了。此外，如果进行“干预”是为了降低风险，那么偏向保守的债务在经济不景气时得到控制权，而偏好风险的股权则在经济景气时得到控制权。

“无法被写入契约”表示一种不完全契约模式。但它同样可以被赋予一个有效的完全契约解释，而不会危及经济学观点。局外人的决定可能只是受制于道德风险或隐性知识。在这种情况

① 是否应把局外人/局内人的模式看作一种层级制度也许只是语义之争，这当然也取决于人们赋予“层级制度”这个词的确切含义。

下，关于道德风险和隐性知识的综合观点尤其适用。假设可能的强硬行动集 X（包括剥离部门、降低劳动成本、加强审计等）是已知的，但制约局外人的最佳行动的环境 $\theta \in \Theta$ 是未知的。那么，我们可以赋予局外人在 X 中挑选行动的权力，相信至少在信息获取成本不高的情况下他能够获得信息 θ。

4.2.2 权　力

本节将论述两点。第一，不完全契约模型不需要接近标准的权力概念，例如马克斯·韦伯（Max Weber）的理性权力和合议权力的概念。第二，权威关系是一般决策过程的极端，是为了给单方面行使控制权提供保障和平衡。

为了进行说明，我们使用阿吉翁-梯若尔（Aghion and Tirole，1997）的形式-真实权力模型的一个变体[①]，并强调完全不同的主题。考虑一个由委托人和代理人组成的组织。组织可以实施一个现状项目 0，产生已知的利润 $B_0 \geqslant 0$，同时对代理人的私人利益为 $b_0 \geqslant 0$。这种现状可以被解释为“无所作为”（各方决定不进行互动，在这种情况下 $B_0 = b_0 = 0$ 是一个自然而然的假设），或者可解释为“遵循现行政策”或“延续去年的预算计划”，即缺乏政策创新。代理人的私人利益可认为是一种津贴，或者是（减去）实施项目所附带的负效用。代理人在 n 个备选项目 $k=1$，…，n 中进行筛选。项目 k 产生可核实的利润 B_k 和代理人的私人利益 b_k。虽然这样的利润和私人利益在不同的项目中有所不同，但备选项目在事前看起来是完全相同的。委托人和代

---

① 与 Aghion-Tirole（1997）的论文有一些建模方法上的差异：（1）该论文只提到了完全契约，但我发展了完全契约的版本，它是以不完全契约方法来表述的。（2）我允许现状效用不等于零。（3）在该论文中每一方都知道双方的收益，但在我的模型中每一方只知道自己的收益。第三点无甚影响，但可简化阐述。

理人只知道有两种可能性：在概率为 α 的情况下，其中一个项目产生利润 $B>B_0$ 和私人利益 $b>b_0$，而其他备选项目产生的利润和私人利益都是较大的负数（这只是为了确保备选项目不会被随机抽中）。此时偏好是“一致的”。在概率为 $1-\alpha$ 的情况下，一个项目产生的利润为 $B>B_0$，私人利益为 0，第二个项目产生的利润为 0，私人利益为 $b>b_0$，而其他备选项目产生的利润和私人利益都是较大的负数。此时偏好是不一致的。

为了简化起见（并非关键），假设代理人非常厌恶风险，因此对货币激励没有反应。所以代理人获得一份固定工资（标准化为 0），委托人则获得利润。代理人的保留效用为 0。

代理人存在道德风险。代理人遭受（无法观察的）努力带来的负效用 $g_A(e)$，以概率 e 发现哪个项目最优，并以概率 $1-e$ 一无所获。委托人以外生概率 E 发现其偏好的项目，并以概率 $1-E$ 一无所获。[1]［另外，可以假设各方知道所有的收益：见阿吉翁-梯若尔（Aghion and Tirole，1997）。］那么，一份完全契约必须考虑四种可能性：

- 双方都知情（概率为 eE）：各自推荐自己偏好的项目。在概率为 α 的情况下，双方的项目相同，因此该项目得以实施。[2] 在概率为 $1-\alpha$ 的情况下，偏好不一致。委托人和代理人偏好的项目分别以概率 x_P 和 x_A 得以实施。现状项目的实施概率为 $x_0=1-x_P-x_A$。

① 我们（1997）的部分论述及其在 Aghion-Tirole（1995）中对公司增长的应用，Burkart-Gromb-Panunzi（1997）关于公司金融和监督的论文以及 de Bijl（1994a，1994b）关于战略授权的论文都在关注各种组织因素对 E 的影响。将 E 内生化对于本节的研究目的来说是没有意义的。

② 我们允许以 0 和 1 之间的某个概率实施项目，但显然以 1 的概率实施是最优的（因为这既提高了效率，也提高了代理人搜集信息的动机）。

• 只有代理人知情［概率为 $e(1-E)$］：代理人所偏好项目的实施概率为 y_A，现状项目的实施概率为 $y_0=1-y_A$。

• 只有委托人知情［概率为 $E(1-e)$］：委托人所偏好项目的实施概率为 z_P，现状项目的实施概率为 $z_0=1-z_P$。

• 没人知情［概率为 $(1-e)(1-E)$］：现状项目的实施概率为1。

因此，一份契约是由向量 $\{x_A,\ x_P,\ y_A,\ z_P\}$ 定义的。第一步，假设存在一个法院可以核实在这四种信息结构中哪一种占主导地位。对相应最优契约实施的讨论可以清楚地表明，这个可核实性假设其实是没有必要的，这只是一种纯粹的技术手段。我们将最优契约定义为：在代理人的激励约束下（代理人的个人理性约束自动满足），使委托人的预期利润最大化。然后考虑是否可以通过一些简单的决策来实现最优契约。决策过程规定了如何达成决策，无须对备选项目或自然状态进行事前的明确描述。下面是几个决策过程的例子：

• **委托人持权或代理人持权**（P-or A-authority）。如果 $y_A=1$ 且 $\alpha B>B_0$ 或 $y_A=0$ 且 $\alpha B<B_0$，契约 $\{x_P=1,\ y_A,\ z_P=1\}$ 可以通过授予委托人权力来实施。也就是说，在只有代理人知情的情况下，委托人的预期收益超过现状回报，代理人才能得偿所愿。同样，如果 $z_P=1$ 且 $\alpha b>b_0$ 或 $z_P=0$ 且 $\alpha b<b_0$，可以通过授予代理人权力来实施契约 $\{x_A=1,\ y_A=1,\ z_P\}$。

• **合议权力**（collegial authority）。合议权力要求双方都同意偏离现状，以实施备选项目，因此它强制规定了对现状的偏离。合议权力实施契约 $\{x_0=1,\ y_A,\ z_P\}$，其中，要么 $y_A=1$ 若 $\alpha B>B_0$，要么 $y_A=0$ 若 $\alpha B<B_0$，且要么 $z_P=1$ 若 $\alpha b>b_0$，要么

$z_P=0$ 若 $\alpha b<b_0$。请注意，当双方都知情且偏好不一致时，任何备选项目都会被一方否决，因此只有 $x_A=x_P=0$ 契约才能被合议权实施。

有一个相关的制度是**否决权合议制**（veto collegiality）。[①] 在否决权合议制下，其中一方持权，但如果另一方不喜欢这一方的选择，则有权强行维持现状。当 $B_0 \geqslant b_0=0$ 时，这个制度很常见：一般来说，如果雇员不喜欢雇主的决定，他就有权辞职。通过此可以继续讨论下属的**退出权**（exit right）。在此情形下，否决权合议制和合议权力是一致的。[②]

守门人抗衡的权力（authority with gatekeeping counterpower）（或部分否决权）：在该制度中，其中一方（守门人）制订计划，即预先选择一组项目 X，然后由另一方（决策者）选择最终项目。守门人必须选择一个预先确定的集合 $\overline{X}$（$X \supseteq \overline{X}$）的超集 X。如果 X 是所有项目的集合，那么决策者就有完全权力。反之，如果 X 是空集，守门人就有完全权力。在我们的情形中，一个自然且有意思的最小选择集是 $\overline{X}=\{1, \cdots, n\}$。在这个例子中，守门人的唯一特权是迫使决策者偏离现状，让组织有创新的倾向。例如，即使 $\alpha b<b_0$，守门人抗衡的权力也能执行契约 $\{x_A=1, y_A=1, z_P=1\}$。

---

① Weber（1968, p. 272）对否决权合议制的定义如下："除了执政权力的专制者之外，还有其他专制当局，它们通过传统或立法，能够拖延或否决第一个当局的行为。"否决权合议制的一个例子是美国国会中的封闭式规则制度，在这种制度下，议员们在现状和委员会的提案之间做出选择。

② 这两者在一般情况下不需要一致。例如，假设代理人不是无限厌恶风险，并且双方可以转移货币；双方都知道存在两个项目，他们都喜欢现状，但他们的偏好有冲突。一般来说，合议权力会引起讨价还价，其中一方会向另一方支付一些货币，以获得他偏好的项目。相比之下，如果委托人持权，而代理人有否决权，那么委托人就有制订计划的权力，可以在不补偿代理人的情况下获得他偏好的项目。

在代理人的边际激励等于特定水平的约束条件下，**最优完全契约**最大化委托人的预期利润

$$\max_{\{x_A,x_P,y_A,z_P\}}\{eE[\alpha B+(1-\alpha)[x_P B+(1-x_P-x_A)B_0]] \\ +e(1-E)[y_A\alpha B+(1-y_A)B_0] \\ +E(1-e)[z_P B+(1-z_P)B_0] \\ +(1-E)(1-e)B_0\}$$

约束条件为

$$E[\alpha b+(1-\alpha)[x_A b+(1-x_P-x_A)b_0]] \\ +(1-E)[y_A b+(1-y_A)b_0]-E[z_P\alpha b+(1-z_P)b_0] \\ -(1-E)b_0\geqslant g'_A(e)\quad(\mu)$$

并且

$$x_A+x_P\leqslant 1\quad(\lambda)$$

用 L 表示拉格朗日函数，μ 和 λ 表示约束条件的（非负）影子价格，$\lambda'\equiv\lambda/E(1-\alpha)$，拉格朗日函数相对于控制变量的导数是（“$\propto$”表示“与之成正比”）：

$$\frac{\partial L}{\partial x_A}\propto -eB_0+\mu(b-b_0)-\lambda'$$

$$\frac{\partial L}{\partial x_P}\propto e(B-B_0)-\mu b_0-\lambda'$$

$$\frac{\partial L}{\partial y_A}\propto e(\alpha B-B_0)+\mu(b-b_0)$$

$$\frac{\partial L}{\partial z_P}\propto (1-e)(B-B_0)-\mu(\alpha b-b_0)$$

首先排除无关紧要的情形。如果 $\alpha B\leqslant B_0$，则不知情的委托人不愿遵循代理人的建议。直观地说，要么委托人是不知情的，他宁愿（在预期中）保持现状，要么他是知情的，那么他就不需

要代理人。一阶条件表明，委托人持权是最优的（其中 $\mu=0$）。因此从现在开始假设 $\alpha B>B_0$。那么 $y_A=1$：委托人在不知情的情况下愿意接受代理人的建议，这不仅对委托人来说是事后有效率的，而且能促使代理人去获取信息。

为简洁起见，我们将重点讨论 $z_P=1$ 的主要情形。如果 $\alpha b<b_0$，这种情形总是存在的。直观地说，在只有委托人知情的情况下，让委托人得偿所愿可以提高委托人的收益，同时如果 $\alpha b<b_0$，也会鼓励代理人获取信息。如果 $\alpha b>b_0$，出于激励的目的，在只有委托人知情的情况下，即使事后双方都倾向于接受委托人的建议，**也许**承诺不实施委托人偏好的项目是最优的。我们可以合宜地使用重新谈判证明来排除这种可能性，也就是说，双方可以通过相互同意来撤销他们的承诺，转而听从委托人的建议，这将使他们在预期条件下得到更好的结果。[①] 因此 $z_P=1$。

鉴于 $y_A=z_P=1$（知情方得偿所愿），只剩下三种可能性（或者可能是这三种可能性的随机化）：

- $x_P=1$：可以通过**委托人持权**实现最优完全契约。
- $x_A=1$：可以通过以下程序实现最优：委托人是守门人，决定是否偏离现状；即 $\overline{X}=\{1, \cdots, n\}$。然后，如果偏离现状，代理人在 $\overline{X}$ 中选择一个项目；如果保持现状，则在 $\overline{X}\cup\{0\}$ 中选择一个项目。显然 $x_A=y_A=1$。当只有委托人知情时，委托人会偏离现状（这很重要，如果 $\alpha b<b_0$），并可以向代理人建议他偏好的项目。通过**代理人持权且委托人作为守门人抗衡**可以实现最优。

---

① 只有在 $\alpha b>b_0$ 的情况下才需要使用重新谈判证明。另外，它并不影响其余的分析，因为最优情形以其他方式指定了帕累托效率决策。

● $x_0=1$：如果双方都知情且无法达成一致，那么就会保持现状；如果一方知情而另一方不知情，知情的一方就会得偿所愿。$x_0=1$ 最优的一个必要条件是，偏离现状的收益不会太大：$(B-B_0)(b-b_0)<B_0b_0$。[①] 特别是，如果现状是"无所作为"（$B_0=b_0=0$），$x_0=1$ 就不可能最优。

首先，假设 $\alpha b>b_0$。那么，最优可以通过**合议权力**来实现。其次，假设 $\alpha b<b_0$。简言之，当代理人确信某项政策创新对他不利时，他可以强行维持现状（$x_0=1$），但在其他情况下则不能（$z_P=1$）。在我们研究的情形中，最优似乎不能通过一个简单的制度来实现，尽管它可以通过改变模型来实现。例如，在效用可转让的情况下，代理人必须提供抵押物。如此，代理人只有在因委托人的决定而遭受严重伤害时才会退出。

总而言之，这个完整的契约模型预示着要么需要有权威关系，要么需要有更平衡的决策过程。决策过程的选择直观地反映了偏好的一致性和激励的决定因素。诚然，我们的框架十分简单，人们可能会想知道它的洞见能否拓展到更复杂的情形，比如货币激励的情形。我们认为，模型的结论是稳健的。代理人对货币的反应会改变激励机制[②]，但不会改变基本观点。对于组织成员不能系统性地达成一致的事项，组织必须做出决策。因此，必须设计决策过程，以权衡组织的目标和成员的激励。对这种设计的需求在概念上与不完全契约和完全契约之争有所不同。

4.3 替代方法和结束语

本文有两个目的。第一，试图就不完全契约文献的现状提供

① $x_0>0$ 表明 $\lambda=0$ 及 $\delta L/\delta x_A\leqslant 0$，$\delta L/\delta x_P\leqslant 0$。

② 参见 Aghion-Tirole（1997），了解在不同情形下引入货币激励的情况。

一个简单的、不详尽的说明。第二，分析不完全契约方法论，这也是本书的主要目的。本书提出了两个主要观点：

（1）不完全契约模型假定契约当事人使用动态规划来分析契约形式和事后决策的后果。在这一理性假设加之不完全契约文献的通常假设下，意外事件的不可描述性并不影响当事人通过签订契约获得的收益。相反，当这些意外事件可被执行机关事后观察到时，意外事件的不可描述性就会产生成本，而且各方会希望在收益相等的自然状态下指定不同的收益，以提供保险或提高激励。那么，不可描述性的影响就类似于度量信息结构错乱。

（2）完全契约理论一直因未能解释权力和产权的标准制度而饱受诟病。我认为不完全契约并不是这些制度理论的必要组成部分。在某些情况下，完全契约能够以一种自然的方式提供标准的决策过程，包括单方持权和合议决策过程，以及合理的比较静态分析。当事各方预计他们对其关系如何发展可能会存在分歧，因此必须明确决策过程，以确定哪方的观点（或备选行动路线）占主导。这种观点在概念上不同于不完全契约方法论。

有必要对以上观点做出几点评论。关于观点（1），意外事件和行动的不可描述性可能更多的是对实际建模的挑战，而不是一个描述性现象。这可能更多的是指在处理不完全契约的方法上的困难，而不是认为可描述性即使在不相关定理的条件下也不能缓解问题。

关于观点（2），我不认为现有的完全契约理论是灵丹妙药，但我认为当前的完全契约理论因为不能解释某些标准制度而被过早地否定。我们应该坦率地将完全契约方法的方法论和观点与其他方法的方法论和观点进行比较。如权威关系和合议决策这样的简单决策过程只能在高度程式化的模型中实现最优的完全契约。当我们考虑结构更松散的例子时，实施最优契约很可能会复杂得多。但我并不觉得这一点令人担忧。①

接下来是什么？如果我试图提出研究计划，那就太冒昧了。我最多只能就这个问题提出一些个人的看法：

（3）我并不反对万能的方法。虽然对不完全契约建模带来了种种问题，但这种建模方法对思考各种经济学问题来说非常有用。②

（4）现有完全契约理论虽然在某些情况下可以抓住问题的关键，但在大多数时候并不能。不言而喻，人们迫切希望在交易成本和有限理性的建模方面取得突破性进展。③

例如，许多人认为，由于将意外事件写入契约的成本很高，所以它被忽视了。虽然无可争议，制定详细契约的成本是很高的，但我们没有很好的范式来理解这种成本。像意外事件的成本固定这样的假设（Dye，1985）经常被批评为只是临时性的。④ 显然，

---

① 也许进行类比会有助于解释我的观点。长期以来人们对委托代理模型的诟病是，从理论中得出的最优激励方案可能比在现实中观察到的要复杂得多。简单的契约，比如线性绩效激励方案，只有在极端的、非一般的情况下才是最优的。然而，既然简单的契约在某些情况下是最优的，就说明实际的契约不一定离谱；而且重要的是，它为使用范式来产生新的见解提供了便利。虽然我不能很好地判断逆向选择背景下的最优线性契约的有用性［见 Laffont-Tirole（1993）］，但我发现 Holmström and Milgrom（1987）的道德风险背景下的最优线性契约模型是研究代理问题的有用工具（从他们后来的文章中可以看出）。

② 事实上，我和我的合作者虽然有时会得出完全契约的基本原理［见 Aghion-Tirole（1994，1997）、Dewatripont-Tirole（1994，1999）和 Laffont-Tirole（1993，Chapter 16）］，但我们的研究和思考是在不完全契约框架中进行的。

③ 关于放松有关个体决策者的萨维奇公理（Savage axioms）以捕捉“不可预见的意外事件”的阐述［例如，Ghirardato（1994），Kreps（1992），Modica-Rustichini（1993），Pacheco-Pires（1994）］显然是受欢迎的。要构建一个适用于本文主题的可操作的有限理性模型，还有很多工作要做。

④ 例如，在这个假设下实际工资不变的条款会有无限的成本（Hart-Holmström，1987）。

案例研究对构造适当的建模工具和评估制定成本的重要性都是非常有用的。

同样，学者也担心最优完全契约的复杂性和稳健性（Moore，1992）。复杂性很重要，因为契约是由实际的参与者来执行的，他们不能被难以掌握的均衡策略所吓倒。不幸的是，完全契约理论的批评者很少去证明最优契约是复杂的——在某种特定的意义上[①]——而其支持者也很少努力去证明最优分配可以通过简单机制（例如拍卖和权威关系）的组合来（至少近似地）实现。虽然对参与者的错误和不规范的稳健性很重要，但我们对如何就稳健性建模的理解也非常有限。

在这方面我希望权力、产权和专利等制度能够广受欢迎，不仅是因为本文和其他论文提出的激励因素，还因为它们具有良好的稳健性和学习特性。[②] 我所说的“稳健性”是指，当双方在世界观（这当然需要有限理性理论）或在契约执行方面犯错时，这些简单的契约形式可能不是非常次优的。而所谓良好的学习特性，是指这些制度是**普适的**，也就是说，它们不依赖于环境。这表明，首先，各方可以学习如何在这样的制度下行事，即使他们只在不同的环境中观察到对方的行为；其次，它们的效率可以通过环境转换来实现。我希望更多的基础研究将沿着这些和其他路线进行，这将把从不完全契约方法中得出的洞见建立在更坚实的基础上。

---

① 这种忽视的一个例外是 Anderlini and Felli（1994）的论文，该论文对（完全）契约的复杂性进行了约束，要求状态和结果之间的映射可以通过使用步骤有限的算法进行计算。关于复杂性问题的讨论，也请参见 MacLeod（1994）。

② 我很感谢埃里克·马斯金对这一主题的讨论。

附录 1：研发博弈中不可描述的意外事件和重新谈判

假设当事人可以签订一份公开契约（即向仲裁者或法院提交契约，这使它们有义务遵循它们构建的机制），但不能承诺不向另一个法院登记另一份契约。当重新谈判可行时，让我们确定契约所能达到的上限。为此目的，我们观察一种假设的情况，在这种情况下，潜在的创新是可描述的，从而有利于契约的实现：

思维实验（可描述的创新和未知收益框架）：“存在 $n \geqslant 1$ 种可能的日期 2 技术，所有技术都可事先描述。在创新的案例中，技术对委托人的收益是未知的：只有一种技术能产生 V，其他的都是 0。所以某种技术（若存在）是否有用还不得而知。这些技术在事前是不可区分的，因此如果产生发明，每种技术与之相关的概率是 $1/n$。双方在发明出现后才知道哪种技术是有用的。”

显然，在研发背景下，未知收益框架假定了太多的知识（可描述潜在创新）。然而如上所述，框架提供了一个有用的基准，因为它得出了在不可描述的创新下所能达到的上限。我们进而提出两个假设：

重新谈判（renegotiation）。时间安排如下：（i）委托人和代理人签订一份契约，指定事后消息空间 M_A 和 M_P 以及结果（技术转移、货币转移）作为消息的函数；（ii）代理人付出一些努力 e；（iii）实现自然状态（是否有所创新及其名称）；（iv）代理人和委托人发送消息 $m_A \in M_A$ 和 $m_P \in M_P$；（v）实施契约；（vi）如果双方愿意，可以进一步签订契约（在这种情况下，分割第二份契约的收益）。

有限责任（limited liability）。为便于操作，假设双方在零效用以下都是无限风险厌恶者，而在零效用以上则是风险中性者。[①] 将此假设称为“有限责任”。

用（a_0，b_0）表示代理人和委托人在无创新（状态 0）时的预期效用，用（a_1，b_1）表示代理人和委托人在有创新（状态 1）时的预期效用。用（α_0，β_0）表示代理人和委托人在无创新时的均衡消息策略，用（α_1，β_1）表示代理人和委托人在有创新时的均衡消息策略。考虑一个对称机制，这样无论创新的性质如何，均衡结果都一样，我们可以选择（α_1，β_1）对所有的创新都是一样的，取决于商品的重新标记。（读者会发现，人们实际上无法改进对称机制。）

第一步，假设没有第三方。用 $y(\alpha,\beta)$ 表示消息策略（α，β）下委托人对代理人的预期转移。关键的结果是以下定理：

定理：$b_1 \geqslant b_0+\frac{V}{2}$。

证明：状态 1（有创新）下委托人的激励相容性要求：

$$b_1 \geqslant -y(\alpha_1,\beta_0)+\frac{V}{2}$$

[当消息策略为（α_1，β_0）时，要么转移有用的创新，委托人获得总盈余 V，要么没有发生转移，委托人通过重新谈判获得 $V/2$。]

处于状态 0（无创新）的代理人激励相容性产生了

$$y(\alpha_0,\beta_0) \geqslant y(\alpha_1,\beta_0)$$

因此，

---

① 即如果 $y_A \geqslant 0$，$u_A=y_A$，如果 $y_A<0$，$u_A=-\infty$，且如果 $y_P+xV \geqslant 0$，$u_P=y_P+xV$，如果 $y_P+xV<0$，$u_P=-\infty$，其中 y_A 和 y_P 是双方关系带来的收入。如果委托人得到有用的创新，$x=1$，反之 $x=0$。

$$b_1 \geqslant -y(\alpha_0,\beta_0)+\frac{V}{2}=b_0+\frac{V}{2}$$

最后，因为 $a_0 \geqslant 0$ 且 $a_0+b_0=0$，$a_0=b_0=0$，且因为 $a_1+b_1 \leqslant V$，

$$a_1-a_0 \leqslant \frac{V}{2}$$

不能给代理人超过 $V/2$ 的创新收益。

如果第三方除了事前信息外没有其他信息，只是充当信息注地或信息来源，那么用 c_0 和 c_1 表示第三方在状态 0 和 1 下的预期收入。因为 $a_0 \geqslant 0$，$b_0 \geqslant 0$，所以 $c_0=-a_0-b_0 \leqslant 0$。第三方的事前参与约束要求 $c_1 \geqslant 0$。由于该定理仍然成立，我们有

$$a_1-a_0 \leqslant \frac{V}{2}-c_1 \leqslant \frac{V}{2}$$

注：被认为有用但未转移给委托人的蓝图仍然是代理人的财产。即使蓝图给了第三方，如果委托人（回头看，他是必不可少的）可以以 $V/2$ 的价格向第三方购买蓝图，该定理仍然成立。如果重新谈判可行，剥夺委托人获得未来创新成果的可能性的唯一方式是放弃蓝图并避免其重制，这通常不是一个合理的假设。

附录 2：不相关定理的说明

为了阐明 3.1 小节和 3.2 小节中的讨论以及不相关性结论，此处将介绍一个框架。虽然框架很特别，但它包含了许多现有的不完全契约模型。这个框架具有研发博弈的“两方三阶段结构”。

在日期 1，每方 $i \in \{1, 2\}$ 做出一些无法核实且沉没的投资或努力 e_i，并产生负效用 $g_i(e_i)$。在日期 2 开始时，自然状态 ω

得以实现，并与努力向量 $e=(e_1, e_2)$ 一起通过各方的“事后类型” $\theta=(\theta_1, \theta_2)$[①] 决定了日期 2 的 VNM 偏好：

$$\theta_i=\Phi_i(e,\omega)$$

第 i 方的总盈余（gross surplus）$S_i(\theta_i, x)$ 取决于第 i 方的类型和固定的客观行动集 X 中日期 2 的行动（例如，交易属性矢量）。用 y_i 表示第 i 方的收入，他的净盈余是 $y_i+S_i(\theta_i, x)$。因此，第 i 方的偏好由以下式子给出

$$u_i(y_i,e,\omega,x)=y_i+S_i(\theta_i,x)-g_i(e_i)$$

该框架包括研发博弈，其中只有第 1 方即研究单位付出了努力（$e_2=0$），只有第 2 方即用户享受了总盈余（$S_1=0$）。还需要注意的是，由于风险中性，假设（a）是完全可以满足的。相反，假设（b）不需要被满足，因为对于给定的 θ，也就是对于给定的日期 2 的 VNM 偏好，关于 ω 的知识传达了关于 e 的信息。另外，只有与收益有关的信息即类型，可以在日期 2 被探出，因此日期 2 的收益可能只取决于 θ，除非 ω 是可描述和可核实的。

- 可描述的意外事件：对称信息实施文献做出了以下假设：

无交易成本：所有的变量（e，ω，θ，x）都是可设想的，并可在契约中事前描述且不需要任何成本。

关于 VNM 偏好的事后对称信息：θ 是双方（但不是法院）在日期 2 共同观察到的（是否共同观察到 ω 和 e 并不重要）。

可核实性：法院（或仲裁者）观察/核实决策 x，以及双方之间的转移，当然还有双方在日期 2 发送的任何关于 e、ω、θ 甚至诸如天气等“不相关”变量的消息（m_1，m_2）。

可执行性：法院按照上述信息结构执行契约。

---

① 我们在此将 e 和 ω 分开。正如我们所指出的，e 可以包括在 ω 中。

因此，一份契约为双方定义了消息空间 M_1 和 M_2。在日期 2，双方都观察到对方的 VNM 偏好，然后向法院发送消息 $m_i \in M_i$，法院执行决策 $x(m_1, m_2)$ 和转移 $y_i(m_1, m_2)$。

在该框架中，我们可以更具体地说明“可观察但不可核实”在多大程度上对完全契约论者来说可能是一个矛盾的说法。只要 θ 确实与收益有关，就可以不费吹灰之力地探出它；一切就如同法院观察到了 θ 和 x，而不仅仅是 x。直观来看，契约可以要求各方于日期 2 宣布偏好[①]，并给予他们激励，以便相互检查是否存在错误陈述。相反，法院不能在日期 2 临时探出关于 ω 和 e 的额外的普遍持有的信息；因为这些变量不再影响日期 2 的 VNM 偏好（关于转移和决策），因此没有影响任何博弈的结果集。

每一个 θ 对应一组日期 2 可行总盈余（S_1，S_2）的集合$F(\theta)$：

$$F(\theta) \equiv \{(S_1, S_2) \mid X \text{ 中存在 } x \text{ 使得 } S_i = S_i(\theta_i, x), i = 1,2\}$$

相反，假设每个 F 对应一个 θ，F 为凸，且对于每个 F 存在一个唯一的有效率点（即在 F 上最大化 $S_1 + S_2$）。

为简单起见，假设最优完全契约事后有效率。即完全契约对均衡路径上的每一个 F 都可实现事后有效率的总盈余 $S^*(F) = \{S_1^*(F), S_2^*(F)\}$。用 $y^*(F) = \{y_1^*(F), y_2^*(F)\}$表示要实施的转移。

● 不可描述的意外事件：假设双方均无法描述日期 0、自然状

① 在特定的环境下，对称信息实施并不要求明确探出共同观察到的自然状态。Aghion-Dewatripont-Rey（1994）考虑了一种买家-卖家关系，在这种关系中，要交易的商品可以写入契约，但定义交易的事后成本和收益的自然状态却不可写入契约。通过指定非状态依存的交易现状水平，允许重新谈判并通过选择适当的惩罚措施来约束重新谈判，表明至少在风险中性的情况下可以实现最优的状态依存结果和投资。[Chung（1991）通过假设重新谈判博弈中的议价能力分布得到了类似的结果。另见 Edlin-Reichelstein（1996）、Lülfesman（1995）、MacLeod-Malcomson（1993）和 Nöldeke-Schmidt（1995，1996，1997）中的进一步结果。]

态 ω、行为 x 和类型 θ。另外，双方可以就一个“无交易”的行为 $x=\emptyset$ 签订契约，在任何自然状态下都能实现双方的总盈余 0。以下是日期 0 通常已知的情况，因此可以在契约中加以利用。

合理性：对于任何一方，每个投资向量都与双方日期 2 可行总盈余的（有界）集合 F 上的主观概率分布有关。

事前对称信息：双方的主观条件概率分布在日期 2 可行总盈余的集合 F 上是一致的且为常识。

事后对称信息：在日期 2 关于 θ（即有关 VNM 偏好）和关于 X（可行决策集）的信息是对称的，且双方能在日期 2 就任意决策 $x \in X$ 签订契约在日期 0 是共同知识。

现在证明当意外事件不可描述时，可描述的意外事件 $S^*(F)$ 和 $y^*(F)$ 及其相关收益仍然可以实现。考虑于日期 2 执行的以下机制，其中灵感源于子博弈完美实施文献［见穆尔-瑞普罗（Moore-Repullo，1988）和穆尔（Moore，1992）的概述］。

第 1 阶段：第 2 方描述行为 x 和可行集支持下的一个可行集 $\hat{F}$。用 $\hat{S}=(\hat{S}_1,\hat{S}_2)=(S_1^*(\hat{F}),S_2^*(\hat{F}))$ 表示隐含的有效率总盈余。进行转移 $y^*(\hat{S})$（无论博弈剩下部分发生什么，都要进行这些“基础转移”）。

第 2 阶段：第 1 方要么接受 x（博弈结束），要么以三种方式之一挑战第 2 方。

挑战 A_1：第 1 方选择 $y_2^{\#} \neq \hat{S}_2$，让第 2 方在 x 和 {∅（无交易），第 2 方收到现金 $y_2^{\#}$} 之间选择。

挑战 B：第 1 方选择 $y_1^{\#} < \hat{S}_1$，并要求 {∅（无交易），第 1 方收到现金 $y_1^{\#}$}。第 1 方的要求得到满足，博弈结束。

挑战 C：第 1 方做出反击，包括行动$\widetilde{x}$，从第 1 方到第 2 方的转移$\widetilde{y}_{12}>0$，以及宣布一些总盈余（$\widetilde{S_1}$，$\widetilde{S_2}$）$\notin \hat{F}$。

第 3 阶段：在挑战 A_1 的情况下，第 2 方可以选择接受现金 $y_2^{\#}$ 而不进行交易（当且仅当 $y_2^{\#}<\widehat{S}_2$时，挑战成功）或坚持接受 x 而不进行新的转移（当且仅当 $y_2^{\#}>\widehat{S}_2$时，挑战成功）。在挑战 C 的情况下，第 2 方选择：（i）接受$\widetilde{x}$和转移$\widetilde{y}_{12}$；（ii）不交易，用现金$\widetilde{y}_2<\widehat{S}_2+\widetilde{y}_{12}$换取他选择的一些$\widetilde{y}_2$；（iii）以挑战 A_2 挑战第 1 方，包括提供 {Ø（不交易），将现金$\widetilde{y}_1<\widehat{S}_1$给第 1 方} 换取第 2 方选择的$\widetilde{y}_1$。如果选中（ii）或（iii），挑战 C 是不成功的。

第 4 阶段：在挑战 A_2 的情况下，第 1 方在收到现金$\widetilde{y}_1$、不进行交易（挑战成功）和坚持$\widetilde{x}$不进行新的转移（挑战不成功）之间做出选择。

无论挑战成功与否，被挑战者都要支付一大笔钱 K。这笔罚款支付给慈善机构（第三方），除非挑战 A_1 或 A_2 成功，在这种情况下，罚款归另一方所有。挑战者如果不成功，也要向慈善机构支付大笔罚款。

综上所述，如果在挑战 A_1 中 $y_2^{\#}$ 优先于 x，最终转移为 $y^*(\hat{S})$，以及 $y_2^{\#}$ 给第 2 方；如果选择挑战 B，则 $y_1^{\#}$ 给第 1 方；如果选择挑战 C 的选项（ii），则$\widetilde{y}_2$ 给第 2 方；如果挑战 A_2 成功，则$\widetilde{y}_1$ 给第 1 方；如果挑战 C 成功，则$\widetilde{y}_{12}$由第 1 方给第 2 方，加上挑战或被挑战的罚款和奖励。[①]

① 转移 $y_1^{\#}$、$y_2^{\#}$、$\widetilde{y}_1$、$\widetilde{y}_2$ 是由另一方还是由第三方支付并不重要。

巨额罚款意味着没有任何一方希望被挑战（无论成功与否）。用 $S=(S_1, S_2)$ 表示与第 2 方的第 1 阶段提议 x 相关的总盈余。挑战 A_1 的存在确保了$\hat{S}_2=S_2$；因为假设第 2 方少报了他的总盈余。那么，第 1 方可以提供一些现金 $y_2^{\#}\in(\hat{S}_2, S_2)$，第 2 方在第 3 阶段更倾向于 x。在第 2 阶段，第 1 方将总是倾向于成功的挑战 A_1 而不是接受 x。

接下来，挑战 B 保证了$\hat{S}_1\leqslant S_1$。事实上，如果第 2 方多报了第 1 方从 x 中获得的总盈余，第 1 方将宁愿接受任何现金 $y_1^{\#}\in(S_1, \hat{S}_1)$，而不是接受 x。

另外，请注意，通过在第 1 阶段宣布真实的 F，以及产生事后有效率点$(S_1^*(F), S_2^*(F))$的决策 x，第 2 方可以保证自己的 $S_2^*(F)$（其中 F 是真实的可行集）。因此得到$\hat{S}_2=S_2\geqslant S_2^*(F)$，$\hat{S}_1\leqslant S_1\leqslant S_1^*(F)$。如果 $S_1<S_1^*(F)$，简单的几何学表明第 1 方可以找到一个成功的挑战 C，获得比 S_1 更高的效用。我们得出结论：在均衡条件下，第 2 方将宣布真实的集合 F 以及产生总盈余$(S_1^*(F), S_2^*(F))$的行为 x。

参考文献

Aghion, P., and P. Bolton. 1987. "Contracts as a Barrier to Entry." *American Economic Review* 77: 388 - 401.

——. 1992. "An Incomplete Contracts Approach to Financial Contracting." *Review of Economic Studies* 59: 473 - 493.

Aghion, P., M. Dewatripont, and P. Rey. 1994. "Renegotiation Design with Unverifiable Information." *Econometrica* 62: 257 - 282.

Aghion, P., and B. Hermalin. 1990. "Legal Restrictions on Private Contracts Can Enhance Efficiency." *Journal of Law, Economics, & Organization* 6: 381-409.

Aghion, P., and J. Tirole. 1994. "On the Management of Innovation." *Quarterly Journal of Economics* 109: 1185-1209.

——. 1995. "Some Implications of Growth for Organizational Form and Ownership Structure." *European Economic Review, Papers and Proceedings* 39: 440-456.

——. 1997. "Formal and Real Authority in Organizations." *Journal of Political Economy* 105: 1-29.

Alchian, A., and H. Demsetz. 1972. "Production, Information Costs, and Economic Organization." *American Economic Review* 62: 777-795.

Allen, F., and D. Gale. 1994. *Financial Innovation and Risk Sharing*. Cambridge: MIT Press.

Anderlini, L., and L. Felli. 1994. "Incomplete Written Contracts: Undescribable States of Nature." *Quarterly Journal of Economics* 109: 1085-1124.

Anton, J., and D. Yao. 1994. "Expropriation and Inventions: Appropriable Rents in the Absence of Property Rights." *American Economic Review* 84: 190-209.

Arrow, K. 1975. "Vertical Integration and Communication." *Bell Journal of Economics* 6: 173-183.

Baker, G., R. Gibbons, and K. Murphy. 1992. "Subjective Performance Measures in Optimal Incentive Contracts." *Quarterly*

Journal of Economics 109：1125 - 1156.

Barca，F.，and L. Felli. 1992. "Fiduciary Duties，Ownership，and Control." Mimeo，Bank of Italy and LSE.

Barnard，C. 1938. *The Functions of the Executive*. Cambridge：Harvard University Press.

Bernheim，D.，and M. Whinston. 1998. "Incomplete Contracts and Strategic Ambiguity." *American Economic Review* 88：902 - 932.

Binmore，K.，A. Rubinstein，and A. Wolinsky. 1986. "The Nash Bargaining Solution in Economic Modeling." *Rand Journal of Economics* 17：176 - 188.

Bull，C. 1987. "The Existence of Self-Enforcing Implicit Contracts." *Quarterly Journal of Economics* 102：147 - 159.

Burkart，M.，D. Gromb，and F. Panunzi. 1997. "Large Shareholders，Monitoring，and the Value of the Firm." *Quarterly Journal of Economics* 112：693 - 728.

Che，Y. K.，and D. Hausch. 1999. "Cooperative Investments and the Value of Contracting：Coase vs. Williamson." *American Economic Review* 89：125 - 147.

Chung，T. Y. 1991. "Incomplete Contracts，Specific Investments，and Risk-Sharing." *Review of Economic Studies* 58：1031 - 1042.

Coase，R. 1937. "The Nature of the Firm." *Economica*，n. s.，4，386 - 405. Reprinted in *Readings in Price Theory*，ed. by G. Stigler and K. Boulding，Homewood，Ill.：Irwin，1952.

Coleman，J. 1990. *Foundations of Social Theory*. Cambridge：Harvard University Press.

Cremer，J. 1994. “A Theory of Vertical Integration Based on Monitoring Costs.” Mimeo，IDEI.

De Bijl，P. 1994a. “Delegation of Responsibility in Organizations.” CentER DP 9469，Tilburg University.

——. 1994b. “Strategic Delegation of Responsibility in Competing Firms.” Mimeo，Tilburg University.

Demski，J.，and D. Sappington. 1997. “Resolving Double Moral Hazard Problems with Buyout Agreements.” *Rand Journal of Economics* 22：232－240.

Dewatripont，M.，and J. Tirole. 1994. “A Theory of Debt and Equity：Diversity of Securities and Manager-Shareholder Congruence.” *Quarterly Journal of Economics* 109：1027－1054.

——. 1999. “Advocates.” *Journal of Political Economy* 107：1－39.

Diamond，D. 1993. “Seniority and Maturity of Debt Contracts.” *Journal of Financial Economics* 33：341－368.

Dye，R. A. 1985. “Costly Contract Contingencies.” *International Economic Review* 26：233－250.

Edlin，A.，and B. Hermalin. 1997. “Contract Renegotiation in Agency Problems.” Mimeo，UC Berkeley.

Edlin，A.，and S. Reichelstein. 1996. “Holdups，Standard Breach Remedies，and Optimal Investment.” *American Economic Review* 86：478－501.

Fama，E. 1980. “Agency Problems and the Theory of the Firm.” *Journal of Political Economy* 88：288－307.

Ghirardato, P. 1994. "Unforeseen Contingencies, Belief Functions, and the Comparative Statics of Belief." Mimeo, UC Berkeley.

Gibbons, R., and K. Murphy. 1992. "Optimal Incentive Contracts in the Presence of Career Concerns: Theory and Evidence." *Journal of Political Economy* 100: 468 - 505.

Green, J., and J. J. Laffont. 1992. "Renegotiation and the Form of Efficient Contracts." *Annales d'Economie et de Statistique* 25/26: 123 - 150.

——. 1994. "Non Verifiability, Costly Renegotiation and Efficiency." *Annales d'Economie et de Statistique* 36: 81 - 95.

Gromb, D. 1993. "Is One Share/One Vote Optimal?" Discussion Paper No. 177, LSE, Financial Markets Group.

Grossman, S., and O. Hart. 1986. "The Costs and Benefits of Ownership: A Theory of Lateral and Vertical Integration." *Journal of Political Economy* 94: 691 - 719.

——. 1988. "One-Share-One-Vote and the Market for Corporate Control." *Journal of Financial Economics* 20: 175 - 202.

Harris, M., and A. Raviv. 1988. "Corporate Governance: Voting Rights and Majority Rules." *Journal of Financial Economics* 20: 203 - 235.

Hart, O. 1989. "An Economist's Perspective on the Theory of the Firm." *Columbia Law Review* 89: 1757 - 1774.

——. 1990. "Is 'Bounded Rationality' an Important Element of a Theory of Institutions?" *Journal of Institutional and Theoretical Economics* 146: 596 - 602.

——. 1993. "An Economist's View of Fiduciary Duty." *University of Toronto Law Journal* 43: 299 – 313.

——. 1995. *Firms, Contracts, and Financial Structure*. Oxford: Oxford University Press.

Hart, O., and B. Holmström. 1987. "The Theory of Contracts," in *Advances in Economic Theory, 5th World Congress of the Econometric Society*. Cambridge: Cambridge University Press.

Hart, O., and J. Moore. 1988. "Incomplete Contracts and Renegotiation." *Econometrica* 56: 755 – 786.

——. 1990. "Property Rights and the Nature of the Firm." *Journal of Political Economy* 98: 1119 – 1158.

——. 1994. "A Theory of Debt Based on the Inalienability of Human Capital." *Quarterly Journal of Economics* 109: 841 – 880.

——. 1999. "Foundations of Incomplete Contracts." *Review of Economic Studies* 66: 115 – 138.

Hellwig, M. 1996. "Notes on the Theory of 'Incomplete Contracts'." Mimeo, University of Mannheim.

Hermalin, B. 1988. "Three Essays on the Theory of Contracts." Ph. D. Massachusetts Institute of Technology.

Hermalin, B., and M. Katz. 1991. "Moral Hazard and Verifiability: The Effects of Renegotiation in Agency." *Econometrica* 59: 1735 – 1753.

——. 1993. "Judicial Modification of Contracts between Sophisticated Parties: A More Complete View of Incomplete Contracts and their Breach." *Journal of Law, Economics, & Organiza-*

tion 9: 230-255.

Holmström, B. 1979. "Moral Hazard and Observability." *Bell Journal of Economics* 10: 74-91.

——. 1982. "Managerial Incentive Problems: A Dynamic Perspective," in *Essays in Economics and Management in Honor of Lars Wahlbeck*. Helsinki: Swedish School of Economics; also in *Review of Economic Studies* (1999), 66: 169-182.

Holmström, B., and P. Milgrom. 1987. "Aggregation and Linearity in the Provision of Intertemporal Incentives." *Econometrica* 55: 303-328.

——. 1991. "Multitask Principal-Agent Analyses: Incentive Contracts, Asset Ownership, and Job Design." *Journal of Law, Economics, & Organization* 7, Special Issue, 24-52.

——. 1994. "The Firm as an Incentive System." *American Economic Review* 84: 972-991.

Holmström, B., and J. Tirole. 1991. "Transfer Pricing and Organizational Form." *Journal of Law, Economics, & Organization* 7: 201-228.

——. 1993. "Market Liquidity and Performance Monitoring." *Journal of Political Economy* 101: 678-709.

Kreps, D. 1992. "Static Choice in the Presence of Unforeseen Contingencies," in *Economic Analysis of Markets and Games*, ed. by P. Dasgupta, D. Gale, O. Hart, and E. Maskin. Cambridge, MA.: MIT Press.

Laffont, J. J., and D. Martimort. 1997. "Mechanism Design with

Collusion and Correlation." Mimeo, IDEI.

Laffont, J. J., and E. Maskin. 1979. "A Differential Approach to Expected Utility Maximizing Mechanisms," in *Aggregation and Revelation of Preferences*, ed. by J. J. Laffont. Amsterdam: North Holland.

——. 1982. "The Theory of Incentives: An Overview," in *Advances in Economic Theory*, ed. by W. Hildenbrand. Cambridge: Cambridge University Press.

Laffont, J. J., and J. C. Rochet. 1997. "Collusion in Organizations." *Scandinavian Journal of Economics* 99: 485 - 495.

Laffont, J. J., and J. Tirole. 1993. *A Theory of Incentives in Procurement and Regulation*. Cambridge and London: MIT Press.

Lülfesmann, C. 1995. "Incomplete Contracts, (Un) Verifiable Design Changes, and Renegotiation." Mimeo, University of Bonn.

Macaulay, S. 1963. "Non-Contractual Relations in Business." *American Sociological Review* 28: 55 - 70.

MacLeod, B. 1994. "Incentives in Organizations: An Overview of Some of the Evidence and Theory." Mimeo, Université de Montréal.

MacLeod, B., and J. Malcomson. 1989. "Implicit Contracts, Incentive Compatibility, and Involuntary Unemployment." *Econometrica* 57: 447 - 480.

——. 1993. "Investments, Holdup and the Form of Market Contracts." *American Economic Review* 83: 811 - 837.

Maskin, E. 1999. "Nash Equilibrium and Welfare Optimality." *Review of Economic Studies* 66: 23 - 36.

Maskin, E., and J. Moore. 1999. "Implementation and Renegotiation." *Review of Economic Studies* 66: 39 - 56.

Maskin, E., and J. Tirole. 1992. "The Principal-Agent Relationship with an Informed Principal, II: Common Values." *Econometrica* 60: 1 - 42.

——. 1999a. "Unforeseen Contingencies and Incomplete Contracts." *Review of Economic Studies* 66: 83 - 114.

——. 1999b. "Two Remarks on the Property Rights Literature." *Review of Economic Studies* 66: 139 - 150.

Milgrom, P. 1988. "Employment Contracts, Influence Activities, and Efficient Organization Design." *Journal of Political Economy* 96: 42 - 60.

Milgrom, P., and L. Roberts. 1988. "Economic Theories of the Firm: Past, Present, and Future." *Canadian Journal of Economics* 21: 444 - 458.

——. 1992. *Economics, Organization and Management*. Englewood Cliffs: Prentice Hall.

Mirrlees, J. 1999. "The Theory of Moral Hazard and Unobservable Behaviour, Part I." *Review of Economic Studies* 66: 3 - 22.

Modica, S., and A. Rustichini. 1993. "Unawareness: A Formal Theory of Unforeseen Contingencies, Part I." Mimeo, CORE, UCL, Louvain la Neuve.

Moore, J. 1992. "Implementation in Environments with Complete Information," in *Advances in Economic Theory* ed. by J. J. Laffont. Cambridge: Cambridge University Press.

Moore, J., and R. Repullo. 1988. "Subgame Perfect Implementation." *Econometrica* 56: 1191 – 1220.

Myerson, R. 1982. "Optimal Coordination Mechanisms in Generalized Principal-Agent Problems." *Journal of Mathematical Economics* 10: 67 – 81.

Myerson, R., and M. Satterthwaite. 1983. "Efficient Mechanisms for Bilateral Trading." *Journal of Economic Theory* 28: 265 – 281.

Noldeke, G., and K. Schmidt. 1995. "Option Contracts and Renegotiation: A Solution to the Hold-Up Problem." *Rand Journal of Economics* 26: 163 – 179.

——. 1996. "Debt as an Option to Own in the Theory of Ownership Rights," in *Firms, Markets and Contracts*, ed. by A. Picot and E. Schlicht. Heidelberg: Physica, pp. 1 – 17.

——. 1997. "Sequential Investments and Options to Own." Mimeo, University of Bonn and Munich.

Osborne, M., and A. Rubinstein. 1994. *A Course in Game Theory*. Cambridge: MIT Press.

Pacheco-Pires, C. 1994. "An Axiomatic Model of Awareness and Knowledge." Ch. 1 in "Three Essays in Economic Theory," Ph. D. Thesis, MIT.

Riordan, M. 1990. "Vertical Integration and the Strategic Management of the Enterprise," in *The Firm as a Nexus of Treaties*, ed. by M. Aoki, B. Gustafsson, and O. Williamson. London: Sage Publications.

Schmidt, K. 1996. "The Costs and Benefits of Privatization—An Incomplete Contracts Approach." *Journal of Law, Economics, & Organization* 12: 1-24.

Schwartz, A. 1992. "Legal Contract Theories and Incomplete Contracts," in *Contract Economics*, ed. by L. Werin and H. Wijkander. Oxford: Basil Blackwell, 6: 76-108.

Segal, I. 1995. "Essays on Commitment, Renegotiation, and Incompleteness of Contracts." Ph. D. Thesis, Harvard University.

——. 1999. "A Theory of Incomplete Contracts." *Review of Economic Studies* 66: 57-82.

Segal, I., and M. Whinston. 1997. "Exclusive Dealing and Protection of Investments." Mimeo.

——. 1998. "The Mirrlees Approach to Implementation with Renegotiation (with Applications to Hold-Up and Risk-Sharing)." Mimeo, UC Berkeley.

Shavell, S. 1979. "Risk Sharing and Incentives in the Principal and Agent Relationship." *Bell Journal of Economics* 10: 55-73.

Simon, H. 1951. "A Formal Theory of the Employment Relationship." *Econometrica* 19: 293-305.

Spier, K. 1992. "Incomplete Contracts and Signaling." *Rand Journal of Econiomics* 23: 432-443.

Tirole, J. 1992. "Comments on Alan Schwartz's Chapter," in *Contract Economics*, ed. by L. Werin and H. Wijkander. Oxford: Basil Blackwell, pp. 109-113.

Walras, L. 1898. "Théorie de la propriété," reprinted in *Oeuvres Economiques Complètes d'Auguste et Léon Walras. Tome IX:*

Etudes d'Economie Sociale. Paris: Economica (1990).

Weber, M. 1968. *Economy and Society*. New York: Bedminster Press.

Williamson, O. 1975. *Markets and Hierarchies: Analysis and Antitrust Implications*. New York: Free Press.

——. 1985. *The Economic Institutions of Capitalism*. New York: Free Press. *

* Tirole, Jean. 1999. "Incomplete Contracts: Where Do We Stand?" *Econometrica* 67 (4): 741–781. Translated and reprinted by permission of John Wiley and Sons.

图书在版编目（CIP）数据

不完全契约/（美）奥利弗·E. 威廉姆森等著；陈耿宣，陈姝兴，陈桓亘编译. -- 北京：中国人民大学出版社，2024. 11. --（诺贝尔经济学奖获得者丛书）.
ISBN 978-7-300-33087-7

Ⅰ. F091. 349

中国国家版本馆 CIP 数据核字第 2024G8R839 号

“十三五”国家重点出版物出版规划项目
诺贝尔经济学奖获得者丛书
不完全契约
奥利弗·E. 威廉姆森 等　著
陈耿宣　陈姝兴　陈桓亘　编译
贾钦民　郑凌峰　译校
Bu Wanquan Qiyue

出版发行	中国人民大学出版社		
社　　址	北京中关村大街 31 号	**邮政编码**	100080
电　　话	010－62511242（总编室）		010－62511770（质管部）
	010－82501766（邮购部）		010－62514148（门市部）
	010－62515195（发行公司）		010－62515275（盗版举报）
网　　址	http://www. crup. com. cn		
经　　销	新华书店		
印　　刷	涿州市星河印刷有限公司		
开　　本	720 mm×1000 mm　1/16	**版　　次**	2024 年 11 月第 1 版
印　　张	20. 75 插页 2	**印　　次**	2024 年 11 月第 1 次印刷
字　　数	228 000	**定　　价**	89. 00 元